U0925011

# 国宝在辽宁

丁宗皓　田学礼——主编

辽宁人民出版社

图书在版编目（CIP）数据

国宝在辽宁 / 丁宗皓，田学礼主编 . —沈阳：辽宁人民出版社，2024.5
ISBN 978-7-205-11115-1

Ⅰ . ①国… Ⅱ . ①丁… ②田… Ⅲ . ①文物—介绍—辽宁 Ⅳ . ① K872.31

中国国家版本馆 CIP 数据核字（2024）第 082154 号

---

出版发行：辽宁人民出版社
地址：沈阳市和平区十一纬路 25 号　邮编：110003
电话：024-23284325（邮　购）　024-23284300（发行部）
http://www.lnpph.com.cn
印　　刷：辽宁新华印务有限公司
幅面尺寸：210mm × 265mm
印　　张：19.25
字　　数：385 千字
出版时间：2024 年 5 月第 1 版
印刷时间：2024 年 5 月第 1 次印刷
责任编辑：娄　瓴　刘　明
装帧设计：丁末末
责任校对：耿　珺
书　　号：ISBN 978-7-205-11115-1

---

定　　价：298.00 元

# 编委会

# 序

# 在国宝中触摸悠久璀璨的辽宁历史

长河似练，翠峰如簇，海云横处千山聚。龙起辽河源，温润红山玉。

春色塔影，琉璃握头，宫殿高低立华宇。长城烽烟息，江山入画笔。

如果把辽宁比作一本大书，我们该从哪一页讲起，才能尽述它的美丽与浑厚？

如果文物活起来，它们将呈现一个什么样的中国形象、辽宁形象？

如果国宝会说话，它们将讲述一个怎样的中国故事、辽宁故事？

文物承载灿烂文明，传承历史文化，维系民族精神，是老祖宗留给我们的宝贵遗产，是加强社会主义精神文明建设的深厚滋养。如果把底蕴深厚、辉煌灿烂的辽宁历史文化比作一顶皇冠的话，辽宁各大文博机构珍藏的精美文物就是皇冠上一颗颗璀璨的明珠。这些无价之宝凝结着辽宁先人的无穷智慧，印证着辽宁文明的悠久历史，书写了辽宁大地的千年传奇。

那么，我们就从这些国宝说起，去寻找国宝里的辽宁。

## 辽宁：文明曙光开始的地方

辽宁，文明久远，历史悠长。

26 万年前，金牛山人在这片土地留下足迹；8000 年前的阜新查海遗址，被称为“辽河第一村”；7000 年前的沈阳新乐遗址，再现了原始社会母系氏族公社繁荣时期的生活景象。

20 世纪 80 年代初期，在距今 5000 多年的牛河梁红山文化遗址发掘出大型祭坛、女神庙、积石冢群和大量珍贵玉器，佐证了一个具有国家雏形的原始文明社会的存在。“红山女神”的横空出世，将中华文明史提前了 1000 多年，众多学者因此将这里称为中华文明第一道曙光诞生的地方。

辽河流域地处东北亚地区与中原的交通枢纽位置，自古以来，农耕文化、渔猎文化与游牧文化在此交汇，多民族在此生息繁衍。辽宁，始终以多元性、包容性、开放性、整合性和差异性等鲜明特征在中华民族文化的百花园中独放异彩。

4 世纪至 5 世纪，鲜卑慕容氏及汉族冯氏以龙城（今辽宁朝阳）为都城或陪都，建立了前燕、后燕、北燕 3 个地方政权，留下了具有鲜明民族特色的“三燕文化”。

10 世纪至 13 世纪，以契丹族、女真族为主体的游牧民族先后在北方建立辽、金政权，创造和发展了以汉文化为核心又带有游牧文化特点的辽金文化。17 世纪，女真文化在辽东地区占据主导地位。

悠久的历史，在辽宁留下众多享誉世界的文化遗产。辽宁拥有沈阳和辽阳两座国家历史文化名城，拥有九门口长城、五女山山城、沈阳故宫、“清盛京三陵”等 6 处世界文化遗产，义县奉国寺大雄殿、朝阳牛河梁遗址、兴城城墙 3 处遗址列入世界文化遗产预备名单项目。

辽宁境内的长城资源十分丰富，保存有战国燕长城、汉长城、北齐长城、辽长城和明长城，总长度达 1300 多公里，分布于全省 13 个市 52 个县（区），虎山长城为明代万里长城的东端起点，九门口长城是全国唯一一段水上长城。辽宁境内有 7 段古长城入选第一批国家级长城重要点段。

## 文物：蕴含丰富的历史文化信息

辽宁文物资源丰富，呈现时间跨度长、文化内涵丰富、地域特色显著、馆藏精品品质高、博物馆数量众多等特点。

首先，辽宁文物资源丰富体现在文物所代表的历史时间跨度长上，涵盖了旧石器时代、新石器时代、青铜时代、秦汉时期、隋唐时期、辽金元时期、明清时期的文物遗存。

其次，体现在文物所代表的文化类型丰富多样、东北地域特点鲜明上。5000多年前的牛河梁红山文化遗址、秦代的姜女石遗址、遍布辽河流域的辽东部族山城、“三燕”遗址、数量众多的辽塔、以“一宫三陵”为代表的清代史迹、辽代出土文物、佛教文物、众多具有红色基因的革命文物遗迹，共同构成了具有显著辽沈地域特色的历史文化。

还有一点特别值得一提，历史的因缘际会，让辽宁拥有来自全国各地的众多珍贵文物。如王羲之、欧阳询、宋徽宗赵佶的墨宝，顾恺之、张择端的名画，朱克柔的缂丝等，都是蜚声中外的国宝级文物，几乎每件作品都有一段动人的故事。

## 30件国宝：讲述精彩辽宁故事

从如此众多的国宝中，选择哪些文物来讲述精彩的辽宁故事，让人煞费苦心。《国宝在辽宁》确定了这样的选择标准：第一是有代表性，能够传递文明演进、文化生成和历史事件信息；第二是有故事性，或与人们熟悉的历史故事有关，或者文物的发现与流转本身就充满故事；第三是能够体现文明交融与文化交流；第四是文物本身极具艺术性与观赏性。根据以上标准，我们精心选择了30件文物，按历史时代划分，其中包括：

红山玉器。牛河梁红山文化遗址出土的庙、坛、冢深刻影响了中华礼制，所出土的众多玉器讲述着“龙出辽河，礼出红山”的故事。

春秋战国时期的青铜重器。如辽宁省文物考古研究院珍藏的曲刃青铜短剑，数量众多的青铜礼器、仿青铜明器等，见证了中国历史上发生的重大历史事件。

出土于葫芦岛市绥中县姜女石秦行宫遗址的“夔纹大瓦当”，是秦始皇东巡的历史见证。

朝阳市内出土的“三燕”历史时期文物，证实了北方游牧民族的强大和东西方文化交流的频繁。

大辽帝后哀册，是研究辽代历史和文字（契丹文）的重要物证。

明、清两代在辽宁的文物遗存十分丰富，如辽宁省博物馆珍存的“定辽大将军炮”，是明清战争的物证。

……

其中，体现中西文化交流的器物，我们选择了多件。比如：双马镫以及产自古罗马帝国、经草原丝绸之路来到辽河流域的鸭形玻璃注；在辽宁省博物馆、朝阳博物馆触目皆是的唐代胡人俑，印证了朝阳是丝绸之路的重要节点；在辽宁省博物馆、葫芦岛市博物馆保存有大量由当地三道岗元代沉船打捞出的外销瓷，反映了元代对外经贸的繁荣与海运规模的盛大……

《国宝在辽宁》依托《辽宁日报》的融媒体资源，采用线上、线下相结合的方式，实现沉浸式、交互性全媒体立体传播，对精选的30件文物的背后故事进行挖掘，多维度展现辽宁光辉灿烂的历史和厚重的人文底蕴。融媒体资源将系列短视频、电子日报图文报道、慢直播、云展览等活动内容充分整合，展示辽宁文物之美。

# 目录

序

数珍

## 国宝密码



## 博物馆奇妙游

## 后记

# 数珍

露出神秘微笑的红山女神像，解码时代变迁的连柄青铜戈权杖，连接草原丝路的鸭形玻璃注，奏响历史回音的大晟编钟，攀上艺术巅峰的转心象牙球……

当一件件形态各异、光彩夺目、价值连城的文物穿越时空呈现在眼前时，您是否为之震撼，进而心生感叹：什么样的土地能诞生这些国之瑰宝？什么样的文明能持续千年辉煌？

您猜得不错，这就是辽宁的土地、辽河文明！

作为中华文明起源地之一的辽宁，不仅是文物大省，拥有鸟纹权杖、玦形玉龙（旧称“玉猪龙”）、饕餮纹大圆鼎、金步摇等一大批国宝级文物，而且全省 14 个地级市中有 13 个市拥有历史博物馆，更有新中国第一座博物馆——辽宁省博物馆。如果把底蕴深厚、辉煌灿烂的辽宁历史文化比作一顶皇冠的话，辽宁省内各大博物馆珍藏的文物，无疑就是皇冠上那一颗颗璀璨的明珠。这些无价之宝，凝结着辽宁先人的无穷智慧，印证着辽宁文明的悠久历史，书写着辽宁大地的千年传奇。

# 木雕鸟纹权杖：把沈阳历史上溯至 7200 年前

导读

1972 年，考古工作者发现了沈阳新乐遗址。经过考古发掘，从遗址中出土了众多文物。其中，一件木雕精品引起了专家们的辩论，最终，这件文物被定名为“鸟纹权杖”，它改写了沈阳历史，向后人讲述了它的主人在新石器时代曾经创造的繁荣与文明。

## 沈阳城市中心发现史前文化遗址

沈阳新乐遗址发现于 1972 年，至今已过去 50 多年，是辽宁省较早发现的史前文化遗址之一。放眼全国，沈阳是唯一在特大城市中心保存史前文化遗址的城市。新乐遗址不仅是沈阳的一张亮丽名片，也自然而然成为沈阳人的骄傲。

时间回到 1978 年，新乐遗址进行第二次发掘，即对编号为 F2 房址的发掘。这座房址为半地穴式建筑，总面积为 95.5 平方米。考古人员在房址底部发现了遗留的大量炭化木柱，有的炭柱残存近 2 米长，最粗的炭柱直径约 20 厘米。专家判断，这座房址可能毁于一场突如其来的大火。

经过两个阶段近 4 个月的发掘，沈阳地区有史以来最大的原始建筑逐渐露出本来面目，而为沈阳群众所熟知的“炭化鸟形木雕”就出土于此。

虽然时隔 40 多年，当年的考古工作者仍能清晰记得那个时刻：在清理 F2 房址东北角时，突然有人发现与炭化的木构架纹理不同的炭化物。大家迅速围拢过来，细心观察，紧紧盯着仅露出一小截的炭化物。炭化物其他部分与泥土紧密结合，难以剥离，大家不敢轻易动手。最后，还是由经验丰富的时任沈阳故宫博物馆考古部负责人于崇源操刀，将此物连带泥土一起取回。工作人员在室内用酒精一点儿一点儿地分离炭土。终于，一件炭化的木雕艺术精品展现在世人面前。

这之后，发掘和研究工作陆续展开。回忆当年的情景，辽宁省文物保护专家组组长、辽宁省文物考古研究院名誉院长郭大顺先生感触很深，他在《新乐遗址发掘报告》中写道：“新乐下层文化的重要学术价值最早引起关注的，是碳-14 测定的年代。”

经测定，新乐遗址距今 7200 年。新乐遗址的重要价值在后续的考古发掘与研究中被逐

# 木雕鸟纹权杖

阴刻弧线，似鸟嘴

近似龙鳞纹

圆形旋涡纹，似鸟眼

阴刻直线，似尾状

**国宝档案**

沈阳新乐遗址出土。由嘴、头、身、尾、柄五部分构成。上半部扁平，通体双面雕刻相同的纹饰，局部镂雕。下半部呈圆柱形。距今7200年，为目前存世的我国最早的木雕艺术品。（此为复制品放大图）

**尺寸**

长38.5厘米、宽4.5厘米、厚1厘米。

**原料**

柞木类硬木材。

**工艺**

先将原料削制成上部扁平，下部圆柱状外形，然后设计、加工、雕刻。

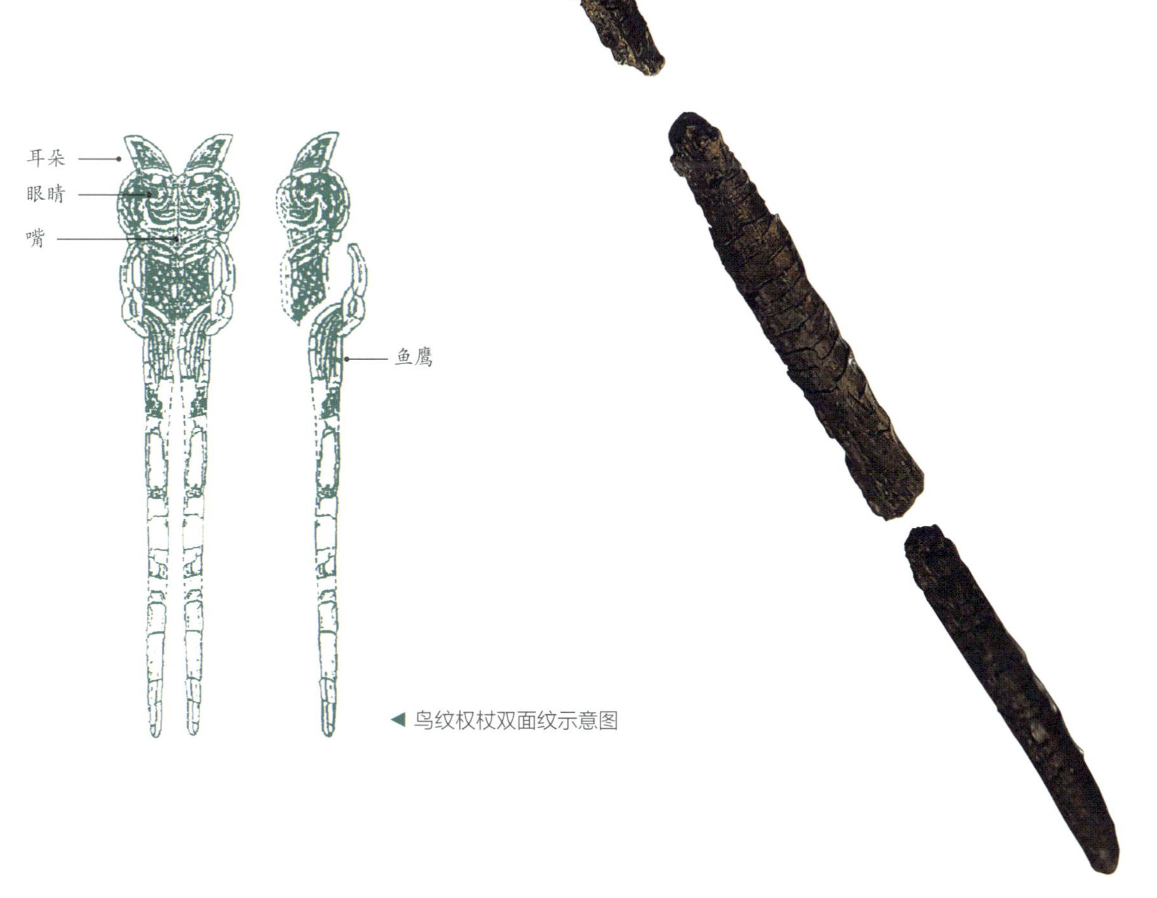


◀ 鸟纹权杖双面纹示意图

步揭示出来。

## 从炭化鸟形木雕到鸟纹权杖

鸟纹权杖，这是对“炭化鸟形木雕”的重新命名，群众习惯称为“木雕鸟纹权杖”。

在于崇源执笔的《沈阳新乐遗址第二次发掘报告》中这样描述：“……很像是权杖，直柄以上的雕饰图案可能是图腾徽帜。权杖为氏族首领统率氏族所用……可能是鸟图腾的氏族。”于崇源没有武断地做出定论，他对后来的研究持开放态度：“这仅是我们的一种推测，提出来供参考。”

此后，相关学者对于这件珍贵文物的图案和用途进行了深入研究，并提出自己的观点，因而在很长一段时间里，一直用“炭化鸟形木雕”这个名字。

新乐遗址博物馆研究馆员周阳生发表多篇学术论文，向人们揭示了这件木雕文物更为生动的细节。

原料和制作工艺：此件木雕品系用一柞木类硬木材料制成，材质较细腻。系先将原料削制成上部扁平、下部圆柱状外形，然后根据需要或用途经认真设计加工雕刻而成。

木雕的细节：扁平体上部的雕刻纹饰部分边缘处似有宽 0.3 毫米至 0.4 毫米的轮廓线。在轮廓线以内分别用阴刻、浮雕或镂空的手法施纹，立体感较强。从外形观察，木雕品的上部顶端为三角体，三角体的一侧呈弧线。在三角体内，阴刻两道相应弧线，很似鸟类的“嘴”形。三角体之下为圆形的旋涡纹，旋涡中间雕刻得较深，似“眼”状。旋涡的一侧为菱形纹带，顺时针旋转而下形成飘带状。圆形旋涡纹及飘带之下为一段网状交叉菱形纹带，似“羽鳞”。

对于这件木雕艺术品的用途，在原有的权杖、供奉物品的基础上，周阳生进一步提出了发簪的观点。

无论是哪种观点，这件艺术品为“当时的氏族重要首领所拥有”的看法基本一致。

2011 年，在时任国家文物局局长单霁翔的关注下，沈阳市启动了《新乐遗址考古发掘报告》的编写工作，这一报告在 2018 年完成，汇集了新乐遗址历次考古发掘的成果，并在辽宁省史前考古取得丰富成果的基础上，用更具宏观的视角研究、分析新乐文化，也是在这一报告中，将“炭化鸟形木雕”确定为“鸟纹权杖”。

对此，郭大顺仍然坚持自己的观点：“考古发掘的研究没止境，我们应该用更开放的眼光来观察研究。我认为，木雕上的纹饰是鳞片，因而雕刻的形象可能是龙。”

## 同类文化中等级较高的中心遗址

根据新乐遗址先后发掘的 40 余处房址的分布及出土文物，人们推断新乐先民生活的年代已经处于母系氏族社会的繁盛期，氏族成员的婚姻关系已经发展到了对偶婚阶段。家庭成员虽然仍以女性为中心，但是在一段时间内保持相对稳定的婚姻关系，它的上一阶段是群婚。人类社会经过这一阶段后开始向一夫一妻的家庭关系演进。由此，鸟纹权杖的主人是氏族部落的首领，她通常是一位与氏族成员都拥有血缘关系，令族人、亲人敬爱的老祖母。

这位老祖母带领她的族群不仅为后世留下了我国古代文明发展的重要印记，而且展示了7200年前的豪华和尊贵：

编号F2的房址地面上残留着梁、柱的痕迹和柱洞，表明这座近百平方米的室内中间没有隔墙，一些建筑专家对其建造的方法感慨颇多：如果让我们现代人使用当时的生产工具去建造这样的一座房屋，也是一件颇费周折的事情。

房屋的柱子底部铺垫河石，这是最原始的柱础。从那时起，中国传统的土木结构建筑一直沿用这种做法直到现在。从房屋柱洞周围发现有用沙充填的现象看，这又是人类建筑史上的一大发明。

新乐遗址出土的陶器中有斜口器。它出土于火塘旁和房屋的角落，因此大多数人认为它与保存火种有关。斜口器的斜口可人为地控制火燃烧的快慢程度。由此，有学者进一步提出“火盆”说——放入炭火，人们围坐在它的周围取暖。还有学者认为是澄滤器，使用者借助水流用它来漂洗、沉淀泥沙等杂物，如同现代人淘米的原理。再有一种说法，是取水用的“水瓢”。

郭大顺在《新乐遗址发掘报告》中指出，有学者推测编号F2房址为聚落公共场所或首领居住之地，也兼具制作石器或玉器的作坊。他说：“由于这座房址在同时期前后是东北地区同类遗存中面积最大的一座，表明新乐遗址至少在该类文化中是一个等级较高的中心遗址，这也将沈阳作为东北地区中心城市历史的渊源上溯到史前时期。”

由此引起笔者的想象：7200年前一个冬天，在最大的房舍里，一位令部落人敬重的老祖母端坐在火塘边，颈上挂着精致的玉珠串，身边是保存火种的斜口器。一位秀丽的女子站在她的身侧，手持象征老祖母权力的鸟纹权杖。一群人围坐在老祖母前面，讨论着未来……

手记
SHOUJI

## 新乐，“满天星斗”中的一颗

回望新乐遗址50年考古历程，从专业考古角度来观察，新乐遗址见证了辽宁省乃至东北地区史前文化遗址从稀缺到多见的发现过程。就像结识一位新朋友，考古人员对于新乐遗址没有“一见钟情”，而是经历了很长时间的试探、存疑。最为典型的事例便是新乐遗址的年代：沈阳乃至东北地区真的会有距今7200年的文化遗存？

后来的考古发现表明，新乐遗址只是辽宁省诸多史前文明考古发现中的一处。著名考古学家孙守道、郭大顺在20世纪90年代初对辽宁环渤海地区的考古发现进行汇总：在不到20年间，辽沈大地发现石器时代文化遗址28处。新乐，并不是孤立的存在。

然而，人们的疑问却在进一步加深：7200年前，新乐文化会有这么先进吗？

类似的疑问由来已久，毕竟，从专业考古角度观察，新乐文化表现出了太多的先进性。比如，遗址出土的一粒鼓形玉珠，中间钻孔直径只有2毫米，人们疑惑：这是7200年前的东西吗？遗址出土的煤精制品中有一个三曲形的泡形器，我国此前的考古研究发现，在唐宋时期才见到三曲、四曲等器物造型，并且不多见。新乐先民的创造能力究竟达到了什么样的水平？

如今，考古人员得出了结论：敲砸器是新乐先民的重要生产工具，磨制石器规范的造型是先经过敲砸琢形再磨制完成的。这一研究成果又为人们认识同时代的其他考古现象打开了一条重要通道。

1986年，我国著名考古学家苏秉琦先生将新乐遗址称为与沈阳故宫齐名的“沈阳两宝”。在此前一年，他提出了中华文明起源“满天星斗”说。新乐遗址在苏秉琦的眼里，是一颗闪亮的星。

经过了50多年，新乐遗址出土的鸟纹权杖仍然是我国存世最早的木雕艺术精品，所创造的木柱础石仍然是目前发现的最早范例，所使用的煤精制品仍然在继续改写人类用煤的历史。

当我们用中华文明探源的视角来回望新乐先民所创造的文明成果就会恍然大悟：我们以牛河梁遗址为代表的红山文化所创造的灿烂文明并不是空中楼阁，文明的火种早已播种在辽宁的大地上了。

▲ 群婚

▲ 对偶婚

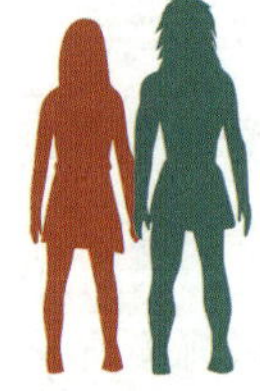

▲ 一夫一妻制

此图为人类婚姻演变示意图。新乐遗址处于新石器时代繁荣时期、对偶婚阶段。新乐人以女子为中心，管理氏族事物和经济生活，专家推测，持有权杖的人应该为一位老祖母。

# 女神像：“满天星斗”下我们看到了祖先的模样

导读

作为闻名海内外的重大考古发现，牛河梁红山文化遗址最重要的出土文物便是女神像。她使亿万中华儿女第一次看到了中华民族“母亲”的模样。她以无可争辩的事实告诉世界：生活在辽河流域的先祖，在榛莽中开拓，在自然中抗争，经过漫长的历史岁月，开启了中华文明的曙光。

## 这是震惊世界的重大发现

1983年12月6日子夜，北京大学朗润园里万籁俱寂。考古学家苏秉琦先生躺在床上翻来覆去，因为太过于激动，久久无法入眠。他披衣起身，推开窗户。浩瀚的夜空，深邃的天宇镶嵌着满天星斗。他突然顿悟，想到刚刚从辽宁牛河梁红山文化遗址传来的有可能改写中华文明进程的重大发现，内心涌出不吐不快的冲动。于是，他摊开纸笔，给他的爱徒——此时正在牛河梁主持考古发掘工作的郭大顺写了一封长信：“自红山文化‘女神庙’发现以来，国内外震惊，尤其是出土了女神像，栩栩如生，凡是看过的人都会想象，日后复原起来，那将是多么令人神往的所在啊……”写完这封信，他的心情似乎平静了一些。此时，东方的天际已经露出朦胧的曙光。一个距今5500年，活跃在燕山南北、长城以外的文明古国，在他脑海中变得越发清晰。

▲ 女神像出土时

苏秉琦为何会如此激动？这还得从牛河梁红山文化遗址出土的“女神像”说起。

1983年11月2日，天还未亮。由孙守道和郭大顺担任领队，方殿春、张星德等人组成的考古队，在位于凌源县与建平县交界处的牛河梁红山文化遗址区第二地点进行考古试掘，在发掘现场的西侧土层下，考古人员突然发现

# 女神像

**国宝档案**

为黄土质，掺草禾一类植物搅拌塑成，其大小同真人脸，眼球用淡青色圆饼状玉石镶嵌。从女神像背部断面及高高耸起的额头分析，女神像当时应该是贴附于女神庙的墙壁上方，以俯视状态示人。现藏于辽宁省文物考古研究院。

小而纤细的耳郭显示出女性特征

低而短的鼻梁显示出蒙古人种特征

突起的颧骨显示出蒙古人种特征

长而薄的上唇显示出蒙古人种特征

尖而圆的下巴显示出女性特征

一个呈圆状的陶件，大家马上意识到这件文物不一般。伴随着手铲剥离泥土的细密声音，渐渐地，额头、眼睛、耳朵、嘴逐渐清晰，在场的所有人都惊呆了。

在满天星斗下，一尊泥塑的女神像破土而出。

## 高度写实的女人头像

采访中，辽宁省文物保护专家组组长郭大顺先生这样评价："如果说秦始皇兵马俑是我国封建社会的第一个艺术高峰，那么，牛河梁红山文化遗址出土的女神像可以看作是中华文明黎明时期的艺术高峰。"

这尊女神像采用了真人大小比例的高浮雕形式雕塑，面部呈鲜红色，唇部涂朱。最令人惊叹的是她的艺术表现力，既高度写实，又含有相当丰富而微妙的表情——嘴角微微上翘，好像微笑欲语，充满神秘色彩。尤其是眼眶内嵌入圆形玉片当作眼睛，炯炯有神。

郭大顺回忆，女神像被发现后，他们曾邀请鲁迅美术学院雕塑系一位很有名气的教师来现场为女神像做复制品。尽管这位教师来之前做了充分的准备，但当他看到实物后，还是大为震惊——女神表情极富动感，将似有似无的微笑凝固于一瞬间。复制这件作品远比给活生生的真人塑像更难，差一丝一毫都不会像。最终，这位老师花了很长时间才把女神像复制出来。

中央美术学院原教授、美术考古专家靳之林认为："牛河梁女神头像是在写实基础上的高度概括，这说明当时的艺术工匠在雕塑技术和造型上已经完全摆脱了原始性，并已熟练地掌握泥塑人体艺术的基本工序和技法。她不仅应在中国雕塑史上占有重要地位，而且可与同时期其他文明古国的著名作品相媲美。"

▲ 玉睛的背面和正面

郭大顺介绍，在原始社会，女神象征着生育、大地和收获，是一个群体和民族生命力、延续力的体现，受到先民的广泛崇拜。在世界艺术史上，女性雕像一直占有突出的地位，从旧石器时代晚期到青铜器时代早期，在欧非大陆以及中南美洲的古遗址和古墓葬中都有女性雕像的出现。相比之下，在我国，关于祖先崇拜的女性雕像，一直以来缺少典型而明确的标本。于是人们普遍认为，中国古代的人物雕像艺术不发达，是以树立祖先名字牌位的方式作为崇拜对象的。而牛河梁女神像的出土，以不可辩驳的事实证明，在我国原始宗教意识形态中，对女性祖先的崇拜同样占有主导地位。

## 她是中华民族的"共祖"

"红山女神"的发现，就像一把金钥匙，为破解红山文化打开了一扇门。

当年参加发掘的辽宁大学历史学院教授、

◀ 女神像复原图（资料图）

博士生导师张星德回忆，30多年前一个风雨交加的夜晚，她手捧装着女神像的木盒，前往兴城拜见考古界泰斗苏秉琦。苏秉琦非常仔细地观摩了女神像后，说了一句对后世影响深远的话："女神像是由距今5500年前的红山人模拟真人塑造的神像，而不是由后人想象创造的'神'。她是红山人的女祖，也就是中华民族的'共祖'。"当时的张星德听得真切，却似懂非懂。经过近40年的考古和研究，如今的张星德已是红山文化研究的资深专家。

根据考古专家和相关研究人员的研究成果，我们捋出了红山女神与女神庙的来龙去脉。在距今七八千年前，中国北方形成了三个不同文化特征的族群，为了方便理解，暂且简称他们为"之字纹陶"族群、"素面陶"族群、"绳纹陶"族群。在距今5500年到6500年间，由于人口的扩张、迁徙，这几大族群之间不断发生碰撞和交流。在距今6500年左右，生活在太行山以东、燕山以南的"素面陶"族群中的一支进入辽西，与辽西地区的"之字纹陶"族群发生碰撞和融合，促成了红山文化的形成。又经过了1000年左右，黄河中游的"绳纹陶"族群，战胜了"素面陶"族群，继而和红山文化碰撞、融合，从而打破了红山文化区域内原有族群的平衡。在重新组合的过程中，女神庙和女神像应运而生。因此，张星德认为，女神像的产生绝不是偶然的，说明红山先民为了避免冲突，寻找共存、秩序及和平，创造出了一个具有血亲关系的共祖形象——女神像。

郭大顺进一步指出，从世界范围看，在距今5000多年的各个文明古国中，像牛河梁红山文化遗址这样出土大规模的泥塑神像群并无先例，红山文化女神像称得上是"海内孤本"。由于牛河梁遗址是红山文化最高层次的中心，女神庙又被认为是红山文化这一文化共同体共同崇拜的先祖神庙，所以，这个女神像既可被认为是红山文化的"共祖"，亦是中华民族的"共祖"。

▲ 手掌

## 镶嵌在红山文化版图上的明珠



我们是谁？从何而来？将往何处去？

红山女神像的出土，使我们第一次看到了5500年前祖先的模样。

考古专家从牛河梁发现的带有肢骨的女神塑件分析，牛河梁红山文化女神像是有真实原型的，她是生活在族群中受万人崇拜、供养的母亲，而古代传说中最高统治者的祭祀活动也在这个女神庙举行，所以考古学家郭大顺先生高度评价女神像：“她绝不仅仅是一件黄土塑造的艺术品，她与中华民族、中华文化的起源息息相关，是研究古代中华人种学和民族史的典型标本，她是中华民族之神。”

如今，红山文化研究已走过百年时光，持续的考古发现不断改变着学界已有的认知。由红山女神像引发的文明起源的探寻越发清晰起来，越来越多的研究者认同这样的事实：在中华五千年文明起源的形成过程中，红山文化具有举足轻重、不可替代的重要地位。

历史的最大魅力就是它永远保有秘不示人的密码等待我们破解。苏秉琦先生在他最后的著作《中国文明起源新探》中直言不讳地指出：“辽西红山文化是原生文明。”更多的学者认识到，至少古华夏的一部分来自遥远的北方，尤其是红山文化中许多独创的文化元素，例如女神崇拜、坛庙冢、玉龙、玉凤等，都被后来的中原地区文明广泛吸收，成为中华民族传统文化的主要内容，并且延绵不绝。

对中华文明的起源，苏秉琦提出：“新石器时代的中华大地存在着发展水平相近的众多文明，如同天上的满天星斗，共同开创了中华文明的源头。而在这其中，红山文化最具代表性。”如此说来，牛河梁女神像则是镶嵌在红山文化版图上的一颗最璀璨的明珠。

由她，我们看到了中华文明的曙光。

# 玦形玉龙：辽河流域是玉龙故乡

导读

牛河梁红山文化遗址出土的玦形玉龙（旧称“玉猪龙”），使考古工作者追寻多年的古玉器断代问题一锤定音。辽河流域出土的史前时期的与龙相关的玉器，类型最多，序列最完整，所代表的时间最早，所以，这里被称为“龙的故乡”。从牛河梁出土的玉龙的精美程度可以看出，在距今5500年前后，这里曾存在一个发达的、以动物造型为主要标志的远古玉器中心。

## 找到远古玉器的出产地

提到牛河梁红山文化，你最先想到的是什么？

1月的牛河梁，寒气袭人。驻足于牛河梁国家考古遗址公园展示馆外，笔者随机问了几位观众：“对牛河梁遗址印象最深的文物是什么？”“女神像”“玦形玉龙”（旧称“玉猪龙”）被提及的次数最多。

如今，玦形玉龙已经成为牛河梁红山文化遗址以及辽宁的文化名片，广为人知。著名考古学家苏秉琦先生因此称辽河流域为“玉龙故乡，文明发端”。

关于玦形玉龙被发现和最终被确认的过程，有着一段传奇经历。

时间回溯至100多年前。一批造型奇特、似龙似猪又似熊的古玉突然现身收藏界。由于这些玉器来自民间，因此，其出土的情况以及地层关系无人知晓，其所属的年代一时间众说纷纭。

转机出现在20世纪80年代初。1981年，辽宁省第二次文物普查在建平县展开。当时，作为文物普查负责人的郭大顺获得了一条重要信息：马家沟村村民马龙图在耕地的时候挖出了一件“玉笔筒”。郭大顺敏锐地感觉到，它可能跟市场上流转的那批古玉有关。于是，他和富山乡文化站原站长赵文彦骑车赶到马家。一进门，郭大顺就看到柜面上立着的“玉笔筒”。经仔细辨认，这正是红山文化的重要玉器——马蹄筒形玉箍。经询问，他们得知一个惊人消息，在当地一个叫“西梁地”（即现在的牛河梁红山文化遗址第二地点）的山冈上，彩陶碎片和泥制红陶片俯拾皆是。

考古队员经过详细勘查，在不远处的断崖旁又发现一座墓葬，考古队员在墓主人的头部发现了一件玉环。经过测定，确定了该墓葬为距今5500年左右的红山文化时期墓葬，确认牛河梁这个地点是一处非常重要的红山文化遗

# 玦形玉龙

国宝档案

淡绿色，微泛黄。通体高10.3厘米、宽7.8厘米、厚3.3厘米。头部硕大，环体肥厚，短立耳，大圆眼，有点像猪，有点像熊，又有点像鹿。由岫玉制成，构思精巧，造型生动，表现出非凡的工艺。

址，这个地点后来被标注为牛河梁遗址第二地点一号冢一号墓。

1983年，考古发掘在这里展开。

时间定格在1984年8月4日。这一天，考古队员又发现一座墓葬。在墓主人的胸前，考古队员发现了背靠背放着的两件玦形玉龙，同时出土的还有枕在墓主人头下的马蹄状玉箍。

这一发现让郭大顺和考古队员们兴奋不已：终于找到了确凿的证据。流传了一个世纪之久的古玉器终于找到了自己的主人——红山文化，考证多年的古玉器断代问题一锤定音。红山文化考古从此掀开了崭新的一页。

考古学家根据已出土的大批文物判断，5000多年以前，辽西曾经存在过一个具有国家雏形的原始文明社会——红山文化古国。

## 这里是远古玉文化中心

牛河梁遗址第二地点一号冢四号墓出土的一对玦形玉龙，佩戴在墓主人胸前，一左一右，背靠着背，晶莹圆润。玉件通体高10.3厘米、宽7.8厘米、厚3.3厘米。淡绿色，微泛黄。两件玉器造型独特：头部硕大，环体肥厚，短立耳，大圆眼，有点像猪，有点像熊，又有点像鹿，构思精巧，造型生动，以非凡的艺术表现力征服世人。

出土的多件玉器表明，5000多年前这里的玉器加工工艺非常成熟。红山先民已经熟练掌握玉石的切割、研磨、雕刻、钻孔、抛光等工艺。

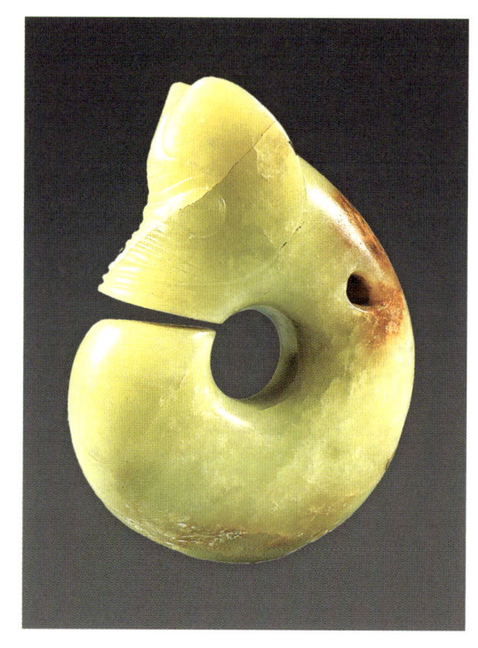

▲ 牛河梁遗址第二地点一号冢四号墓出土

郭大顺对玦形玉龙的造型和纹饰有着精辟的论述：“它们的制作，采用了玉器制作中难度较大的圆雕技法，突出首部和全身的圆润。这种制作上的特殊处理方法和由此形成的独特风格是一种追求，目的是使玉自身的特征，如圆润、光滑得以表现出来。这种不是以更多外加的人为因素而是靠玉质本身来表达复杂的思维观念的做法，赋予玉石以人格化、社会化功能，是对玉本质的最大发挥，也说明红山人对玉的认识达到一个高峰。”

中华文明探源工程首席专家王巍对玦形玉龙给予高度评价：“从牛河梁出土的玉龙的精美程度可以看出，在距今5500年前后，这里的确曾存在一个相当发达的、以动物造型为主要标志的远古玉器中心。”

## 制玉工具有先进的桯钻和管钻

考古证明，红山文化的玦形玉龙为籽料或河磨料，即我们常说的河磨玉。这些玉料来自岫岩的玉矿。那么，5000多年前的红山先民

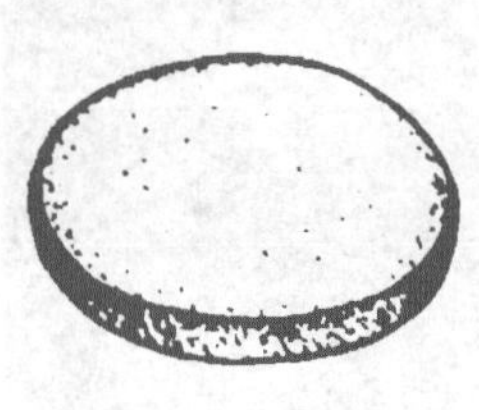

①根据原石的形状，用砣具琢磨成圆饼状。

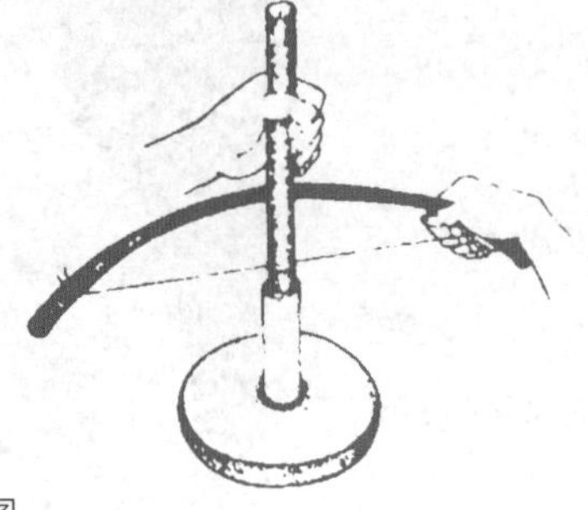

②用管钻工具在圆饼的中间钻磨，取出中间的芯料，形成玦的中孔，然后打磨，制作成玦形。

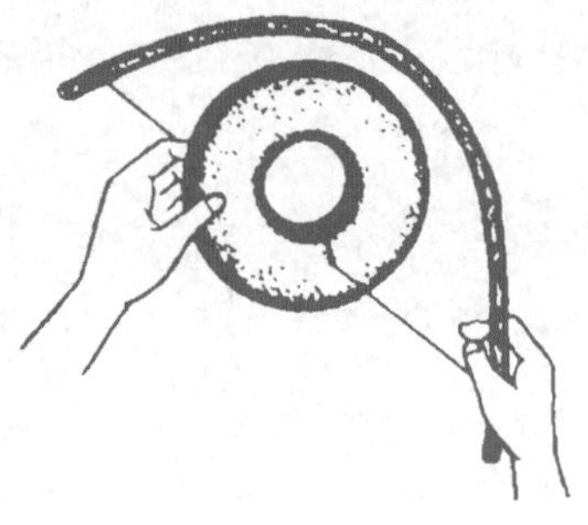

③用砣具或软性线具拉切玦口。

④在砣具上附着兽皮等材料，研磨、抛光成玉玦成品。

▲ 红山先民制作玦形玉龙示意图

是如何往返几百公里运玉石的？郭大顺说，目前还没有找到合理的解释。

中国社会科学院考古研究所研究员刘国祥介绍，红山先民对玦形玉龙的雕琢，工艺大体有选料、切割、钻孔、抛光 4 个步骤。

工匠们选好合适的玉料后要解决的第一个难题就是切割。专家通过对玉器的微痕观察发现，当时的人们已经开始使用砣具切割玉料。砣具是一种圆盘状、能连续运转的工具，可用于切割、琢磨和镂空。玉器上的眼睛、褶皱、龟背纹及其他浅纹饰等阴刻线条，都是用尖砣具来完成的。

下一个步骤是钻孔。考古发现，当时使用两种钻孔工具：桯钻和管钻。桯钻是一种古老的钻孔技术，小一些的圆孔一般都采用桯钻。管钻是红山人的一项新发明、新技术。专家推测红山人当时使用的管钻是由竹管或骨管制成的能连续旋转的工具，玉龙上的大孔都是用管钻制作而成。

最后一道工序是打磨。研究发现，玦形玉龙在出土时都有一层璀璨的类似玻璃一样的光泽，说明当时的玉器抛光度非常高。专家推测，红山先人是在砣具上附着兽皮，用快速旋转的方式来为玉器抛光。

## 龙出辽河源

手记
SHOUJI

牛河梁红山文化遗址出土的玦形玉龙，为龙的起源问题提供了新的研究方向。

辽宁省文物保护专家组组长郭大顺先生说：“从考古地域上来追寻龙的起源，会得出一个结论——龙出辽河源。”郭大顺指出，辽河流域发现的史前时期的龙时间最早，类型最多，序列最完整。在红山文化分布区，有玦形玉龙20余件，它们既高度抽象又十分规范，无论从总体形象还是细节处理来看，都惊人的一致。显然在这一时期，玉龙的形象已经形成规范并被固定下来。同时表明，红山先民已经向“礼制”迈出了重要一步，进入了古国时期，这是中华五千年文明起源的实证。

郭大顺介绍，龙崇拜的习俗早在距今七八千年的先红山文化时期就已经存在。考古发现，在距今8000年的阜新查海遗址，就已有类龙形象出现。而更早的兴隆洼文化遗址，也发现有猪龙崇拜的陶片摆放造型。距今6000年前的赵宝沟文化中，在陶尊上刻画的“四灵”纹也有猪头龙、鹿头龙和鹰首龙的组合。所以到了红山文化时期，龙已完全定型并以精美绝伦的玉器形式表现。

一直以来，考古学家普遍认为，玦形玉龙是红山先民祭天祈雨、沟通天地的圣物。“当时的辽西地区，农耕已经取代了猎采，成为红山先民的主要生产方式。”中国社科院考古研究所研究员刘国祥说，辽西以山地丘陵为主，是以种植粟、黍等为主的旱作农业的重要起源区。祈求风调雨顺、农业丰收成为红山文化晚期宗教祭祀典礼的核心内涵。因此，龙文化在辽西地区的起源和发展与旱作农业有着密不可分的关系。所以，这里无疑应为中华龙文化的重要起源地之一。

刘国祥强调，在龙的发展演变长河中，红山文化玦形玉龙是最为关键的一个环节。“辽河流域的‘龙’各阶段相互衔接，演化序列清楚明晰。如果将辽西地区崇龙礼俗的形成进行阶段划分，兴隆洼、查海文化应属于孕育期，赵宝沟文化属于形成期，红山文化晚期则进入发展和成熟期。”刘国祥认为，以龙图腾崇拜为主的共同精神信仰的产生，是辽西地区史前社会进入文明阶段的重要标志之一。

在考古专家看来，追溯龙的起源，不仅可以揭示出中华文明起源的问题，而且对了解五帝时期的历史文化意义重大。郭大顺说：“红山文化玦形玉龙在新石器时代晚期传播到中原和南方，在此后的商代妇好墓和西周虢季墓中，都出土了模仿红山文化风格制作的玦形玉龙，在夏商周的青铜礼器、玉器以及建筑构件上，也以龙为最主要的装饰题材，龙的形象最终成为中华民族的象征。”

# 石磬：<br>这块 3500 年前的石头会唱歌

导读

这件出土于辽宁北票康家屯石城址的石磬，属于距今 3500 年至 4000 年前夏家店下层文化文物，它是辽西地区进入高级文明社会的标志，证明当时的礼乐文明也发展起来了。中华传统文化的礼乐制度在西周时期形成，经过儒家学者推广，礼乐教化得以通行天下，中国也因此成为“礼仪之邦”。

## 远古时期的打击乐器

这块石头造型奇特：外形呈三角形，扁平片状，青灰色岩石磨制得很精细，表面光滑，近钝角处有一个约 2 厘米的穿孔。它静静地悬挂在辽宁省博物馆展厅里，标签上写着“石磬”“夏家店下层文化”。

石磬是我国古代特有的打击乐器，体形硕大、石质坚硬，叩击之下发出石质悦耳声。古人认为，叩击石磬可以上达天神。

那么，这件石磬是怎么被发现的呢？时间回到 1997 年。当时的辽宁省文物考古研究所对朝阳北票市大板镇康家屯石城址进行抢救性发掘。

这是一座距今 3500 年的夏家店下层文化规模较大的石城址。曾参与康家屯石城址发掘的大连市文物局副局长李维宇说，石磬发现于一处遗址内，证明这个遗址里居住着使

# 石磬

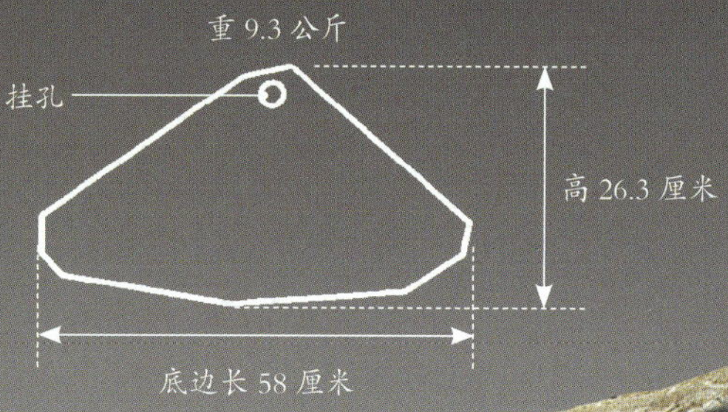

重 9.3 公斤

挂孔

高 26.3 厘米

底边长 58 厘米

国宝档案

青灰色岩石磨制。北票市大板镇康家屯石城址出土，属距今 3500 年的夏家店下层文化文物，具有乐器、礼器、祭器三重身份，表明当时的辽西地区已出现了礼乐意识，礼乐文明已经发展起来。现藏于辽宁省文物考古研究院。

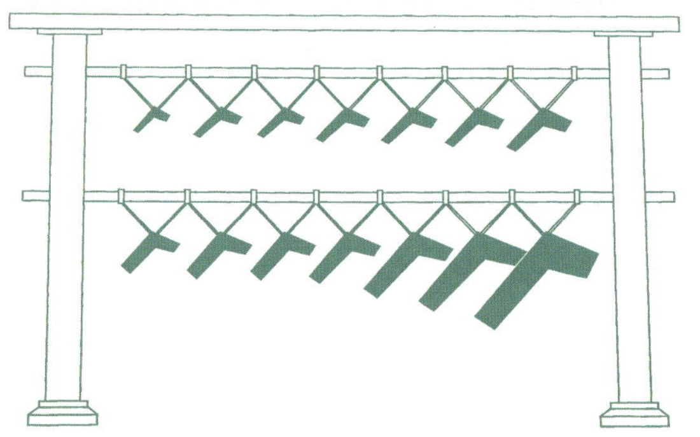

◀ 编磬悬挂方法示意图

磬是我国古代特有的石质敲击乐器，古人认为叩之可以上达天神。石磬越大越薄，振动发声越低沉。相反，石磬振动发声越高。古人根据这一原理，用大小不一的石磬组成编磬，敲击之下，形成音乐。

▲ 朝阳市出土过多枚古代石磬

用石磬的人。

有趣的是，朝阳市建平县水泉村在 1977 年曾出土一件石磬，经过比对，这两件石磬高度相似。朝阳博物馆保管部部长李靖介绍，目前在朝阳市已经出土多枚古代石磬，均为石质，大小不一，最大一件长边约 1 米，而水泉村出土的一件石磬重达 9.3 公斤。它们都属于夏家店下层文化。按照使用功能，石磬可分为单一使用的“特磬”和成组使用的“编磬”。朝阳市出土的这几件石磬都属于特磬。

石磬的使用历史在文献中有记载，如《吕氏春秋·古乐》记载：“帝尧立，乃命质为乐……乃拊石击石，以象上帝玉磬之音，以致舞百兽。”《诗经》中有“鞉鼓渊渊，嘒嘒管声。既和且平，依我磬声”的吟咏，表明在远古时期，石磬已被先民用于娱乐伴奏，后来逐渐被用于宫廷乐舞中。

## 进入高级文明社会的标志

“康家屯石城址出土的石磬表明，生活在辽西地区的先民在当时已出现了礼乐意识。”辽宁省特聘教授、沈阳音乐学院音乐考古专业教授贺志凌说，中国古代的礼乐制度十分完善，虽自西周提出但其酝酿和萌发时间更早。他还说：“这些石磬应具有乐器、礼器、祭器三重身份。”

“夏家店下层文化是西辽河流域继红山文化之后的第二个高峰期。”中国社会科学院考古研究所研究员刘国祥说，中国北方在红山文化晚期已进入初级文明社会，而到了被称为“与夏为伍”的夏家店下层文化时期，已进入高级文明社会。

进入高级文明社会的标志体现在哪里呢？刘国祥解释，这一时期，人口数量增长，遗址分布密集，出现了高等级的石城址群，而且城址经过周密的规划设计。无论大中小型聚落，都注重预防战争。在聚落的外围，环绕有围壕，而且围壕一般比较宽、比较深，具有明显的防御功能，开创了挖壕筑墙的新时代。这里出土了很多骨镞，具有很强的杀伤力。此外，还出现了高度发达的彩绘陶器，青铜器也不断增多。以上这些都是文明社会的表现。

在刘国祥看来，夏家店下层文化出土的多件石磬证明这一时期礼乐文明已经发展起来。放眼全国，在黄河流域的龙山文化遗址、二里头文化遗址也出土过这种石磬，表明在早期青铜时代，中国北方与中原地区保持着密切的联系。因为龙山文化早于夏家店下层文化，而且龙山文化出土的特磬体量更大、造型更精美规整，所以刘国祥推断，辽西石磬应该是学习吸收中原礼乐文明的结果，实证了中华民族多元一体格局。

“夏家店下层文化在继承当地新石器时代文化的基础上，与中原地区的龙山文化、二里头文化，西北地区的石峁文化等都有密切交流，文化相互融合，从而大大加快了发展的步伐。”刘国祥说。

## 礼乐制度孕育于夏商、形成于西周

探究石磬的用途，人们发现，特磬多用于生产生活中对祖先神灵的祭祀及娱乐活动，编磬的出现要晚于特磬，约产生于西周时期，多用于宫廷雅乐的演奏。

相比夏家店下层文化时期造型古朴的特磬，战国时期的山东阳信石编磬的形制已经非常规范。而湖北随州曾侯乙墓出土的规模最大的石编磬，刻有编号和乐律铭文，是战国早期的礼乐重器。

“从编磬的大小厚薄来看，当时的工匠已经认识到，磬越大越薄，其振动发声越低；磬越小越厚，其振动发声越高。”辽宁省博物馆副研究馆员王忠华介绍，随着制作工艺不断发展，石磬渐渐被上层统治者用于殿堂宴享、宗庙祭祀、朝聘礼仪活动中的乐队演奏，同钟、鼎一样，被视为象征其身份地位的礼器。

由此我们发现，礼乐文化孕育于夏商之际，到西周初年，周公旦“制礼作乐”，礼乐制度文化系统形成。

周朝建立后，开始分封诸侯，将同姓宗亲与异姓功臣分封到各地。为了稳固统治，周武王的弟弟周公旦总结血缘伦理与宗教仪轨，制定了体现身份尊卑的典章制度——周礼。以“礼”来明确等级秩序，同时又以“乐”来调和“礼”的森严，谓之“礼乐制度”。礼乐制度的核心内容就是以钟和磬为代表的具有严格等级区分的乐悬制度。简单理解，就是钟磬的悬架有明确的等级标志：天子，四面都悬挂钟磬，名为宫悬；诸侯，去其南面的钟，名为轩悬；卿大夫，只挂于东、西面，名为判悬；士，只许一面悬挂，名为特悬。

回望历史，我们看到，周公旦“制礼作乐”奠定了中华传统文化的“礼制”。后来，孔子在此基础上，将“礼乐”的内涵演化为社会秩序下的“人伦和谐”，主张通过“礼乐教化”使人修身悟道、谦和有礼、威仪有序、远近和合。礼乐制度由儒家文化承载，对后世产生了深远的影响，延续3000年而不衰，这也是中国被称为“礼仪之邦”的缘故。

远古石磬，是中国历史上重要的打击乐器，也堪称中国礼乐文化中乐器的代表。从这些珍贵的乐器中，追寻中国古代音乐发展的历程，我们能看到一部别样的文明史，彰显着中华传统音乐文化的悠久、绚丽和伟大。

我们从甲骨文中的“磬”字，能看到石磬最初的模样和使用方法：左半边像悬石，右半边像人执槌敲击。可见，磬是通过敲击发声，呈悬挂状。

众所周知，音乐离不开两大要素：节奏和旋律。相比擅长表现旋律的其他类乐器，打击乐器更容易表现节奏。也许是因为对音律的要求不高，制作相对简单，石磬等打击乐器在中外乐器发展史上，都是较早出现并定型的乐器。

按照制作材料的不同，周代就产生了我国最早的乐器分类方法——“八音分类法”，即将乐器分为金、石、土、革、丝、木、匏（páo，葫芦类果实制成的笙、竽等）、竹8类，前4类属于打击乐器。在《诗经》中提到的近30种乐器中，打击乐器就有20多种。

目前考古发现出土数量最多、使用分布最广泛的古代乐器，就数磬、钟、鼓。因此可以认为，打击乐器，尤其是编磬、编钟和鼓，是那个时代乐器大家族的骨干，其创造的从容不迫、端庄肃穆的演奏风格，表现出商周时代特有的雍容气度。

音乐是比文字更早出现的文明载体，而乐器作为人类交流、表情达意的工具，千百年来一直在传承、创新中发展。从辽博举办的“和合中国”展上，我们看到中国考古发现最古老的乐器——贾湖遗址出土的骨笛、北宋遗留的“大晟黄钟”铭文编钟、明代潞国制中和琴等颇具代表性的古代乐器珍品，从这些乐器的背后，我们感受到传统音乐辅德化、养性情、娱民众的文化内涵。

如一人执槌，向左上方悬挂的三角石头敲击。

“磬”的篆文

▲磬字演化

# 连珠纹连柄青铜戈：这把3500多年前的青铜戈是王者权杖

导读

1986年，锦州市出土一件像镰刀的文物，经专家鉴定，它是3500多年前的青铜戈，但它不是武器，而是生活在辽西地区一位王者使用的权杖，为国内孤品。专家研究发现，距今3500年至4000年的夏家店下层文化已经掌握了青铜器冶铸技术。通过文物比对，生活在辽西的这群人正是殷商古族，他们的后代从这里进入中原，建立了商朝。

## 猪圈里挖出古老青铜戈

到锦州市博物馆参观，听讲解员讲关于镇馆之宝、国家一级文物“连珠纹连柄青铜戈”的入藏经历，您会不由得对那些热心文物保护的群众产生由衷的敬意——正是他们及时地报告，那些沉寂了的历史片段才得以补缀，报告者也因此成为补缀这段历史不可或缺的一部分。

故事是这样的：1986年4月的一天，锦州市博物馆接待了一位小学老师，他从包袱里小心翼翼地拿出一件青铜器。工作人员看后，认定这是一件远古时期的青铜戈，立即重视起来，详细询问这件青铜戈的来由。

原来，这件青铜戈是这位老师的儿子最先发现的。当年4月8日上午，锦县松山乡水手营子村（现为锦州市高新区松山街道水手营子村）村民周正席在自家猪圈取粪时，挖出一条锈迹斑斑的铜棍。

周正席后来回忆说，那是一个像镰刀的铜棍，顶端有云卷儿，上面镶着一个小绿玩意儿，摔在地上后，那个绿玩意儿就掉了。考古人员推测，这个“小绿玩意儿”可能是绿松宝石，可惜再也没有找到。

周正席的父亲是一位小学教师，有文物常识。他看出这是一件古代青铜器，随即将它包好，送到锦州市博物馆。听罢周老师的讲述，锦州市博物馆工作人员立即赶到周家查看。

锦州市博物馆研究馆员刘振陆说：“据馆里老同志介绍，他们到达现场后，经过缜密的清理，发掘出一座古墓葬。这是一座单人墓葬，南北长3米，东西宽1.2米。”墓内没有发现完整人骨，青铜戈出土的位置在墓内中部左侧，这处位置还出土了1件扁体长方形磨光穿孔石钺。另外，在墓的北端左侧清理出1件夹砂灰陶绳纹折肩陶鬲、2件泥质灰陶尊。这4件器物是夏家店下层文化的典型器物。专家由此判断，这是一座夏家店下层文化晚期的墓葬。

# 连珠纹连柄青铜戈

<u>国宝档案</u>

造型古朴，戈头与柄一体连铸，更重要的是，戈柄铸有菱形纹和连珠纹，加之顶端有勾云状戈冒，这些充分说明，这是一柄权杖，是王权的象征，属于距今 3500 年前的夏家店下层文化时期。现藏于锦州市博物馆。

<u>尺寸</u>

长 80.2 厘米，重 1.15 公斤。

<u>原料</u>

青铜，用铜量相当于一件中小型青铜容器。

<u>工艺</u>

一体连铸。

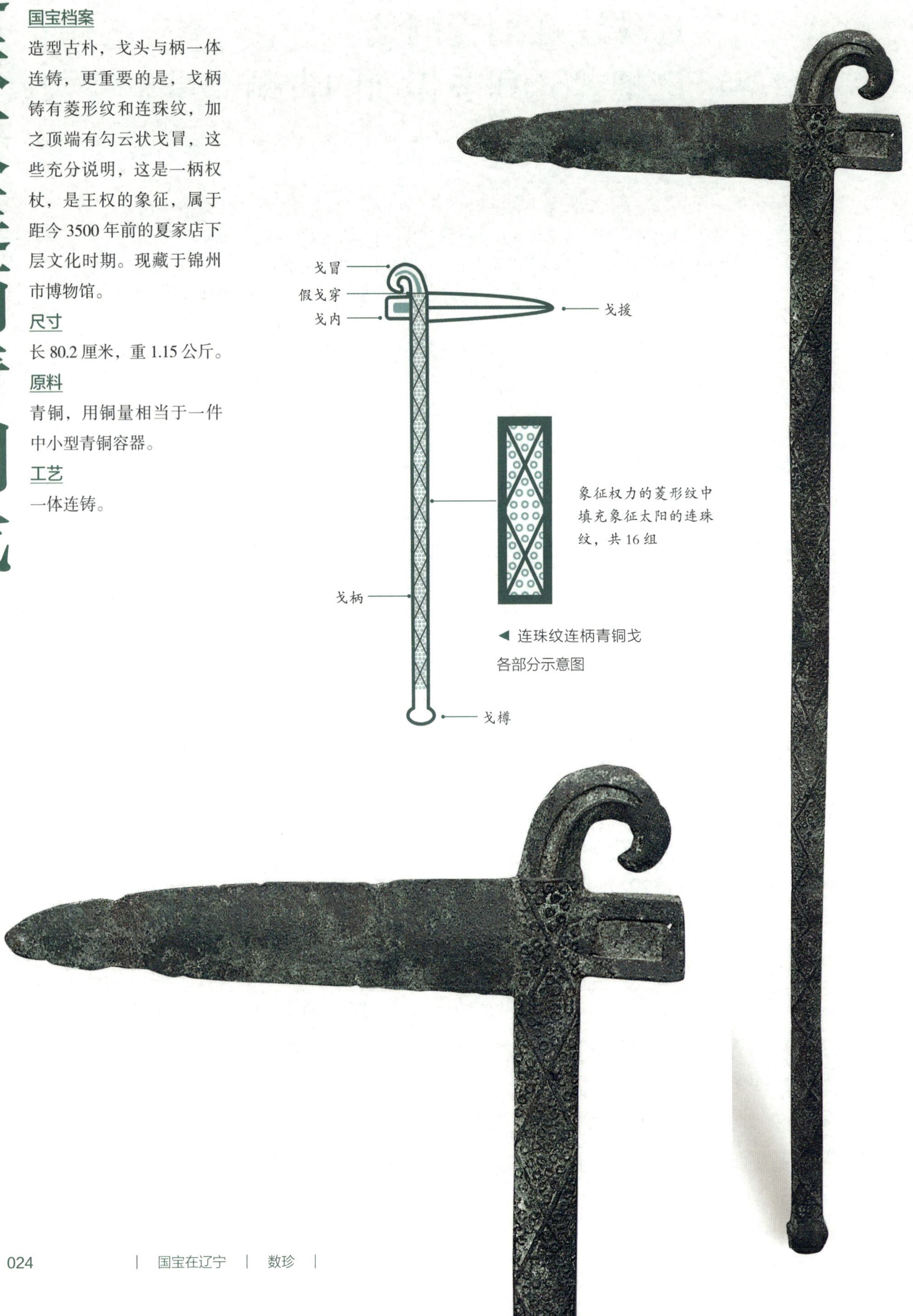


◀ 连珠纹连柄青铜戈各部分示意图

据了解，夏家店下层文化距今3500年至4000年，活跃在燕山山地和辽西、内蒙古东南部地区。如此说来，这件青铜戈应该是距今3500年以前的文物，考古专家们根据其造型特点，最终认定：它是一件青铜戈造型的青铜权杖，为国内孤品，是国宝级文物。

## 青铜时代上溯至夏家店下层文化时期

一般以为，戈作为一种“勾兵”，其使用方法与收割用的镰刀最为接近，当与原始农业中的石镰有关。但是锦州市博物馆藏的这件戈形青铜器与实战武器戈又有着明显的区别。

这件青铜器铸造精良，戈头与柄一体连铸，全长80.2厘米，重1.15公斤，其样式精美别致。戈头直援直内，这里的援是指戈头平出的刃，上、下两刃；内是指戈头锋刃的后尾部分。造型十分古朴，所以，这件青铜器更多地呈现了戈的原始样貌。戈柄通体铸纹，两面纹饰相同，以菱形纹中填充连珠纹为一组，每面从上到下共16组，纹饰规整而清晰。戈柄底端连铸出圆顶状樽，柄首处连铸了一个耸起而向外侧弯曲的卷勾，卷勾下宽上窄，最末端起尖，边缘薄似刃，专业的名称为戈冒。

刘振陆说：“经过专家论证，我们将这件青铜器命名为‘连珠纹连柄青铜戈’，这个名称综合了青铜时代考古研究成果。”

刘振陆解释，这件青铜戈柄表面布满连续菱形纹和密集的连珠纹。在考古文化中，菱形纹象征权力和财富，连珠纹是古人想象中的太阳，是史前文化太阳崇拜的延续。另外，戈冒呈勾云状，在红山文化时期，勾云形玉佩是王权象征的典型器。“先民们将这些图案运用到一件青铜器中，表明这件青铜戈不是实战的武器，而是一件权杖，是王权的象征。拥有了它，就拥有了至高无上的王者权力。”刘振陆说。

辽宁省文物保护专家组组长、辽宁省文物考古研究院名誉院长郭大顺先生说：“这件青铜戈非常重要，它极为独特和珍贵之处在于有与戈身连铸的铜柄。”他曾专门就这件文物完成了论文《渤海湾北岸出土的铜柄戈》。

专家和学者考证后得出结论：这件青铜戈不仅具有夏到早商时期的基本特征，从戈头造型、戈柄纹饰和与之同墓出土的3件陶器上看，此戈的年代相当于夏或夏商之际，其文化性质属于夏家店下层文化，是辽西地区乃至全国发现的最早的青铜戈之一。

郭大顺进一步指出，这件戈虽不同于盂、盘等铜容器，但一次熔铸用铜量已接近于一件中小型铜容器，且规整精细、通体花纹。所饰连珠纹又为商代铜器中最常见的一种典型花纹。这些进一步反映出夏家店下层文化已具有铸造青铜器的冶铸技术水平。因此，这件青铜戈的出土，无疑是我国青铜时代考古和对环渤海地区历史考古研究中的一项重大发现。

## 殷商古族从这里出发

考古人员在燕山山地和辽西及内蒙古东南部地区发现万余处夏家店下层文化遗址，辽宁省的辽西地区就发现了3000多处遗址点。

考古人员对锦州市高新区松山街道水手营子村进行了调查研究，进一步确认了这里是一处面积达4000平方米的夏家店下层文化遗址，可探查的文化层0.4米。连珠纹连柄青铜戈的出土，意味着夏家店下层文化在渤海湾北岸保持着强大的势力。

虽然没有对水手营子遗址展开进一步考古发掘，但是近年来，辽宁省对于夏家店下层文化的考古发掘不断取得重要成果。考古工作者先后发现了石砌城址、数量可观的房址和墓葬遗存，出土大量珍贵的陶器、石器等文物，其中位于北票市大板镇的康家屯石城址是辽宁省首次大规模发掘的夏家店下层文化遗址，出土大量文物。

研究发现，夏家店下层文化遗址出土的大量彩绘陶器上，已经使用大量纹饰，如饕餮纹、夔龙纹、云雷纹等，这些纹饰很容易在后来的商代青铜器上看到。考古发掘证明，当时的辽河流域土地肥沃，森林密布，河流湖泊水源丰沛，适宜人类繁衍生息，古代先民在这里耕种土地，到河中捕鱼，生活富足，留下了密集程度极高的居住遗迹，他们用实物为后人留下了一段古代部族兴旺史。

考古发掘成果表明，夏家店下层文化已具有最高层次的中心聚落，表明夏家店下层文化曾是一个“与夏为伍”、位于辽西地区的强大方国。

另外，安阳殷墟发现了代表商代人的中小贵族墓，墓主人的体质特征具有北方人种特征。这与其他的考古证据一起，都在证明夏家店下层文化与商文化有着密切的联系。据此，历史考古学家得出结论，商文化起源于东北。

郭大顺汇总了前人的考古研究成果后，进一步提出：夏家店下层文化很可能是先商遗存，生活在这里的人们是殷商古族，他们的后代最终入主中原。由此，可以想象，当年这支在辽西地区活跃了500多年的族群可能已经结束部落间冲突，达成了内部联盟，族群在王者的统率下，即将踏上入主中原的征程。

## 找到了戈的最初形制

手记
SHOUJI

由于没有进行更大规模的考古发掘，对这柄连珠纹连柄青铜戈所涉及的历史进行深入解读吸引了不少研究人员的兴趣。

有学者在《逸周书》看到了“不屠何（即屠何）青熊”的记载。《逸周书》作者、西晋五经博士孔晁对之解释道：“不屠何，亦东北夷也。”另外，在《管子·小匡》中也有关于“屠何”的进一步记载，学者提出这件青铜戈属于屠何王。

这里讲的屠何古国是西周初年活跃在现在辽西地区的一支古老部族。

春秋战国时期，屠何古国发展迅猛，兵强马壮。屠何王亲率大军西征攻打燕国，侵犯燕境。燕国不能抵抗，就向齐国求援。周惠王十三年（前664），齐燕联军大败屠何，擒住了屠何王。此后，屠何族人一部散于今河北省北部，融于古燕人之中。

《墨子·非攻》中记载:“古屠何亡于燕代胡貉之间。”讲的就是这段历史。然而，考察这段历史与连珠纹连柄青铜戈所存在的时代，人们就会发现问题，两者相差了将近1000年，也就是说，在连珠纹连柄青铜戈的主人所生存的年代里，屠何古国尚未出现。

距今3500多年的连珠纹连柄青铜戈的出土不是去印证在其之后1000年的史事，而是为人们带来更多殷商古族早期的信息。这柄青铜戈的古老不仅仅是依据伴随其出土的夏家店下层文化典型陶器，其器形本身也表现出更为古老的特征。辽宁省文物保护专家组组长、辽宁省文物考古研究院名誉院长郭大顺先生曾对此进行深入分析。

早期铜戈前锋较为尖利，上下刃基本对称，意味着下刃并不比上刃特殊，这同主要使用下刃的“勾兵”也就是后世进一步演化的戈有明显区别。古老戈的上下刃在于增强前锋啄击时的威力，与之相应，早期铜戈的援部平直，与戈柄成直角相交，从而可保证戈的前锋在战斗中能以最佳角度击中目标。连珠纹连柄青铜戈的戈柄与下援部呈直角，就是早期戈这种使用方式的实例。

郭大顺对我国出土的各个时代各种材质的戈进行了全面筛查，其中式样与连珠纹连柄青铜戈相似的仅发现两件，即河南省洛阳市二里头遗址第三期出土的两件青铜戈。郭大顺分析，夏家店下层文化年代的上限较二里头文化早，但其跨越的时间与二里头文化相当。锦州出土的这件铜柄戈与二里头铜戈形制相同或相近，说明戈的演变在夏家店下层文化和二里头文化中具有同步性。这也进一步证明，锦州出土的铜柄戈确为目前所知时代最早、最完整的青铜戈，保留了早期戈的完整形制。

铜戈是我国商周时期最主要的武器，已发现成百上千件，不仅出土数量多，而且形制的时代变化极为敏感，但所用木柄皆腐朽无存，戈的完整形制不明朗。锦州市出土的这件青铜戈十分完整，形制标准且时代更早，对研究戈的起源、形制演变以及与古代王权相关的礼制发展、夏家店下层文化在渤海湾地域活动等问题，都是不可多得的珍贵实物资料。

# 饕餮纹大圆鼎：铸造时间比后母戊鼎更早

导读

1977年，朝阳市喀喇沁左翼蒙古族自治县出土了一件商代早期大鼎——饕餮纹大圆鼎。这是国内出土商周圆鼎中较大的一尊，铸造时间距今约3200年，比河南殷墟出土的后母戊鼎、妇好圆鼎还要早。大圆鼎上虽然没有铭文，但铸有饕餮纹，代表了青铜器装饰图案的最高水平，为研究辽西地区商周时期历史打开了新思路。

## 辽西发现多个青铜器窖藏坑

1955年，朝阳市喀喇沁左翼蒙古族自治县马厂沟村一名农民在耕地里挖出一个青铜器窖藏坑，出土了大量青铜器，这件事震惊了考古界。随后，考古人员在朝阳地区又发现了多个青铜器窖藏坑，出土了大量青铜器。

资料显示，20世纪50年代至70年代是朝阳地区发现窖藏青铜器的重要时期。青铜器窖藏种类有鼎、盂、壶、盘、尊等，大部分器形表现出西周初期青铜器的特征，少部分是商代末期的青铜器。出土的青铜器体现出不同的时代特色和较高的艺术水平，有重要的研究价值和历史价值。

辽宁省文物保护专家组组长、辽宁省文物考古研究院名誉院长郭大顺先生说，1977年，在朝阳地区马厂沟以北的大凌河西岸小波汰沟，同一地点出土了两个窖藏青铜器坑，共出土青铜器12件。其中一件饕餮纹大圆鼎不仅高大，而且时代早。它通高86厘米，重50多公斤，大立耳内有槽沟，深腹下垂，上腹有花纹带，铸平雕兽面纹，即饕餮纹。无论器物形制还是花纹，都具有商代早期特点，是商代青铜器。这是已知辽西地区出土的窖藏青铜器中最大、时代最早的一件青铜器，遗憾的是，圆鼎上没有铭文。

朝阳地区出土的青铜器以起源早、中原风格浓厚，又兼有地方特色而成为中国北方青铜文化的一个重要分支。窖藏青铜器的出土，表明商朝在北方有强大的势力，其活动范围已经达到今天的东北。

辽西地区为什么会发现这么多窖藏的商周时期青铜器？郭大顺认为，辽西有红山文化和夏家店下层文化高度发展的基础，特别是夏家店下层文化，不仅是“与夏为伍”的强大方国，而且已掌握铸造青铜器的技能。随后，这里又发现了魏营子文化遗址，进一步证实，这一地区文化未出现断裂，有连续性。另外，辽西还

# 饕餮纹大圆鼎

国宝档案

具有商代早期特征，没有铭文，铸有饕餮纹，纹饰庄严、神秘，结构严谨，代表青铜器图案最高水平，起醒目、教化作用。它是辽西出土的窖藏青铜器中最大、时代最早的青铜器，具有重要价值。现藏于辽宁省博物馆。

角

躯干 眉 目 鼻 腿 足 尾

▲ 饕餮纹构成简化示意图

不断发现商到西周早期的墓地，有的墓葬有商周青铜器随葬。所以，在商到周初这段时期，辽西与中原王朝有着密切的文化交流。

## 铸饕餮纹是为了教化后人

商代及西周早期的青铜器上，经常可以看到我们平时熟知的动物纹。这些纹饰涉及的动物可分为三类：其一为现实生活中真实存在的动物和昆虫，如犀牛、象、熊、蝉等；其二为现实中虽不存在，但古代文献中有记载的神话动物，如饕餮、肥遗、龙、虬等；其三为动物纹的变形，如目纹、鳞纹、重环纹、蟠螭纹等。在诸多的动物纹中，最显赫也最为特殊的首推饕餮纹。

饕餮，传说中一种特别贪吃的怪兽。《山海经·北次二经》中介绍其特点是："其形状如羊身人面，眼在腋下，虎齿人手。"饕餮就是这样一个贪吃不知餍足的形象。

饕餮纹，为一种图案化的兽面，也称兽面纹，最早见于距今5000年的长江中下游地区的良渚文化陶器和玉器上，盛行于商代至西周早期。饕餮纹一般以动物的面目形象出现，具有虫、鱼、鸟、虎等动物的特征，由目纹、鼻纹、眉纹、耳纹、口纹、角纹几个部分组成，面目夸张，结构鲜明。人们正是利用这些特征突出了醒目、教化的目的。

饕餮纹饰作为鼎的固有纹饰，一直与鼎相伴。夏、商、周之后，鼎作为食器退出了生活舞台，但它作为礼器与祭器代代传承，其中所蕴含的道德规范更是成了中华民族的文化传承之一。后来，又衍生了一个成语叫"钟鸣鼎食"，用来形容那些贵族诗礼之家。饕餮则成为戒贪形象的代言人。古人之所以选择将饕餮纹铸造在鼎上，其实，是为了教化后人：不可贪食过甚。

饕餮纹大圆鼎上的饕餮纹，结构严谨，制作精巧，境界神秘，是青铜器装饰图案中最优秀的作品之一，代表了青铜器装饰图案的最高水平。

专家研究发现，饕餮纹表现在鼎上的最原始形式，只是一对圆泡状乳钉，以表示兽面的双目，后来逐渐增添鼻、角、口、耳、眉，成为器官齐备的兽面。眼目是它的主体，应当源自史前的眼睛崇拜。从目前出土的文物看，新石器时代晚期已经有了标准的兽面纹，也有了兽面纹的简化形式眼目纹。

有学者认为，传统意义上的饕餮纹并不仅仅是一种兽面纹，饕餮当为天神或太阳神之属，饕餮纹中对眼睛的强调，正是其作为太阳神被崇拜的表现形式。

青铜器承载着我国古代灿烂的文明，是寻找古代文明的重要途径。青铜器上面铸的纹饰是古代文化及审美的一种表达方式，是古代真实生活的写照。在古代，饕餮纹饰具有深刻的文化内涵与美学价值，其不仅有着庄重的祭祀功能，而且还是统治阶级威严的象征。

## 有可能是燕侯赏赐之物

有考古专家指出，这几批窖藏青铜器虽然

以西周早期为主，但有不少是介于商末周初之间的，有的可以明确断代为商代晚期，而小波汰沟出土的饕餮纹大圆鼎的铸造时间更早。

资料显示，在马厂沟出土大量青铜器后，中国文字学家唐兰、中国考古学家郭宝钧、中国古文字学家陈梦家三位专家就注意到，青铜器具有浓厚的商代文化特征。

郭大顺回忆说，唐兰几次与自己通信。他认为，这些青铜器的出土，证实了辽西喀左一带是商代分封的同姓诸侯国孤竹国，这是从实物角度来印证文献记载的孤竹国。而陈梦家把燕地（今北京地区）出土的有商族族徽的西周青铜器与马厂沟出土的青铜器联系在一起，认为这些青铜器都属于一个类型，都是殷商遗民的器物。

“这三位专家的解读十分有助于解释为什么辽西窖藏青铜器中总包含着浓厚的商文化因素。”郭大顺说，有一种可能就是，这些青铜器的主人是西周时分封的诸侯国燕国国君。辽西当时属于燕国的领地，燕侯把部分青铜器赏赐给住在这里的殷商遗民，殷商遗民因祭祀而埋藏。考古发现，在商代晚期到西周初期，辽西有一支独立的文化类型——魏营子文化，其中心分布区在大小凌河流域。研究发现，魏营子族群与这些青铜重器共存，可能是这些器物的使用者。

对这些青铜器，中国现代考古学家苏秉琦先生有更深入的思考，他把它们与早于它们2000多年的红山文化祭祀遗址联系起来进行考察。苏秉琦提出，在辽西地区可能会存在与窖藏青铜器同一时期的、具有特殊意义的建筑物或建筑群遗迹。“这里的坛、庙、冢和窖藏坑，我们是否可以理解为四组有机联系着的建筑群体和活动遗迹？远在距今3000年到5000年间，生活在大凌河上游广大地域的人们，是否曾经利用它们举行重大的仪式，即类似古人传说的‘郊’‘燎’‘禘’等祭祀活动？这是值得深入研究的。”把距今3000年前的商周窖藏青铜器与距今5000年前的牛河梁红山文化遗址相联系，为辽西地区窖藏商周青铜器的研究开拓了一个新的思路。

手记
SHOUJI

## 我国著名的三大商代名鼎

鼎被视为传国重器、国家和权力的象征，“鼎”字也被赋予“显赫”“尊贵”“盛大”等引申意义，如一言九鼎、大名鼎鼎、鼎盛时期、鼎力相助，等等。

我国最有名的商代鼎有三尊：后母戊鼎、饕餮纹大圆鼎、妇好圆鼎。这三尊鼎知名度都很高，是商代铜器中的重量级文物。饕餮纹大圆鼎铸造时间距今约3200年，比铸造时间距今约3000年的后母戊鼎、妇好圆鼎都要早。后母戊鼎出土于河南安阳市武官村，妇好圆鼎出土于河南安阳殷墟妇好墓，这里是商朝后期的都城遗址。而出土于辽宁朝阳喀左的饕餮纹大圆鼎则是迄今为止发现的唯一一件不在商王朝帝京地出现的大铜鼎。

▲妇好圆鼎

高29.5厘米、口径25厘米，重7公斤。

从重量上看，后母戊鼎通高133厘米、口径116厘米，器重875公斤，是现存商代青铜器中最重的。饕餮纹大圆鼎高86厘米、口径61厘米，重50多公斤，也是国内出土的较大商代圆鼎。妇好圆鼎通高29.5厘米，口径25厘米，重7公斤。

从铭文上看，后母戊鼎的腹内壁铸有铭文“后母戊”字样，故以此命名。此鼎因大而精美的外形，被誉为“青铜器之冠”，也是我国目前已出土的最著名的四足方鼎。而妇好圆鼎的口沿下内壁有铭文“妇好”二字，饕餮纹大圆鼎则没有铭文。

▲饕餮纹大圆鼎

高86厘米、口径61厘米，重50多公斤。

从工艺上看，后母戊鼎、饕餮纹大圆鼎、妇好圆鼎3尊鼎的纹饰风格与铸造工艺水平相当，工艺精巧，都是鼎中精品。

从名气上看，后母戊鼎比饕餮纹大圆鼎、妇好圆鼎名气要大得多。最初，郭沫若先生根据铭文命名为“司母戊”。后来随着研究的深入，此鼎更名为“后母戊”，即商王为母亲戊作的祭器。另外，后母戊鼎传奇的流传经历，也为其增添神秘色彩，让人津津乐道。相传最初为挖掘锯掉一耳，后遭日军抢夺，保护者又被迫使用调包计骗过日本侵略者。解放战争时期，国民党准备将其掳往台湾，因太过沉重而放弃。新中国成立后，被中央人民政府从南京调往北京。如今，后母戊鼎是中国国家博物馆的“镇馆之宝”，也是名副其实的“国之重器”。

▶后母戊鼎

高133厘米、口径116厘米，重875公斤。

# 曲刃青铜短剑：不是兵器是礼器

导读

多年来，一种曲刃青铜短剑不断出现在辽宁省考古工作者的视野中。其形制独特，与同时期中原地区冶铸的青铜剑样式迥异。其来历神秘，究竟是本土冶铸，还是中原传入？它到底是做什么用的？随着考古研究的不断深入，现在终于有了答案：这种短剑是多种文化融合的结果，更准确地说，它不是武器，是礼器，被统称为“东北系青铜短剑”。

## 辽宁省出土大量“东北系青铜短剑”

从 20 世纪 50 年代开始，辽宁各地相继出土一种形制特殊的青铜短剑，在半个多世纪时间里就出土了 300 件。

这种剑的特点是剑身与剑柄分体组装，两侧剑叶呈单曲刃，普遍有突出的节尖和束腰，剑身中间有柱状脊。剑柄呈 T 字形，有木质的、铜木复合的，还有黄金的，剑柄端有用石、铁矿石、陶泥等制成的加重器。考古学家称之为中国东北系青铜短剑，也叫曲刃青铜短剑、辽宁式铜剑、琵琶形短剑等。

辽宁省文物保护专家组组长郭大顺先生说：“这种曲刃式样的短剑，与中原青铜剑的形制有着很大的区别。在春秋时期，中原和江南地区的青铜剑都是一体铸造的，剑柄和剑刃在一个模子里连体浇铸出来，之后去除毛边，打磨锋利，就可以使用了。东北系青铜短剑则是将剑柄、剑刃分开制造，并且剑刃铸成曲线状，甚至呈现一种琵琶形，所以称为曲刃短剑和琵琶形短剑。”

据统计，到目前为止，在东北地区出土了 300 件曲刃青铜短剑，朝阳地区出土最多，总数超过 100 件，其次为大连地区，有 80 多件。不仅如此，研究发现，以辽宁为中心的东北系青铜短剑一度在东北亚地区呈现了非常顽强的生命力，从西周中晚期直到汉初的 800 多年间，其古朴的形状和明显由其演化而来的短剑在很多遗存中都有出土，它对朝鲜半岛和日本列岛的青铜剑样式产生了深远影响。

## 青铜短剑的主人是北方族群

剑是一种极为重要的武器，使用方法以刺为主，同时兼有砍、劈的使用方式。与中原文化相比，北方的游牧民族更注重短兵器的使用，采取以短剑、刀为主战武器的骑兵作战。

# 曲刃青铜短剑

**国宝档案**

葫芦岛市建昌县东大杖子战国墓出土。其剑身与剑柄分体组装，中间有柱状脊，剑柄由黄金制成，柄端装有重物。研究发现，曲刃青铜短剑是北方族群使用的形制特殊的礼器，从西周中晚期直到汉代的800多年间一直存在。它对朝鲜半岛、日本列岛的青铜剑样式产生了深远的影响。现藏于辽宁省博物馆。

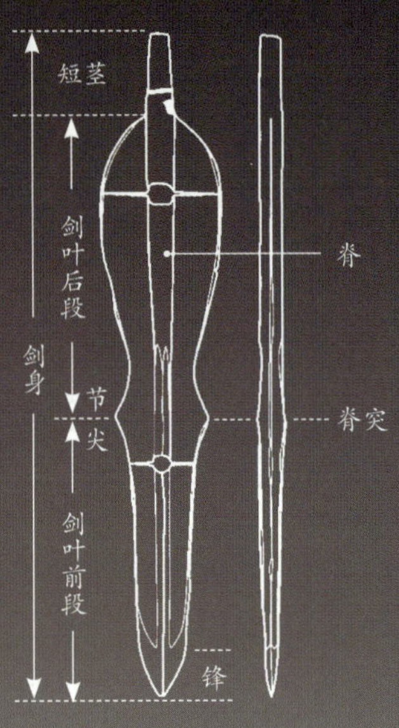


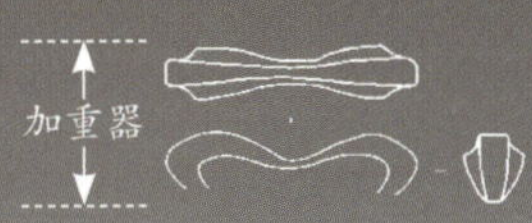


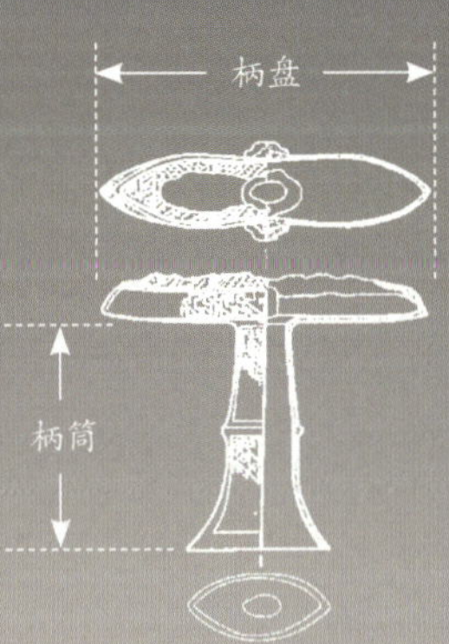


▲ 曲刃青铜短剑分解示意图

骑兵作战运动速度快，装备简单，作战方式随意性更大。有学者由此提出，这种青铜短剑的使用者是北方族群。当时生活在辽河流域的古族有秽貊、山戎、东胡、真番等族群，这些古族可能是曲刃剑的使用者，而且实力强大。

在此基础上，学者普遍认为东北系青铜短剑是古代中国北方游牧民族的遗物。除了用于狩猎和征伐外，在当时也是身份和地位的象征。

辽宁大学历史学院教授华玉冰认为，与中原地区相比，东北系青铜短剑最特殊的地方就是剑身短、分体组装，这不利于刺、劈等打斗动作。所以使用人群有可能是游牧民族，也有可能是渔猎民族，目前尚无定论。

可喜的是，这种青铜短剑伴随出土的文物中，考古人员发现了东北系青铜短剑使用者的具体形象。在朝阳市十二台营子青铜短剑墓地，考古人员发现一组人面铜牌饰，造型为扁平脸，通天鼻梁，大圆眼。在内蒙古自治区赤峰市宁城县文化馆藏有一件青铜阴阳剑，剑柄上正、反两面分别铸造了男、女人像。他们都具有明显的北方蒙古人种特征，实证短剑的主人为北方族群。

从沈阳郑家洼子青铜短剑墓、新民北崴遗址、抚顺甲帮石棺墓葬出土的三柄曲刃青铜短剑来判断，它们的共同特征是剑叶后段瘦长，相对年代更早，断代为西周晚期。华玉冰教授认为，从文化背景看，辽河中部平原区与辽西、辽东地区联系密切，具备创造这类短剑并同时向两地传播的条件。结合文物出土地点推断，以沈阳为中心的辽河平原区为曲刃青铜短剑的制造中心。

华玉冰指出，辽宁地区在历史上是联系东北腹地、中原内陆和朝鲜半岛文化交流的必经之地，东北系青铜短剑发源于辽宁，对其他地区产生影响则顺理成章。从战国晚期开始，中原政权相继在东北地区南部建立郡县，加剧了文化融合。由此，辽宁地区原住民文化逐渐走向衰落。与此同时，中国逐渐进入大规模冶炼铁器时代并将其运用到生产生活中，这意味着显赫800多年的东北系青铜短剑退出了历史舞台，但它以变体形式在周边地区延续发展。

## 东北地区文明演进的重要标志

华玉冰分析，随着社会文明的进步和铸剑工艺的不断提升，西周时期士大夫阶层逐渐兴起佩剑之风，他们对于青铜剑的装饰性更加看重。一把上好的青铜剑就像今天的奢侈品一样，鎏金、错金银、镶嵌等装饰手段被应用到青铜剑身上，以彰显主人的身份地位。这样的青铜剑已不仅仅是一件兵器了，而是一种礼器。这从郑家洼子一座墓葬中出土了三件青铜短剑的情形就得以证明，只有尊贵身份才有资格随葬如此贵重的短剑。

郭大顺也持同样观点。他分析，从青铜短剑的剑身与剑柄分离的特点判断，它可能不是实用的武器，而是重要的祭祀用的礼器，还很可能是宗教的法器。他解释说："2011年，在葫芦岛市建昌县东大杖子战国墓地发掘出土过一件罕见的金柄青铜短剑，年代距今约2500年。可以清晰地看出这把剑的剑身是青铜的，剑柄是金的，剑身插入剑柄。”

为什么要这么铸造剑？郭大顺认为，从武器的角度看，这样的构造肯定不是出于实用，因为这样铸造出的剑在打斗中不够结实。“我推测或许这种剑并非一般的武器，可能是作为剑主人身份象征的礼器。”郭大顺说。

华玉冰进一步分析，东北系青铜短剑最初可能是实用器，后期向礼器转化。从东北系青铜短剑制作到进化的功能来看，应该不是为了实用，而是出于礼器的功能。另外，青铜短剑在东北流行800多年的时间里，形制上都没有太大的改变，如果从武器和实用的角度看，这并不合理。那只剩下一种解释：这种剑不是武器，而是一种礼器。

郭大顺说：“青铜武器在东北地区的传播，其文明层面的意义远远大于军事层面，是东北地区文明演进的重要标志之一。特别是一些用黄金等作为装饰的双侧曲刃剑以及异形戈等武器，如黄金双侧曲刃剑既可能是战场上的指挥剑，也可能是大型活动时的一种礼器。这种青铜剑可能在更多的时候起到的是仪式性的作用，具有深刻的文化内涵。”

## 一根“铁条”打开沈阳青铜文化历史

手记
SHOUJI

郑家洼子位于沈阳市于洪区，因为这里地势低，一下雨就泥泞不堪，故得此名。

1958年，郑家洼子村民取土时偶然挖出了一根“铁条”，感觉像是一把古剑，就向相关部门上报了此事。后经考古专家鉴定，这根“铁条”竟然真的是一把青铜短剑，而这也是沈阳地区首次发现的青铜短剑。

1958年的这次发现，只是掀开了郑家洼子地区历史的一角。7年后，考古工作者在这一地区先后发掘14座墓葬，其中最引人关注的就是编号为6512号墓葬。

说起6512号墓的发现还有一个鲜为人知的故事。一天，一名考古人员无意中发现一只刚从地洞里跑出来的老鼠，嘴里叼着一个铜块。老鼠见了人自然吓得丢掉铜块逃跑。经专家辨认，此铜块为“青铜泡”，是古人鞋上的一种装饰品。能用“青铜泡”装饰鞋子，说明墓的主人在当时身份相当不一般。考古人员随即在鼠洞附近挖掘，结果发现了一座中心大墓。长5米、宽3米的大型土坑木棺木椁墓中，发现了各种青铜器、陶器、石器、骨器，共42种797件。青铜器有马具、多钮铜镜、曲刃剑等，其中出土曲刃剑3件。这是辽河中游迄今发现的东北系青铜短剑文化墓葬中，规模最大、出土随葬品最丰富的一座，显示出墓主人生前的奢华生活和显赫的社会地位。这一地区共出土了5件青铜短剑，表明这里是东北地区发现青铜短剑最集中的地方。一时间郑家洼子成为考古学界的一个热门地名，被称为青铜短剑墓。因为墓中缺少相关的文字记载，墓主人身份至今是谜。

2016年，考古部门在沈阳新民市法哈牛镇巴图营子村东北900米一处沙台地发现了距今3000年至3800年的青铜时代房址，称为“北崴遗址”，发掘出鼎、瓮、石斧等文物，重要的是，出土了石范、青铜短剑等文物。其中青铜短剑是考古人员在遗址中的房址外侧发现的，经鉴定年代属西周中期，是沈阳地区目前发现的年代最久远的青铜短剑，比沈阳郑家洼子古墓出土的青铜短剑还要早几百年。相比其他青铜短剑出自墓葬或是民间采集而来，这把青铜短剑是目前唯一在遗址中出土的。这个发现，为东北系青铜短剑起源于沈阳地区这一学说提供了有力的佐证。

专家分析，在同一类文化遗存中出土的曲刃青铜短剑再一次证明，曲刃青铜短剑不是舶来品，多是在本地铸造。但铸造青铜短剑的技术不是原发的，因为在其出现之时，中原和长江流域的青铜铸造技术已经达到了相当高的水平。当时以沈阳地区为中心的东北青铜铸造技术已与中原甚至吴越地区存在沟通和交流。虽然出土于东北各地的曲刃青铜短剑在合金的处理上，尚没有达到同期中原文化的水平，但是辽河流域的先民在剑的造型方面充分发挥出了自己的想象力和创造力，这就是剑身的弧曲和早期非常明显的剑突。所以考古学界为其命名的“曲刃”二字，正好说明了它的独特价值。

# 卷体夔纹蟠龙盖罍：证实商周时期南北文化交流频繁

导读

出土于朝阳市喀喇沁左翼蒙古族自治县北洞村窖藏坑的“卷体夔纹蟠龙盖罍”，为西周早期大型盛酒器，造型华丽精美、庄重典雅，从其纹饰风格和铸造技术来看，应是当时中原文化的产物，代表了西周造型艺术的极高水准。目前，国内已先后发现4件同样造型的蟠龙盖罍。南北蟠龙盖罍“四兄弟”遥相呼应，印证着商周时期青铜文化已经覆盖中华大地，南北文化交流已经相当频繁。

## 采石场惊现两处窖藏坑

辽宁省博物馆展出的“卷体夔纹蟠龙盖罍（léi）”（以下简称“蟠龙盖罍”），因制作工艺复杂、造型华丽典雅，赢得观众的赞叹。辽宁省博物馆学术研究部文博馆员马卉介绍，这件罍以浅浮雕为主，有很强的立体感，罍身纹饰繁复，共分为四层。第一层是盖上，盘踞一条头上长有两只角的龙，居高临下，呈随时跃起状，栩栩如生；第二层是肩部位置，呈现简化的夔龙纹饰；第三层是腹部，装饰有饕餮纹；第四层圈足部分，是一周小而无角的蟠龙纹。

此外，在罍的肩部两侧有兽形器耳，兽耳里面还套了一个环，叫“兽耳衔环”，制造工艺考究，制作难度很大。整体来看，器物造型流畅、纹饰精美，风格庄重典雅，代表了西周青铜器铸造的最高水准。

这件3000多年前的国宝是怎样被发现的呢？1973年初春，朝阳市喀喇沁左翼蒙古族自治县北洞村村民赵东权在山上采石头，突然发现一个石坑中有多件坛子形铜器。他当即报告了村干部。

闻讯赶到的省、市文物部门工作人员在这个长方形窖藏坑内，发现5件造型基本相同的青铜罍、1件青铜瓿（bù，小瓮）。这6件器物皆放置在一个水平面上，口向上立置，被命名为北洞一号窖藏坑。专家从器物形制、花纹和铭文分析，认定出土的5罍1瓿都是商代贮酒器，器体雄浑厚重，这是辽宁地区第一次发现商代青铜器。

两个月后，文物部门在山上清理探掘时，在原窖藏坑东北3.5米处，又发现一个窖藏坑，出土6件青铜器，其中就有蟠龙盖罍。这里被编号为北洞二号窖藏坑。

考古人员发现，北洞二号窖藏坑青铜器在距地表深50厘米处出现，上面盖了一层不规则的石板，青铜器和坑壁间填塞了大量的石片，为了保持器物上口平齐，按青铜器高矮，

# 卷体夔纹蟠龙盖罍

国宝档案

以浅浮雕为主，纹饰繁复，共分为四层。盖上盘踞一条长角的龙，居高临下，呈随时跃起状；第二层是肩部位置铸简化夔龙纹；第三层是腹部装饰有饕餮纹；第四层在圈足部分有一周小而无角的蟠龙纹。此外，在罍的肩部两侧有兽耳衔环。整体来看，器物造型流畅、纹饰精美，风格庄重典雅，代表了西周青铜器铸造的最高水准。现藏于辽宁省博物馆。

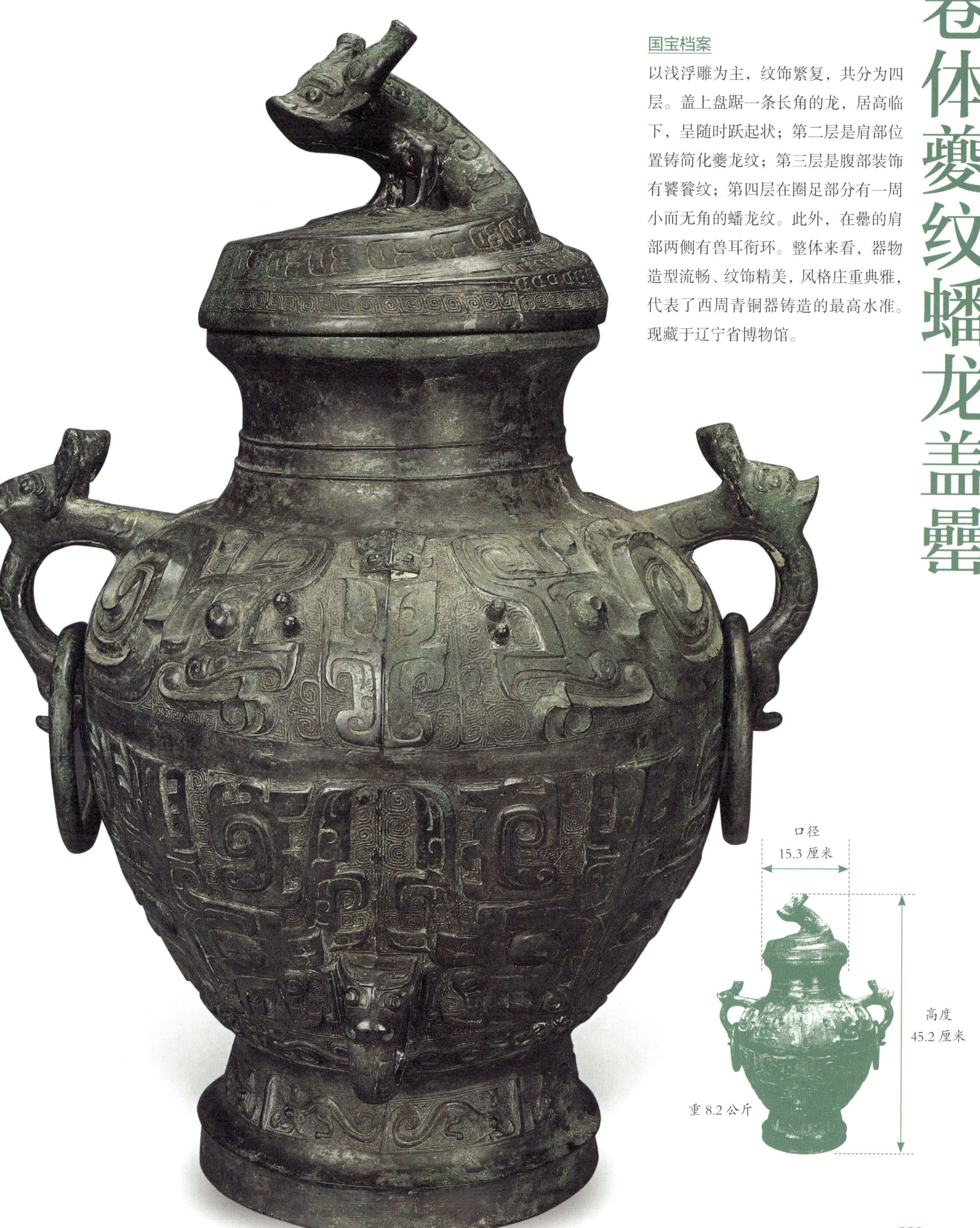

口径
15.3 厘米

高度
45.2 厘米

重 8.2 公斤

坑底被挖成北高南低的斜坡状，个别器物还垫有石块。6件器物都立置，由南而北横列三排：方鼎领先，其后罍、蝉纹鼎并列，第三排为另一圆鼎和簋，簋内有带嘴钵形器。

目前，研究人员对这些青铜器的埋藏时间说法不一。有一种观点认为，它们是在西周末年埋藏于此地，而且一号坑埋藏的时间可能比二号坑稍早。

## 铭文显示这些青铜器来自燕国

史料记载，近70年来，大凌河流域频频发现商周时期青铜器窖藏坑，仅朝阳市喀左县从1955年到1978年间就出土4批5处青铜器窖藏。喀左县博物馆副馆长戴亮说，这些窖藏坑分布在大凌河的上游，而且是沿着凌河两岸分布，相距不差几公里。此后，在大凌河下游的义县花儿楼又出土5件青铜器。

在北洞村窖藏青铜器被发现后不久，北京市房山区琉璃河西周燕国都城遗址和墓地进行考古发掘，出土了一批带有燕侯铭文的青铜器，尤其是“克罍”“克盉（hé）”两件青铜器带有铭文，进一步确定了琉璃河遗址是西周时期北方重要的诸侯国——燕国的都城。

辽宁省博物馆原馆长王绵厚先生介绍，从地理位置上看，北京琉璃河与辽西只有燕山相隔，将喀左出土的窖藏青铜器与北京琉璃河西周燕国墓地出土的青铜器对比，可以发现很多相似的地方。首先，两地许多同类器物造型相同。其次，都有燕王室重臣名款的铭文器。如琉璃河出土的“伯矩鬲”，上有铭文“匽侯赐伯矩贝，用作父戊尊彝”，这里的“匽”同“燕”，这段文字记述了燕侯赏赐燕国贵族伯矩贝币，伯矩作器纪念父亲“戊”的历史。另一件“圉方鼎”上有铭文“燕侯赐圉贝，用作宝尊彝”，记载了圉接受燕侯赏赐作器的往事。

与之相呼应的是喀左县窖藏中也有带“伯矩”和“圉”铭文的青铜器，如山湾子窖藏有一件“伯矩甗（yǎn）”，腹部有铭文六字“伯矩作宝尊彝”，小波汰沟窖藏有一件“圉簋”，上有铭文“王赐圉贝，用作宝尊彝”。这些青铜器连续在辽西出土，进一步证明了辽西与西周早期燕国的密切关系。

综合器物铭文、年代以及上面长期使用留下的磨痕等信息，王绵厚认为，在等级森严的西周宗法制度下，对诸侯方国重器的享有和携带有严格的礼制规定，在近千年的时间里，能拥有这样大批带有“匽侯”等铭文青铜重器的人，绝非一般的部族方国。由此他推断，喀左窖藏青铜器所有者应是历代燕侯或燕王，直到战国时期的燕国，世袭存有。

## 蟠龙盖罍“四兄弟”具有殷墟文化特征

目前，国内已发现4件蟠龙盖罍。除喀左北洞村出土1件外，四川彭州出土2件（下页左图），湖北随州出土1件（下页右图）。4件蟠龙盖罍的器形和纹饰极其相似，似乎暗示着它们是“兄弟”，尤其是四川出土的2件蟠龙盖罍，几乎相同。

辽宁、四川、湖北三地出土的蟠龙盖罍虽然风格相同，但在兽角、兽耳等细节上有差别。从整体上看，辽宁喀左北洞村出土的蟠龙盖罍装饰较少，略显简洁，铸造时间较早。研究发现，这些蟠龙盖罍有可能在不同地点铸造，都是在吸收中原文化的基础上发展而来。

◀ 国内出土蟠龙罍比较

细心对比这 4 件蟠龙盖罍，还是能发现它们之间存在着差别。首先，从盖上蟠龙的兽角上看，北洞村盖罍仅为短柱，其他几件或柱上有齿，或为冠状，较为繁缛。其次，在兽首耳的装饰上，北洞村盖罍装饰较少，其他几件则在兽耳及身上多出夸张的冠状装饰等。总之，北洞村蟠龙盖罍装饰略显简洁，而其他 3 件极尽华丽繁杂。

在成都文物考古研究院副研究馆员田剑波看来，这 4 件蟠龙盖罍的年代都较为明确，为西周早期。整体形制有较强的一致性，与其他青铜罍相比则差异明显。暗示它们有相同的来源，可能铸造于不同的地点。

2004 年，河南省安阳市殷墟大司空村发掘出一件带盖青铜罍，除了瓜棱形盖外，器身与 4 件蟠龙盖罍的形状几乎完全一致。因此，田剑波认为，西周早期的 4 件蟠龙盖罍就是从殷墟文化晚期这类青铜罍发展而来的。也就是说，4 件蟠龙盖彝均具有较为典型的中原殷墟文化特征，是在吸收了中原文化的基础上发展而来的。

田剑波根据窖藏或墓葬相伴而出的其他器

物推断，北洞村出土的蟠龙盖罍是4件中年代最早的一件。四川彭州竹瓦街窖藏蟠龙盖罍在器形、组合方式、埋藏环境上与北洞村窖藏高度相似，推测竹瓦街青铜罍来源于北洞村器形。而湖北随州叶家山墓地是西周早期曾国的一处高等级贵族墓地，年代稍晚，从地理位置和器形来看，与竹瓦街的青铜罍更接近，因此可能是受到竹瓦街青铜罍影响而出现的。

“辽宁、四川和湖北出土同款罍说明，在商周时期，青铜文化已经覆盖中华大地的广阔地区。”王绵厚表示，追踪蟠龙盖罍的身世，能发现中华传统文化从南到北具有一致性，在3000多年前各地文化交流已经相当频繁。

## 为何要埋藏青铜器？

考察大凌河两岸出土的窖藏青铜器，有的是器物组合与摆放位置比较规则的，比如北洞村窖藏，也有的放置杂乱，器物之间相互叠压，卧立不一，如马厂沟、山湾子及花儿楼窖藏等。这批铸造精美的青铜器的来历一直是个谜，它们为何来到辽西、埋藏者是谁，又是为何埋藏的呢？

目前学术界主要有两种观点。

一种观点是祭祀说。认为辽西属于燕国的领地，部分青铜器为燕王赏赐给北方部族殷商遗民，殷商遗民因祭祀埋藏。在这些青铜器铭文中，有相当一部分有商代族徽，如“孤竹”“箕侯”，表明这些青铜器的主人是西周初期活动于燕地的殷商遗民，因为燕山南北地区是殷商古族的起源地和根据地，商人逐鹿中原后，原住地的商人仍在继续生活。西周封燕国后，他们服侍于燕侯，部分殷商贵族被分封到燕地，带来了青铜器。结合文献中商人的“郊”“禘”等祭祀方式，可认为这些窖藏青铜器应跟祭祀山川的自然崇拜有关。

北洞村发掘的两处窖藏摆放比较有序、主次分明，窖藏位置在一座孤山山脚之下，正对一座大山。内蒙古自治区赤峰市牌楼商代铜器窖藏坑也正对一座大山，其形势与北洞村有相近之处。虽然喀左青铜器窖藏的埋藏环境不全如此，但至少可以说，以北洞村为代表的窖藏应是举行祭祀山川等仪式留下的。

另一种观点是东逃说。认为将青铜器埋藏在大凌河两岸的应该是战国最后一任燕王喜。由“匽侯作饋盂”应为燕王自用器推断，这批青铜器原为历代燕王所有和库府所藏。由北洞二号窖藏带嘴钵形器推断这批青铜器埋藏时间可能在西周末年。而山湾子等窖藏现场有匆忙乱葬的现象。1996年，在北镇南、大凌河古道东出土“燕王喜剑”，进一步印证了这一观点。

《左传》载:“国之大事，在祀与戎。”所谓重器不出门，如果对家族有重大意义的器物不能保住，通常意味着一个家族的消亡。公元前227年，燕太子丹派荆轲刺秦王失败后，秦始皇加快了攻打燕国的步伐。公元前226年，秦攻下燕国的都城蓟城（今北京）。燕王喜和太子丹慌忙逃往燕国最后的地盘——襄平（今辽宁辽阳）。从当时的交通来看，大凌河古道（沿河两岸山川孔道）是燕王喜东逃必经之路。这些青铜器应是在匆忙败逃中，不堪辎重，仓促间临时埋藏于大凌河古道沿线，也希望日后复燕能够带回去。

目前来看，这两种观点都有各自的道理，到底是谁埋藏的青铜器，就让时间给出最终的答案吧。

# 彩绘陶钫：见证战国中后期辽西融入燕文化

导读

彩绘陶钫出土于葫芦岛市建昌县东大杖子村战国墓葬。在已发掘的多个墓葬中，出土这对彩绘陶钫的墓葬是规模最大、等级最高的一座。这对高约73厘米、造型别致的战国时期随葬品，一方面证明了墓主人的身份尊贵，另一方面，它揭示了战国中后期生活在辽西地区人群的社会生活状态。

## 47座战国古墓出土2000余件文物

“古墓村”，这是群众对葫芦岛市建昌县碱厂乡东大杖子村的简单概括。群众用最简短的词语将东大杖子村的特点表现出来——这个小山村的确就建在古墓葬群上。几十年前，村民们在盖房挖窖的时候，时常会挖出一些在他们看来稀奇古怪的物件，但那时，谁也没有在意。

20多年前，考古工作者开始对东大杖子村进行探测及抢救性发掘，共发掘墓葬47座，出土2000余件文物。

考古专家推测，整个村子下面深埋着至少200座以上古墓。

成片古墓群的发现在一定程度上改变了村民原本的生活。东大杖子村村委会大门口的展示栏里，展示着古墓群和出土文物的图片。在村内已经回填的遗址上，几间平房组成的“东大杖子遗址工作站”已经成立。

除了这些外在的改变，村民们的生产、生活以及对文物的认知，也因为墓葬群的发现而发生变化。出于对文物的保护，村里建立了一支党员巡逻队，24小时对村里的文物安全进行巡护；村民们在自家翻盖房屋、打井挖窖之前，必须得到相关部门的批准与同意。不仅如此，一张高科技文物保护网也已经在东大杖子村铺开，“保护地下文物安全”成为全村上下的共识。

东大杖子墓葬群也确实值得如此周到细致的高规格的保护——它的年代可追溯至战国时期，前后共延续了200多年。这也就意味着，2000多年前，在东大杖子村所在的这片土地上，有一群人或几群人陆陆续续地埋葬去世的先人。

村子里已经发掘了47座战国墓。2000余件出土文物让考古工作者很是诧异：一方面是因为出土了丰富的文物，另一方面则是因为出土文物所彰显的独特性。

这些文物中，有盖豆、青铜壶等容器，也

# 彩绘陶钫

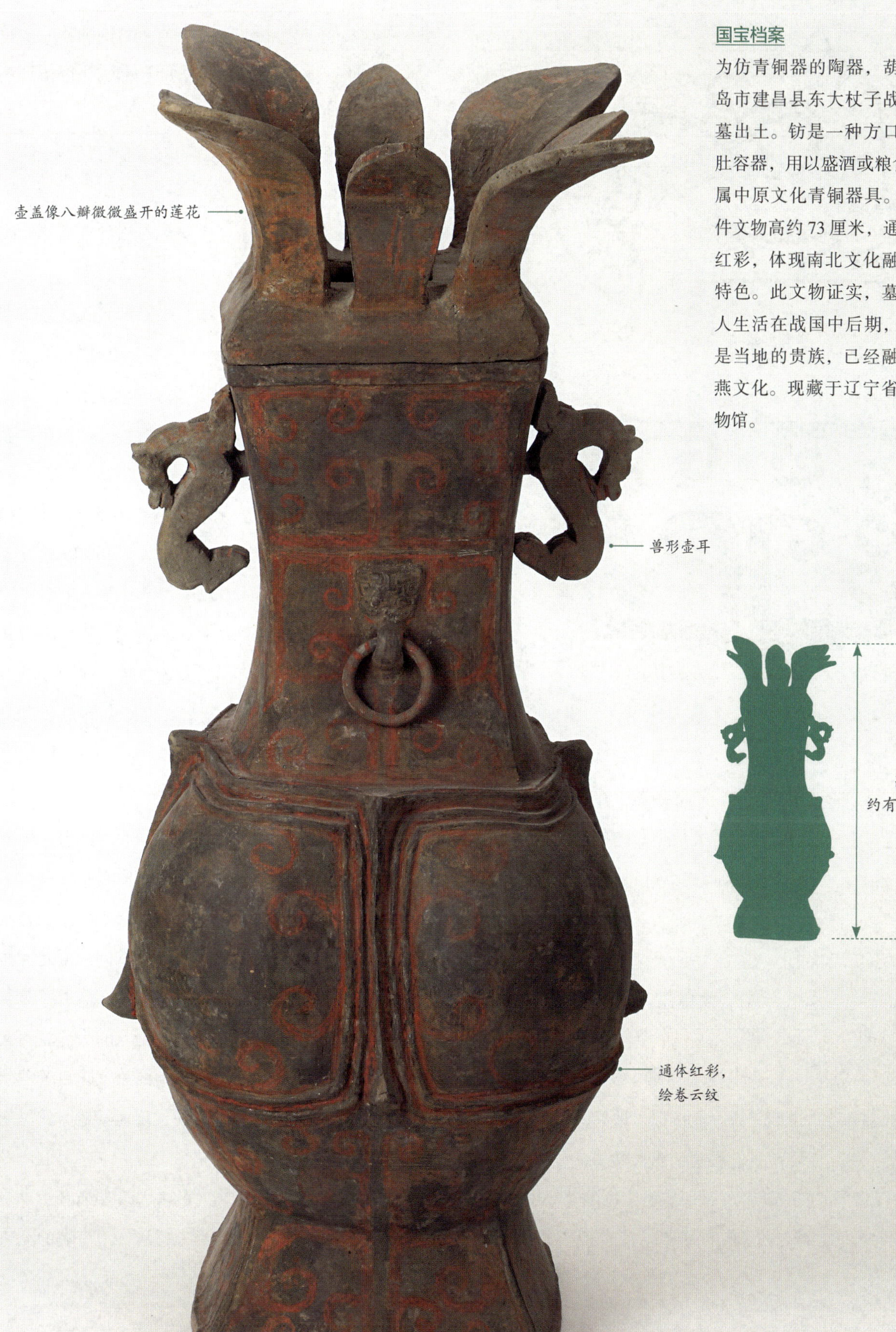


国宝档案

为仿青铜器的陶器，葫芦岛市建昌县东大杖子战国墓出土。钫是一种方口大肚容器，用以盛酒或粮食，属中原文化青铜器具。这件文物高约 73 厘米，通体红彩，体现南北文化融合特色。此文物证实，墓主人生活在战国中后期，且是当地的贵族，已经融入燕文化。现藏于辽宁省博物馆。

▲兽形壶耳示意图

▲单线卷云纹示意图

有玛瑙杯、珠玉串、玉璧等饰物，还有青铜短剑、戈、矛等兵器。在第40号大型墓葬里，更是出土了大量丰富的各式文物，其中就包括一对造型别致、风格独特的彩绘陶钫。

## 中心大墓主人是原住民中的贵族

东大杖子村第40号墓是一座“填土墓”，也就是说，在棺椁入地后，用黄土对棺椁进行填埋，它区别于东大杖子墓葬群中的一些“封石墓”。它是所有已发掘的墓葬中，规模最大、等级最高的一座：墓圹近方形，南北壁长9米、东西壁长8米左右。丰富的随葬品多数位于内、外椁之间的“头厢”部位，以仿青铜彩绘陶礼器为主。

经统计，这座墓共随葬陶礼器49件、铜器5件、铁器1件、石器3件、玉器14件。棺椁之间还出土了大量的石饰件、陶珠、陶坠等文物。

在众多随葬品中，一对彩绘陶钫较为夺人眼球：它尺寸高大——高度约有73厘米；它造型独特——通体红彩，上面绘有单线卷云纹，壶盖周边斜置八瓣微微盛开的莲花，壶颈处附有两个兽形壶耳。

“这对彩绘陶钫不是实用器，而是明器，也就是随葬品。”辽宁大学历史学院教授华玉冰当年曾对东大杖子古墓群进行两次考古发掘。作为墓地资料整理与研究方面专家以及国家社科基金重大项目首席专家，他这样说。

第40号墓中除了大量的随葬品外，考古工作者还发现了大量的动物头骨，共计74个个体。

那么，这座墓葬里埋葬的是什么人呢？

从墓葬形制和随葬品方面看，这座大墓与燕文化墓葬有较强的一致性，表明其在礼制与文化方面对燕文化存在高度认同。据此可将这座大墓定为燕文化墓葬。

但是，这座大墓中墓主人的头部朝向又与典型燕墓、辽西地区其他的燕文化墓葬截然不同。相反，它与东大杖子墓地其他原住民的墓葬朝向保持一致。

研究发现，当时的燕人墓葬死者头部多向北，或向南，即使后来迁居辽河流域的燕人也无不如此。而已发掘的东大杖子墓葬中，墓主人绝大部分头向东，头向西的是少数。根据此前其他地区出土的墓葬发掘显示，之所以头向东或向西，可能与死者性别有关。另外，这座大墓中大量随葬的牲畜具有北方原住民文化墓葬特点，这一特点在燕文化墓葬中看不到。

由此可以推测，墓主人的身份可能为辽西原住居民。此外，这座大墓随葬有七鼎六簋组合的仿铜陶礼器，是带有单墓道的大型墓葬，可以判断出墓主人具有很高的身份，是贵族。

## 东大杖子原住居民是谁

那么，这些还没被纳入中原版图的辽西原住居民是一群什么人呢？

根据考古发掘及历史文献资料，华玉冰推测，他们很可能是与当时燕国相邻的貊人，生活在东胡族的东面。

华玉冰表示，“貊”（mò）这个民族曾被周所封的诸侯国管辖，正是因为有了这层关系，貊与燕国很亲近，自称貊国。由于距离相近，貊与燕所在地居民关系密切，中原人将他们统称为“燕貊邦”。貊人早期文化落后，常常被中原人蔑视。后来，貊国为燕国所灭。

如果东大杖子墓葬群中的主人是貊人，那么，著名历史事件“秦开却胡”中，燕国大将秦开在辽河流域的一系列行为是在完成“固土”而非“拓疆”，也就是说，他守护的是深受燕文化影响的当地原住居民固有的领土，而不是侵略。

不过，也有一些学者认为，东大杖子战国墓中的主人是当时生活在辽西地区的其他部族。

辽宁省博物馆原馆长王绵厚先生表示，学术界对东大杖子遗址族属性质的认识，主要有三种说法，即山戎说、燕貊说、东胡说。在他看来，东大杖子这部分人是“燕戎遗存”，即接受了西周燕文化强烈影响的山戎贵族。

王绵厚讲到，从地理位置看，东大杖子所在地是较为典型的“山戎文化区”，而与以老哈河为中心的“燕貊”相去甚远。从时代上看，到战国中期时，辽西之“貊地”早已相继为山戎、东胡所有。

再有，从东大杖子遗址所在的交通地理位置和时间看，存在两大要素：一是位于卢龙古道上。王绵厚认为，这条交通要道应该是燕王喜北逃和曹操征乌桓的必经之路，也应该是当年“秦开却胡”的必经之路，这与东大杖子遗址的时间上限相合。

二是东大杖子墓葬群显示，战国时期以后，生活在这里的大多数居民突然溃散，专家分析应与秦将李信于公元前 222 年伐燕入辽东有关，东大杖子原住居民被灭。由此可以看出，东大杖子遗址与公元前 3 世纪的“秦开却胡”，以及近百年后的“李信灭燕”息息相关。

可以看出，作为燕国“北镇”戎胡的重要军事重镇，东大杖子一带兴于燕昭王的中兴，毁于燕王喜的末世，在辽宁历史上留下了浓重的一笔。

## 多民族交融的生动例证

在辽河流域漫长的历史演化进程中，有一个词语忽视不得：边疆。在历史文献中，常见“辽东是边疆地区”之类的表述。

这样的表述显然与现代人对辽宁的认知有差异，但历史就是如此，古代史里的辽宁被称为“辽东”，很多时候的确处于中原政权的边疆，也正因如此，才有了北大学者口中的“西有敦煌，东有朝阳”之类的表述。

东大杖子战国墓葬群就是这一历史事实的注脚。就像考古工作者在墓葬中发现的那样，在距今2000年的墓主人随葬品里，既保留着当时“战国七雄”之一的燕文化元素，也保留着当时辽西原住居民的文化色彩。虽然学者们对墓主人准确身份的界定有分歧，但趋于一致的意见是，这些紧邻燕国的辽西地区原住居民当时已经深受燕文化的影响了。

这既是古代辽宁地区多民族交融的直接例证，也在一定程度上被标记为多种文化融合的又一个高潮。

历史上，辽宁地区并不缺乏文化交融的例子。长达1500余年的红山文化就是南北文化交融的产物，而距今5000多年的牛河梁红山文化，还反过来开始对位于中原地区的文化产生影响。

再比如，魏晋南北朝时期，游牧民族频繁地、轮番在辽河流域建立属于自己的政权。每一次政权的确立，随之而来的都是主政者试图在文化上的“改朝换代”，然而，新旧文化的交替并不会像主政者期待的那样，前者将后者完全抹杀掉，而是在互相影响中，最终融合在了一起。

不论是历史之辽宁的厚重，还是今日之辽宁的多姿多彩，都源自这种持续不断的民族交融与文化交流。比如，在今天辽宁人的很多方言口语中，就保留着不少满语词语，这些词语在让外地人不知所云的同时，却折射出了曾经地处边疆地区的辽宁在民族文化上的充分交流与融合。

再比如，辽宁的一些地方饮食上，也保留着地域文化的色彩，如冬季里热气腾腾的酸菜炖粉条、小鸡炖蘑菇……这些是冰天雪地里，长久生活在东北的民族在酷寒中谋求生活幸福的完美搭配。

总之，多民族融合是辽宁历史文化的特质之一，我们应该深入挖掘这一文化要素，它会为辽宁对外形象展示、旅游资源包装等带来启迪。

# 夔纹大瓦当：证实秦始皇在绥中建行宫

导读

秦始皇三十二年（前215），秦始皇东临碣石，郑重将秦王朝一统天下的功绩昭告天下，刻石而还。2000多年过去了，强风海浪之下，刻石遗迹被侵蚀，当年的雄伟宫殿也无迹可寻。辽宁省考古工作者经过调查和发掘，在葫芦岛市绥中县万家镇找到秦始皇行宫遗址群，人们得以再次见到中华一统的历史实证。

## 瓦片地竟然是秦始皇行宫遗址

辽宁大学历史学院考古学教授华玉冰说："姜女石秦行宫遗址是辽宁省秦代考古的重大发现，最大意义在于，它从地理历史意义上解决了碣石在哪里的问题。"1997年，姜女石秦行宫遗址中的"辽宁绥中石碑地遗址"入选当年的"全国十大考古新发现"。

回首这处秦行宫遗址重见天日的过程，秦代工匠留下了重要线索。

1981年，绥中县文物普查组的娄世光、陈洪章等人根据文化干部李延秋提供的线索，发现了位于万家镇杨家村南部的瓦子地遗址。瓦子地这个地名，在考古人员看来，应该与当地多见古代瓦片类遗物有关。

1982年4月，锦州市博物馆的同志对重要遗址进行复查。他们在瓦子地附近及周围地区进行了详细调查，又发现了石碑地、止锚湾、黑山头等几处遗址，根据遗址地表所见灰陶绳纹瓦以及大面积的红烧土，初步推测此处为汉代窑址。

其实，作为考古人，他们心中都有一个强烈的愿望，那是埋藏在几代考古人心中的、也是我国自唐代以来便成为历史悬案的问题——历史上最著名的碣石，到底在哪里？

正是带着寻找碣石的强烈愿望，1983年12月，时任辽宁省文化厅副厅长的郭大顺同辽宁省已故考古学家、时任辽宁省博物馆副馆长的孙守道对石碑地、止锚湾、黑山头等几处遗址再次进行复查。他们在石碑地遗址的南部发现了一处大型夯土台。这处夯土台断面夯土层清晰，地面零星散布着大型柱础石、空心砖踏步等建筑构件，当时还采集到了三块见于秦始皇陵的夔纹大瓦当残片。两位专家十分震惊，大胆推断这是一处秦代皇家级的建筑遗址。最终考古结果也确认，此处为秦行宫遗址。

在辽宁省博物馆的"古代辽宁"展区，展出了一件经过复原的夔纹大瓦当，它出土于姜

# 夔纹大瓦当

**国宝档案**

秦代文物，整体呈青灰色。当面保存完整，背面平整，厚度均匀。当面所刻夔纹线条圆润、简洁。当面所接瓦筒保存基本完好，呈半圆形，其凸面饰细绳纹，凹面局部见麻点纹。葫芦岛市绥中县姜女石秦行宫遗址出土，现藏于辽宁省博物馆。

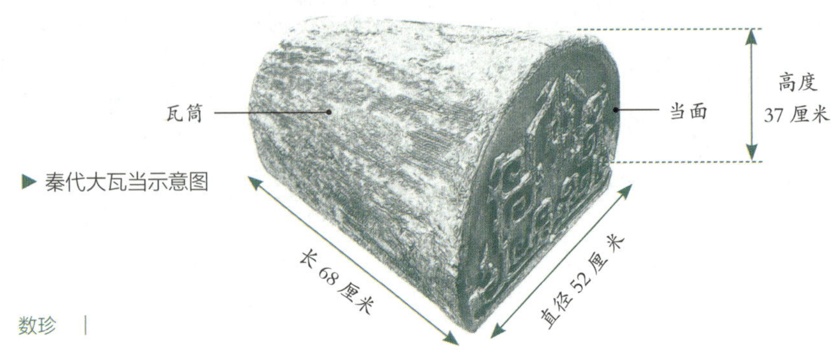


▶ 秦代大瓦当示意图

女石秦行宫遗址。

姜女石秦行宫遗址出土的夔纹大瓦当每件都不完全相同，其中个头大的瓦面直径 52 厘米，高 37 厘米，瓦身长 68 厘米，被称为“瓦当王”。

与这样一件形体硕大的瓦当相对应的，是 2000 多年前秦代工匠们在这里修建的壮观宫殿建筑，以及所展现的中华大一统的风范。

▲ 葫芦岛市绥中县姜女石秦汉宫殿遗址及出土的夔纹大瓦当

## 大瓦当是秦代皇家宫殿专用建筑构件

华玉冰介绍，1988 年开始，辽宁省考古队对姜女石秦行宫遗址进行勘探与发掘。随后，对秦汉建筑遗址特别集中与密集的石碑地遗址进行了大面积揭露，到 2000 年，发掘总面积累计达 4 万平方米。

在持续的考古发掘当中，姜女石秦行宫遗址出土夔纹大瓦当数量较多，达数十件。

华玉冰说：“从夔纹大瓦当出土的情况看，在遗址当中，这种夔纹大瓦当使用较为普遍，并不是仅仅使用于大型建筑当中，在重要门址的两侧也常发现。”

至于这些夔纹大瓦当在秦行宫建筑上的位置，考古报告显示，它们一般位于秦代宫廷建筑的正脊两侧，这一位置从现存古代建筑上看，相当于鸱吻，也就是中式房屋屋脊两端的兽形构件所在的位置。

夔纹，是商周时期青铜器上常见的一种爬行动物纹饰，其主要形态特点为：大口、卷唇、无角、一足、卷尾，并且常以两两相对的形式同时出现于同一器物上。

《山海经·大荒东经》中记有：“状如牛，苍身而无角，一足，出入水则必有风雨，其光如日月，其声如雷，其名曰‘夔’。”东汉许慎编著的《说文解字》中，对夔的解释是：“夔，神魅也，如龙一足。”

华玉冰介绍，姜女石秦行宫遗址出土的夔纹大瓦当，当面图案大同小异，但从细微处看，还没有发现两件完全相同的，有一种可能是人工现场制作。夔纹大瓦当的当面与瓦筒分别制作，最后人工黏结到一起。当面的制法是先画出纹饰轮廓，再用平刀加以阴刻，阴阳分明，线条圆润、简洁，夔纹反复盘曲，除了形成自身的曲线美以外，同时使纹样间的空隙部位形

▲ 秦代卷云纹筒瓦当面

▲ 汉代“千秋万岁”瓦当

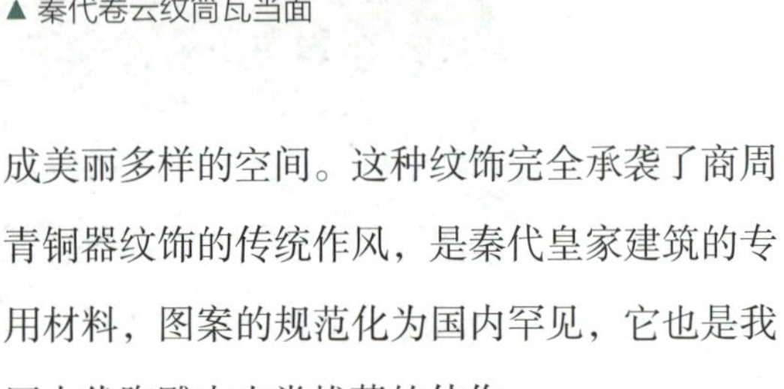

成美丽多样的空间。这种纹饰完全承袭了商周青铜器纹饰的传统作风，是秦代皇家建筑的专用材料，图案的规范化为国内罕见，它也是我国古代陶雕中出类拔萃的佳作。

华玉冰说：“在此之前，陕西秦始皇陵曾经出土夔纹大瓦当，从目前夔纹大瓦当的出土地点分析，秦代皇家使用夔纹大瓦当的建筑可能与祭祀活动有关。碣石文告等史料表明，秦始皇东巡更可能是为了祭祀海洋，宣誓与强化一统的帝国意识。”

## 秦行宫遗址同始皇陵、阿房宫并称

生前对姜女石秦行宫遗址给予极大关注的我国著名考古学家苏秉琦先生，在 1984 年第一次看到夔纹大瓦当拓片时，指出：“这就是文字，就是碣石宫！”这对姜女石秦行宫遗址的性质、位置等争论起到了一锤定音的作用。

1986 年，河北金山嘴秦代遗址发掘，考古专家认定这是秦始皇东巡时的行宫遗址。把绥中、河北两处遗址放在一起研究，苏秉琦指出，连为一体的两处遗址是具有纪念性意义的大建筑群，似确有国门性质，是秦汉帝国统一的象征。

姜女石秦行宫遗址中规模最大、保存状况最好的是石碑地遗址。经考证，这处遗址是当年秦始皇东临碣石的驻跸之地，称为碣石宫，是整个遗址群的主体建筑。其总体布局为长方形，南北长 500 米，东西宽 300 米，占地面积 15 万平方米。四周构筑夯土墙，墙基宽 2.8 米，内外壁陡直。

遗址的立体建筑靠近海岸线，遗留下来的夯土台基高达 8 米，地基边长 40 米，有一半沉入地下，是一座规模宏伟的高台多级建筑。立体建筑的两翼有角楼，后面有成批的建筑群，除秦都咸阳和汉都长安以外，如此大型而又布局有序的宫殿建筑群极其罕见。行宫中的大小居室、排水系统、储备食物的窖井等均清晰可见。

碣石宫中轴线南端正对着海中巨石——姜女石，距离400余米。研究认为，姜女石即为秦汉时的碣石。碣石宫绝佳地利用了海滨自然景观，前临一望无际的渤海，海中有昂然耸立的碣石；后靠巍峨连绵的燕山，山上有逶迤起伏的长城。以石碑地宫殿为主体建筑，止锚湾为左翼阙楼，黑山头为右翼阙楼，衬以瓦子地、周家南山、金丝屯等众多的附属建筑，呈合抱之势，正对海中碣石，形成一处完整壮观的建筑群体，可与始皇陵、阿房宫并列为秦代三大工程。

考古发现，遗址中的建筑大体分为两期。第一期出土文物多见夹贝卷云纹瓦当，尤其是夔纹大瓦当，这是秦代具有代表性的建筑构件。在一期建筑废弃一段时间后，其凸凹不平的地表又经过了人工整修，并在遗址南部远小于第一期建筑范围内修建了第二期建筑，这个时期建筑遗址中伴随出土有“千秋万岁”瓦当，由此判断其年代不晚于西汉中期。

据史书记载，汉武帝也曾在这里构筑观海的楼阁，文献上称之为“汉武台”。由此，考古专家认为，秦汉时期分别在此处建有碣石宫和汉武台两处宫殿，它们是秦汉帝国大一统的象征。

华玉冰说：“秦汉时期，中国成为大一统的国家，辽宁是见证者。”

手记 SHOUJI

## 历史上有五位皇帝曾“东临碣石”

碣石闻名天下，始于秦始皇，但宣传者是曹操。中国历史上有5位皇帝东临碣石。

《史记·秦始皇本纪》记载：“三十二年，始皇之碣石，使燕人卢生求羡门、高誓，刻碣石门。”在公元前215年，秦始皇到了碣石，命丞相李斯在碣石门题刻了《碣石门辞》。

秦二世胡亥也到过碣石。《史记·秦始皇本纪》记载，胡亥继位后，于二世皇帝元年（前209）“东行郡县”时，“到碣石，并海南至会稽，而尽刻始皇所立刻石”。

第三位皇帝是汉武帝刘彻。《史记·武帝本纪》记载：“……并海上，北至碣石，巡自辽西，历北边至九原。五月，返至甘泉。有司言宝鼎出为元鼎，以今年为元封元年（前110）。”这一年，汉武帝刘彻来到碣石观海。

第四位到碣石的皇帝是隋炀帝杨广。《隋书·炀帝本纪》记载：“大业八年春正月，帝亲征……遣二十四军，分道并出……右武侯将军赵孝才出碣石道……”隋炀帝杨广在大业八年（612）亲征辽东割据部族时，曾途经碣石古道。

第五位到访碣石的皇帝是唐太宗李世民。《新唐书·太宗本纪》记载：“十九年二月庚戌，如洛阳宫，以伐高丽。……九月癸未，班师。十月丙午，次营州，以太牢祭死事者。丙辰，皇太子迎谒于临渝关。戊午，次汉武台，刻石纪功。”唐太宗李世民在贞观十九年（645）春天，亲率大军出临渝关征讨辽东割据部族。当年秋，班师归来，驻跸碣石，并令人像秦皇、汉武那样刻石记功。

另有两位东临碣石者，被后世封为“帝”，最著名的是被封为魏武帝的曹操。东汉建安十二年（207）七月，曹操东征乌桓，九月，从柳城班师。他将军队带到碣石一带休整了一个多月。留下了千古绝唱《碣石篇·观沧海》。

另一位到访碣石的皇帝是谥号晋宣帝的司马懿。《晋书·宣帝纪》记载，司马懿于“景初二年，帅金牛、胡遵等步骑四万，发自京都……遂进师，经孤竹，越碣石，次迁辽水”。说明司马懿东征，经过了孤竹国，越过了碣石一带，又绕过了辽河。

唐朝后，碣石淹没于史海，成为后代史家一直苦苦研究考证的神秘所在，直到被辽宁省考古工作者再次发现。

# 马蹄金：汉武帝敕令铸造的祭天圣物

导读

旅顺博物馆收藏有两件纯度很高的汉代马蹄金。经学者研究分析，这两块马蹄金和我国中原地区出土的马蹄金一样，并不是用于交易的货币，而是用于祭祀。马蹄金在大连地区的发现，从侧面证明了两汉时期大连地区经贸繁荣。

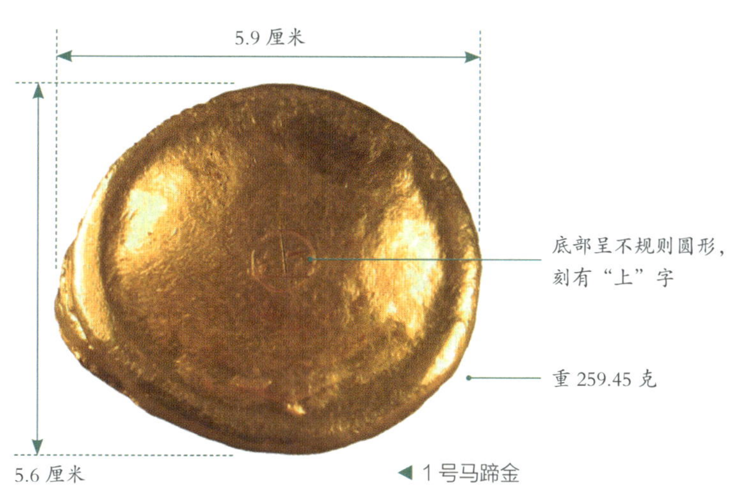


◀ 1 号马蹄金

## 普兰店发现罕见的西汉马蹄金

黄澄澄，金灿灿，形似马蹄，引人遐想。

在旅顺博物馆，两件西汉时期的马蹄金吸引了众多观众的目光。“纯金的吗？”“做什么用的？”“为什么会出现在大连地区？”……围绕马蹄金，观众们提出的问题相似，又高度集中。

“作为国家一级文物，这两件马蹄金在旅顺博物馆里的热度很高，它们深得观众喜爱。”旅顺博物馆信息中心主任、副研究馆员刘立丽研究马蹄金多年，她这样评价这两件 1983 年出土、距今 2000 多年的文物。

仔细观察，这两件马蹄金底部呈不规则圆形，形制相近：中间空，周壁从底向上内收，前高后低，与马蹄形状相似。为了区分，工作人员将其编成 1 号和 2 号。

1 号马蹄金底部呈不规则圆形，窄处直径为 5.6 厘米，宽处直径为 5.9 厘米，侧面刻画有“××××Ⅲ”符号，重 259.45 克。2 号马蹄金底部窄处直径为 5.6 厘米，宽处直径为 6.1 厘米，在侧面刻画有“××××”符号，重 260.45 克。两者底部皆刻有“上”字圆印。

独特的造型、高达 98% 以上的含金量。面对这两件马蹄金，观众抛出来的第一个问题是：“它们是什么朝代的？”

“它们是西汉时期的。”刘立丽说，顾名思义，马蹄金就是形如马蹄一样的金块，一般为不规则圆形，中间空，壁由前向后逐渐变低。它是汉代黄金货币形式之一。

虽然汉武帝铸造的马蹄金具有货币功能，但马蹄金的数量少之又少，再结合史料记载，

# 马蹄金

国宝档案

大连市普兰店区出土，共两件。金块呈马蹄形，周壁从底向上内收，中间空。底部呈不规则圆形，刻有“上”字，侧面刻画有特殊符号。马蹄金含金量达98%，重约半斤。研究发现，西汉时期制造的马蹄金主要用于祭祀。现藏于旅顺博物馆。

专家认为，马蹄金主要功能不是用于流通。西汉时期，交易中使用的黄金仍是金版和金饼。

实际上，在西汉时期，黄金作为货币形式进行交易也很少，当时主要流通的货币有三种，分别是秦半两、榆荚钱、汉五铢，这三种货币对于西汉经济有着深远影响。

从全国范围来看，出土的两汉时期马蹄金数量不多，且以中原地区为主。除了大连出土的两件马蹄金外，据目前的资料不完全统计，出土的马蹄金有 90 件左右（其中海昏侯墓出土 48 件）。通过这一数字对比，可见马蹄金之珍贵，就东北地区而言，马蹄金更是稀有之物。

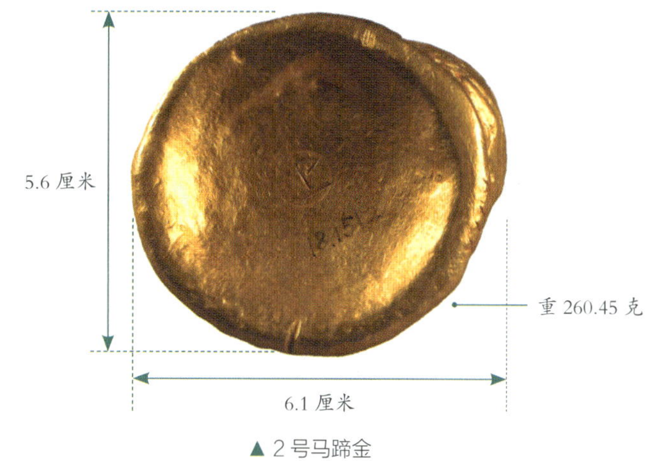

▲ 2 号马蹄金

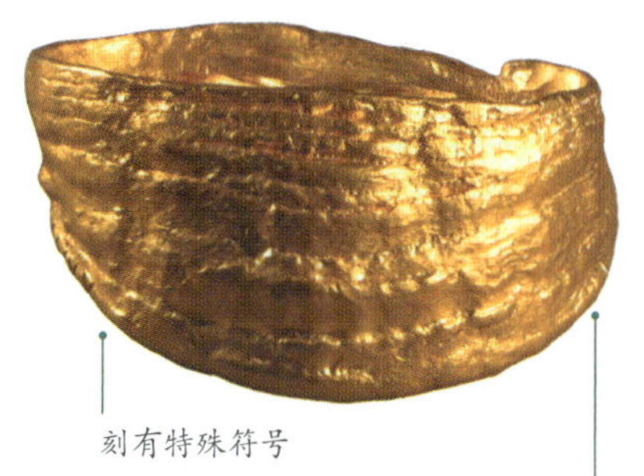


## 马蹄金上有特殊标记

那么，西汉时期制作的马蹄金到底是干什么用的呢?

马蹄金一词最早见于《汉书・武帝本纪》。对马蹄金的来历，书中这样记载：“往者朕郊见上帝，西登陇首，获白麟，以馈宗庙，渥洼水出天马，泰山见黄金，宜改故名，今更黄金为麟趾、袅蹏（niǎo tí）以协瑞焉。因以班赐诸侯王。”这段史料的意思是说，汉武帝在太始二年（前 95）的春天出行，登西陇高原喜获白麟，在渥洼水边见到了天马，在泰山见到了黄金等祥瑞吉兆，因此，汉武帝借白麟和天马的瑞祥，将过去的金质货币改铸成麟趾、马蹄形的黄金铸币，用以宫廷赏赐。

刘立丽表示，经过众多专家、学者多年研究，普遍认为汉武帝下令制作马蹄金以及麟趾金的真实目的是祭祀天神，换言之，它们属于祭天圣物。也正是因为马蹄金有此功能，才有了皇帝用它们赏赐陪同祭祀的诸侯王的行为。

马蹄金上刻画的“上”“中”“下”等圆印，是专家学者认为这一类汉代文物具有祭祀功能的原因。这里就涉及了我国古代社会礼制体系中一个重要制度——明堂制度。

明堂制度萌芽于原始的祭祀礼仪活动，至周代才作为一种制度正式确立。汉代是明堂制度发展史上的第一个高峰。汉元封二年（前 109）秋，汉武帝建造了汉代第一座明堂。

“上”代表置于明堂的最上层——灵台祭天；“中”代表置于明堂的中间层——宗庙祭祖；“下”代表置于明堂的最下层——宣室祭

地、祭神。这也就是说，标记“上”“中”“下”不同圆印的马蹄金，表示祭祀时场所的不同。

除了圆印外，马蹄金上的竖线和交叉符号又代表什么呢？

刘立丽表示，目前学术界有两种观点：一种说法认为属于我国古代计数的算筹，是马蹄金的铸造编号或者入库编号；另一种观点则认为是重量标记符号。

这两件马蹄金纯度高达98%以上，在开采和炼制黄金技术并不发达的汉代，能出现纯度如此之高的黄金制品实属少见。实际上，这背后有着历史原因。

《汉书·武帝本纪》中记载，汉武帝每年秋天祭祀宗庙时，要求诸侯“各献金来助祭”，称为“献酎金”。如果诸侯们所献的酎金成色或分量不足，将要“王削县，侯免国”。仅以元鼎五年（前112）举例子，汉武帝以献酎金不足为名，削去了106名列侯的爵位，连丞相赵周也以知情不举的罪名下狱。这就说明汉武帝对于祭祀所用金器的成色和分量要求非常高，这也是马蹄金含金量高的原因。

## 大连地区在汉代经贸繁荣

含金量高、需求量大，那么，西汉的黄金来自哪里？

“这得益于前朝的积累。”刘立丽说，战国时，各诸侯国无一不搜罗黄金珠宝，楚国更是直接使用黄金作货币。秦灭六国之后，聚敛的是当时东方六国的财富，当然包括巨额的黄金。秦尊黄金为上币，将六国所有的黄金储备都集中到了长安。刘邦建立汉朝，继承了秦国的黄金。

另外，秦朝、西汉时期采矿冶炼技术进步。《货殖列传》中列举的巨商富豪，多以采矿、冶炼起家。西汉朝廷也在各地金矿设立了“金官”，把各地开采出的黄金源源不断地输送到国库。诸侯王和列侯也在各自的辖地大力开采黄金。

还有，汉武帝开通了通往西域各国的道路。他最初的想法是为了征讨匈奴，开拓汉朝疆域，但战争结束，被张骞带往西方的丝绸却源源不断地走向世界，西方的珍宝黄金沿着丝绸之路涌进都城长安，这也是汉朝黄金较为丰富的原因之一。

对于距今2000多年的汉代，很多人并不知道的是，如今的大连地区，在汉代时经贸繁荣。

据文献记载和考古资料，大连地区建置始于燕、秦，完成于两汉。燕昭王十二年（前300），秦开为将，大败东胡，东胡“却千余里”。为防备东胡再犯，“燕亦筑长城，自造阳至襄平，置上谷、渔阳、右北平、辽西、辽东郡以拒胡”。大连地区在当时属燕国的辽东郡辖地。

两汉时期，今大连地区长期是辽东郡沓氏县、文县的辖境。

这两枚马蹄金在距普兰店区张店汉城址1.5公里的东南海滨出土，从政治方面看，说明了这一地区在汉代可能是达官显贵的居住地、朝廷要员顾及之要地；从经济方面看，说明该地不仅与周边地区存在着广泛的经济联系，而且在商业贸易活动中也具有一定地位，具有可观的经济活动规模。这也为张店汉城就是汉代辽东郡沓氏县治所提供了有力的证明。

大连市文物考古研究所所长张志成表示，两汉时期的大连地区与中原在政治、经济、文化上都有着密切的交往。在人员流动的过程中，中原地区生产方式、生活方式的普及，中原文化和宗法礼仪的大量传入，都使这一地区的文化发生了深刻变化。

经过多年考古发掘，考古工作者发现，大连张店汉城附近分布着众多汉墓遗址，比较著名的有乔屯汉墓、陈屯汉墓等。从这些汉墓中出土了大量文物，有彩绘陶壶、鸱鸮陶壶、鎏金铜贝鹿镇等。特别是在2009年12月，张店汉城北部发现的姜屯汉墓群名震一时，共发掘出212座汉代墓葬，出土文物达3000多件，其中一座大型汉墓中还发现一件“玉覆面”，这是东北地区首次发现。这些遗存为张店汉城的重要历史地位提供了佐证。

“就目前大连出土的古代文物而言，汉代文物是大宗。”刘立丽表示，除了马蹄金外，大连地区还曾发掘出土过“金十龙带扣”、“临秽丞印”印、“千秋万岁”瓦当、铜贝鹿镇以及大量精美的陶器和不计其数的汉墓花纹砖。透过这些文物，可以看到两汉时期大连地区逐渐发展和繁荣的历史。特别是随着海运通道的开辟，大连与中原地区的文化融合得到了进一步的推动，有力地促进了大连地区经济社会的发展。

手记
SHOUJI

## 大连农民泥地里挖出国宝

旅顺博物馆收藏的这两件马蹄金是国家一级文物。如果要追溯它们的发现历史，需将日历翻回到40多年前。

1983年1月27日下午，大连新金县（今大连市普兰店区）花儿山公社农民王某在距张店汉城址东南约1.5公里的南海甸子挖碱泥。在挖到距地表约2米深的时候，忽然触碰到两块硬硬的东西。好奇的王某捡起来一看，这两块硬疙瘩黄澄澄、亮晶晶，“这是金子吧？”和王某一起干活的弟弟瞅了一眼，半信半疑地说：“不太像，可能是黄铜。”这时，天色渐晚，兄弟俩决定提前收工回家。

揣着金子回到了家，兄弟俩找到村里见多识广的老人。老人把这两块硬疙瘩在手里掂来掂去，反复观瞧，也感觉很稀奇：“长这么大，我还没见过呢！”就在大家你猜我想的时候，一村民凑上前说，这两个东西很像小人书里的马蹄金。这么一说，大家再仔细观瞧，别说，还真的很像马蹄子。

既然像马蹄金，那么，它们真的是金子吗？村民们又找来村里一位物理老师再探究竟。经过测试，这两块硬疙瘩真的是金子，而且纯度还很高。听此结果，全村一下子都沸腾了起来。

面对这从天而降的大宝贝，老实忠厚的王家兄弟开始心中惴惴不安起来。第三天一大早，王某决定和家人到中国人民银行辽宁省分行新金县支行去卖金子。看到这两件稀奇的宝贝，银行的工作人员也被震惊了，经测试，这两块马蹄金一块重259.45克，另一块重260.45克，含金量高达98%，经协商，银行对其进行了收购。

认真询问了马蹄金发现的全过程后，银行方面意识到，这两块马蹄金并不是普通的金子，很可能是文物，于是，他们立即向上级部门做了汇报。与此同时，这则轰动性消息也刊登在大连报纸上。

新闻引起了旅顺博物馆考古部门工作人员的注意。他们初步认定这两块金子就是较为少见的汉代马蹄金。旅顺博物馆对此事非常重视，随即向上级单位大连市文物管理部门汇报。大连市文物管理部门丝毫不敢耽搁，派出工作人员前去调查。

当专家到达新金县时，两块马蹄金已被调至中国人民银行辽宁省分行。按照《中华人民共和国文物保护法》的规定，出土的文物除根据需要交给科学研究部门研究的以外，由当地文化行政管理部门指定的单位保管。几经沟通，最终这两件珍贵的文物在大连公安民警的保护下，从沈阳安全运送回了旅顺博物馆。

1984年，国家文物局、故宫博物院联合举办“1976年—1984年全国出土珍贵文物展”，这两件马蹄金成了展览中仅有的马蹄金展品。1993年，经国家文物局专家鉴定为国家一级文物。

# 辽阳汉魏墓壁画：比敦煌壁画早三百年

导读

辽阳汉魏壁画墓距今已有1800多年的历史。墓内发现的壁画以写实手法描绘了当时的贵族生活，具有极高的历史、艺术价值，是中国古代艺术宝库中的珍品，比敦煌壁画早300年。其内容丰富、技法精湛，备受中外学者的关注，是一部反映东汉至西晋时期辽阳地区的直观、形象的历史教科书。

## 太子河沿岸发现汉魏壁画墓群

辽阳，古称襄平，战国至后金时期一直是东北地区的政治、经济、文化中心。

辽阳汉魏壁画墓群多分布在太子河沿岸的冲积平原上，在辽阳北郊的北园及三道壕等地，形成约8公里的马蹄形墓葬分布区域。墓群所处的时代为东汉至西晋时期的200年时间，以公孙氏割据辽东的50年为鼎盛时期。

自20世纪三四十年代开始，辽阳周边陆续发现汉魏壁画墓群，时至今日，辽阳共发现汉魏壁画墓群30余座。壁画墓由表面光滑的页岩石板构筑，壁画直接绘于石壁上，内容极为丰富，生活气息浓厚，以写实的手法全面真实地展现了贵族生活的各个侧面。壁画在墓室中有规律地配置和布局，既有独幅小画，又有连壁大作，这些作品联系起来又是内容相互连接的组画。壁画内容多为饮宴、仓廪、庖厨、楼阁、骑从、车马出行、杂技百戏等，反映的是当时的政治、经济、文化、民俗等方面内容。这既是当时丧葬制度的反映，也是墓主人生活的缩影，为研究当时的社会生活提供了珍贵的资料。

汉魏壁画墓群为何出现在辽阳？专家认为，汉魏壁画墓的形成有其深刻的社会原因。汉武帝以来，厚葬之风盛行，而汉代人信仰灵魂不灭的思想，认为人死是灵魂到了另一个世界。另外，东汉施行“举孝廉”制度，“孝悌”成为选拔、任用官吏的主要标准。因此儒家学说，特别是“仁孝”思想为厚葬风俗的出现和盛行也提供了思想和礼制上的依据，建造高坟大冢蔚然成风。

汉末三国时期，中原各路诸侯相互争战，辽东地区相对安宁，中原不少名士、名流为避战祸而隐居辽东，为辽东地区带来了先进的文化和礼仪制度。公孙氏三代四人在辽东地区割据50年，政治安定、经济发达，为汉文化礼仪制度的发展提供了条件，为高坟大冢的形成

# 凤凰楼阁百戏图

国宝档案

辽阳汉魏墓壁画的代表作。楼阁重檐三层，在楼下广场上进行着一场精彩的乐舞杂技演出。演员共计19人，他们载歌载舞，各献绝技，节目惊险动人。在楼的二层斜格朱窗内，隐约坐着一位体态端庄的蓝衣者，好像是女性，其左侧有两位灰衣小吏。画面人物姿态生动，反映了这一时期达官贵人的生活。

▲《凤凰楼阁百戏图》演出人员动作示意图

奠定了坚实的基础。

作为东北地区政治、经济和文化中心的襄平，是联系中原与东北的关键节点，官员的流动和商贾的往来，将发源于中原地区的壁画墓传播到襄平，并在这里与本土文化结合，形成了具有地方特色的丧葬文化。

## 百戏图充分再现汉魏时期的歌舞、杂技情景

在众多辽阳汉魏壁画墓群中，颇负盛名的壁画墓是北园一号墓。它位于辽阳城西北瓦窑子村东南，太子河南岸的冲积平原上。1943年施工取土时被发现，为东汉晚期墓葬。墓室平面呈“亚”字形，应为家族合葬墓。墓中壁画内容丰富，技法娴熟，壁画中还有“教以勤化以诚”“小府吏”等榜题。纵观全墓壁画，各壁合之则成一个体系，分之则各成独立画幅。因此，北园一号墓是辽阳汉魏壁画墓群中最具代表性的一座墓葬，墓中有《凤凰楼阁百戏图》《骑从图》《宴饮图》《仓廪图》《斗鸡图》《车马出行图》等壁画。

《凤凰楼阁百戏图》具有代表性。该幅壁画的主题是在一座楼阁下举行百戏表演。楼阁高大宏伟，重檐三层，其规模在诸多同类壁画中当数佼佼者。在楼下广场上进行着一场精彩的乐舞杂技演出，演员共计 19 人，载歌载舞，各献绝技，节目惊险动人。在楼的二层斜格朱窗内，端坐着一位体态端庄的蓝衣者，似为女性。她在观看或审查下面的演出，左侧有两位灰衣小吏。画面人物姿态生动，乐队身着各色服装，各执乐器演奏，有声有色，反映了这一时期达官贵人的文化娱乐场面。

辽阳博物馆原副馆长、研究员张君弘介绍，“百戏”为汉代杂技及其他艺术表演的统称，早在汉武帝时期就已盛行。作为经济发达的辽东郡首府，当时襄平的文化艺术与中原地区没有多大差别，辽阳壁画中出现较多的百戏歌舞场面应当是现实生活的反映。画面保存完整清晰，艺技种类相对齐全，人物造型生动逼真，称得上是同类壁画中的经典之作。

辽阳汉魏壁画中还有描绘辽东官员出行的场景。比如棒台子一号墓《车列出行图》，长

10多米，画人173位、马127匹、车10辆。主人端坐最前面的车厢内；骑从排列车旁，前呼后拥；前导武士披盔戴甲，长驱直入；后随文吏执伞盖，提孥箧，托器物，鱼贯前行；武士披重甲紧随其后。整个车队，阵容强大、气势威严。画中出现较多的是黄钺车、鼓车和金钺车。汉代的车马制度比先秦时更为繁缛、严格，从车的样式大小到马驾多少、车马装饰等，统统视职位高下而定，不得有任何僭越。由此，有考古专家认为，这幅画描绘的是汉代帝王和高级官员出行时的景象。

张君弘说，辽阳汉魏墓壁画中关于“车马”内容每座墓中都有，但像《车列出行图》这样画幅之大、车马之多、等级之高却很少见。《车列出行图》曾被范文澜所编《中国通史简编》选为插图，为研究汉代车舆制度提供了珍贵的资料。

## 汉魏墓壁画是一部<br>古代辽阳地区的民俗风情史

鲁迅美术学院教授李林长期对辽阳汉魏墓壁画进行研究，并以此为主题撰写了专著。李林表示，汉魏墓壁画中一些具有反映地域文化与生活特色的题材，为研究这一时期的文化交流、民族融合、历史发展等问题，提供了生动的例证，给我们展现出一幅栩栩如生的东北民俗历史画卷。比如《宴饮图》，堂上朱幕高悬，夫妇对坐宴饮，短几横陈，杯盘罗列，三五奴婢打扇传食，服侍于左右，生动逼真地表现出豪门之家宴饮生活的场面。而《车骑仪仗图》最能反映出权贵们车骑出行的豪华场面，连骑结队、横冲直撞、路断行人的煊赫气势突出场面的宏大。壁画直接描绘在石板上，采用墨线勾勒后，平涂诸色。棒台子一号墓的《庖厨图》有繁有简。最繁的一幅画面上有23人在为主人准备饮食，绘有宰猪、锥牛、解兽、褪鸭、切肉、沥汁、汲水、添薪、涤器等一系列繁忙劳作，如实地再现了汉晋时期社会生活的一些细节。食物中有十多种山珍海味。在这幅画中，也能够体现出汉朝相比于战国时期经济文化水平有了进一步发展，这种发展体现在饮食文化当中。其中，有火腿、宰杀动物和悬挂的一些肉类，这些都体现了汉代社会的富裕以及当时饮食结构的变化。

从艺术角度来看，李林认为，辽阳汉魏墓壁画风格特殊，技巧迥异，展现了东北地区先民生活的风格特点。从绘画技术上来看，区别于中原地区在小砖上以石灰做底再加以彩绘，辽阳汉魏墓壁画直接在墓室的青石板上绘制色彩，更显得粗狂质朴，带有边疆民族文化中的粗犷大气特点。

在辽阳汉魏墓壁画中，还有不少读经讲学的内容。比如，1975年发现的鹅房壁画墓绘有8个人，都席地跪坐。他们身穿绿色长袍、白缘领袖，头戴进贤冠，中间两位手捧简册经卷，向儒生宣讲经书，左右6人也都拿着简册在那里洗耳恭听。

1986年，在清理北园三号墓时，考古专家再一次发现了讲经的壁画，这一次是两幅图。与鹅房壁画墓中画面不同的是，北园三号墓中画的儒者是站像。读经讲学壁画对应的是中原名士避乱辽东的史实。东汉末年，中原地区战乱纷纷，公孙氏统治的辽东相对安定，因而中原人避难辽东，其中有大批文士，最为著名的当数人称“辽东三杰”的管宁、邴原、王烈，他们在襄平设馆讲学，教化民众，推动当地教育发展。当然，当时到辽东的中原名士远不止这三位。中原文士不仅带来了中原先进的生产技术，更重要的是传播了儒家思想，促进了以襄平为中心的辽东地区走向繁荣。

## 汉魏墓壁画至今影响着中国画创作

壁画是一种画在墙壁上的艺术，在世界许多远古文化当中都有壁画的存在，是人类历史上最原始的一种绘画形式。

说起壁画，人们首先想到的是敦煌莫高窟壁画。敦煌壁画大多创作于南北朝时期，相比之下，早在东汉时期，辽阳已经出现了壁画墓。墓室由淡青色石板构筑，壁画直接绘在墓室石壁上，技法娴熟，绚丽多彩。如果将两处古迹的出现时间作对比就会发现，辽阳汉魏墓壁画要比莫高窟壁画早300年。

虽然绘制这些壁画的画师已不可考，但是他们用高超的艺术创作力和想象力，创作出了中华民族最有特色的艺术。

在内容上，很多壁画以表现现实生活为主题，涵盖了政治、军事、农业生产、出行等各方面，反映了当时的社会生活。这些壁画有“以形写神”的特点，提取某一时刻的情节，以简练的手法、写实的风格，勾勒出人和物的形象。关注现实生活、反映时代风貌也是当下美术创作的主题。

人物造型上，简洁明快、立意明确、构图适当、用色质朴单纯、情节丰富生动、图像组合主次分明，简约的形式和纯朴的绘画技法，代表了那个时代的绘画水平。色彩上，辽阳汉魏墓壁画对色彩的使用较前代更为丰富，汉代墓室壁画中色彩的种类，主要包括黑色、红色、白色、黄色、青色等，以及相互调和或稀释产生的各种复色。值得强调的是，壁画中还出现了蓝色、绿色等色彩。

画面构图上，这些壁画展示出来的是汉代人丰富的想象力，特别是线条和色彩的创新运用，勾线后色彩平涂的手法使得画面颜色有了深浅变化，将中国绘画的表现力向前推进了一大步，并对后来佛教传入后兴起的石窟壁画产生了重大影响。

从汉魏墓壁画开始，绘画的“三远”空间观（即表现大场景的章法铺陈经营）更加丰富了平面画的艺术表现力。而它在线条和色彩上的探索，将中国画的表现力推上了一个新的高度，并一直影响之后的中国画创作。

辽阳汉魏墓壁画在中国美术史上是一个不可缺少的环节，不仅为汉魏时期绘画艺术研究提供了可视的形象素材，为后世的绘画及绘画理论奠定了基础，还为其他学科的研究提供了实物资料，对周边文化及对后世美学艺术也有着深远的影响。可以说，辽阳汉魏墓壁画既是中国绘画史的重要组成部分，又是中国画论的立论基础之一。

# 铜鎏金木芯马镫：世界上最早的双马镫

**导读**

在位于朝阳北票的冯素弗墓葬中出土了一对铜鎏金木芯马镫，这是目前唯一有绝对年代可考的最早最完整的双马镫。作为东晋十六国时期的文物，这对造型简单的双马镫不仅揭示出在东晋十六国时期，战场上的骑兵已经全副武装横冲直撞的历史面貌，而且还对中世纪欧洲“骑士时代”的诞生产生重要影响。研究发现，双马镫从辽西走出，通过草原丝绸之路传到欧洲。

## 北燕宰相墓出土的双马镫震惊世界

地处辽西的北票市西官营镇馒头沟村原本是一个安静且普通的小山村。1965年，村子附近一座名叫“将军山”的山旁偶然发现的一座晋代大墓，震惊了考古学界和历史学界。

在考古工作者抢救性发掘中，一座东晋十六国时期的古墓被清理出来。一段位于中国北方、距今1600余年的北燕历史也因这座大墓里的珍贵文物而丰满、生动起来。

古墓中的文物丰富且珍贵。考古人员经过综合判断，最终得出结论：大墓的主人是北燕时期宰相、宗室大臣、政治家冯素弗。根据史料记载，冯素弗死于415年，所以，墓中所有文物都有年代可考。

北燕，东晋十六国时期北方政权之一，定都在今天的朝阳市。虽然北燕政权存在不到30年的时间，但作为继前燕、后燕之后的又一个北方政权，北燕对朝阳乃至辽西地区的历史产生了重要影响。

冯永谦先生是辽宁省文物考古研究院研究员。当年，他参与了对冯素弗墓的发掘工作。他讲述，因为有人盗掘了古墓，等到考古人员赶到时，主墓室内已被盗空，于是，考古人员将没被盗走的较大文物，如陶罐、石砚、铜虎子等文物取了出来。

在清理墓葬时，考古人员在棺后尾部的泥土里发现了已经散落成碎片的盔甲。按照发掘计划，冯永谦做清理工作，在盔甲碎片中，他发现了一对木质包铜马镫。

因为在墓中埋藏时间太长，这对马镫已经出现了腐蚀和残断，体形也收缩变小，木芯和外包的鎏金铜片分离，但整体形状并未改变。冯永谦意识到这是个重要发现，于是马上画图记录，并小心翼翼地将它们收集在一起，包装好。随着研究的深入，最终确定，它为目前世界上唯一有绝对年代可考的最早最完整的双马镫。

# 铜鎏金木芯马镫

**国宝档案**

以揉拗桑木条做成镫圈，沿圈条的外壁包钉一层鎏金铜片，上为带孔的长柄，工艺精细，为唯一有绝对年代可考的完整双马镫。北票冯素弗墓出土，现藏于辽宁省博物馆。

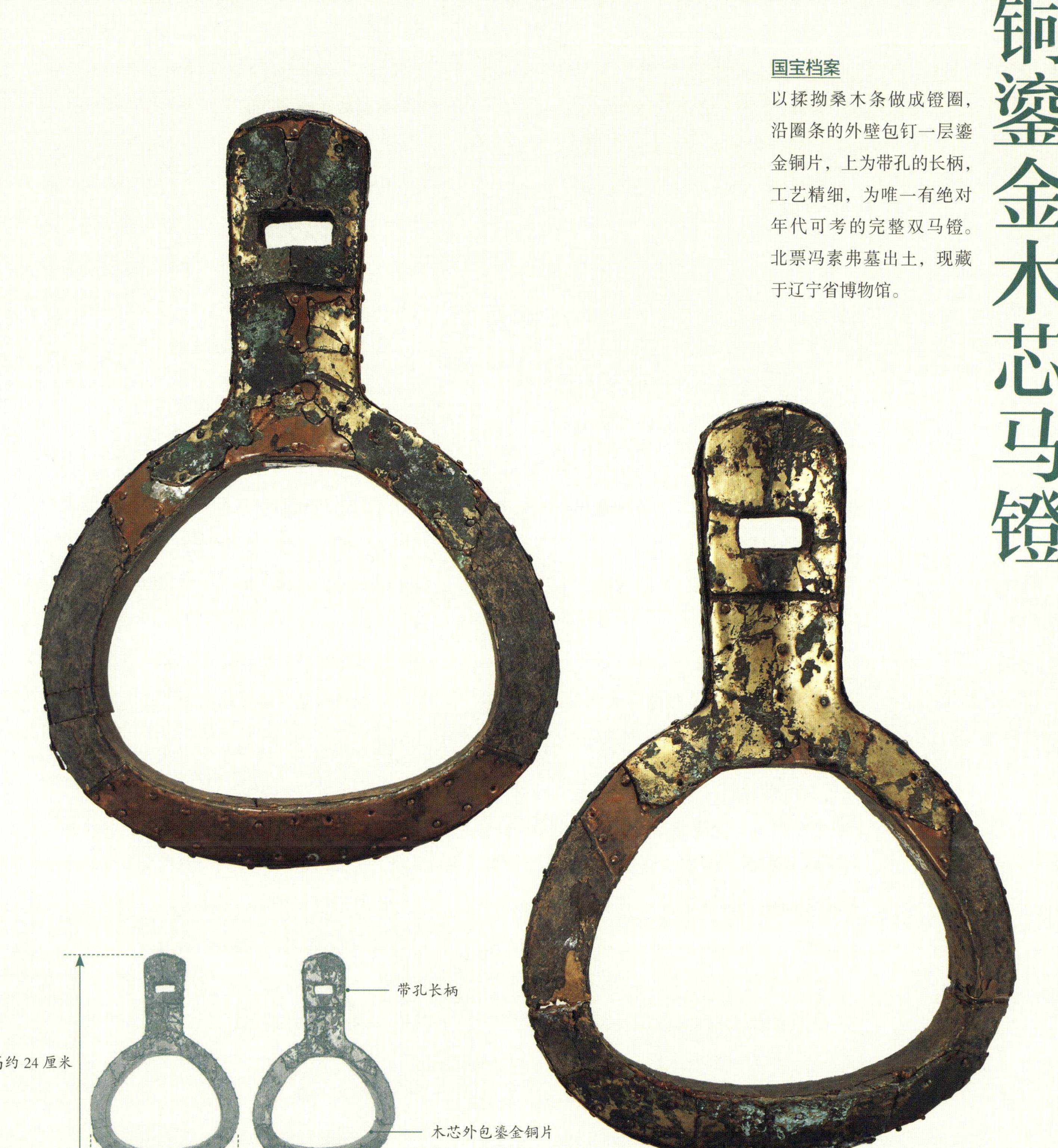

冯素弗墓内陆续发掘出土的文物揭示了北燕时期东西方经贸与文化交流频繁的重要历史，也揭示并还原了当时已经鲜卑化了的汉人的生活面貌。2006年，冯素弗墓成为全国重点文物保护单位。

## 单马镫到双马镫<br>是一个漫长的历史演变过程

如今，冯素弗墓出土的这对铜鎏金木芯马镫，正静静地陈列在辽宁省博物馆内，供四面八方的观众前来观瞻。

一对其貌不扬的马镫，何以成为重要文物？何以引起国内国际的广泛关注？

在冯素弗墓出土双马镫实物之前，世界各地均未出土过成对的马镫实物。从没有马镫，到单个马镫，再到双马镫，这个看似简单的马具历史沿革，却跨越了上千年。

马，作为一种家畜，由野马驯化而来。但野马何时被驯化成为家马，学术界仍存争议。虽然在时间上有争议，但学术界在马的驯养地点上取得了共识，即在中亚，由游牧民族完成。

野马驯化成家马之后，马成为人们生产、生活甚至战场上的重要工具。但在战斗中，马只是战车中的一部分，换句话说，马、车、人这三者共同组合而成的战车是当时的重要武器。

20世纪50年代，内蒙古自治区赤峰市宁城县发掘出土了一块周朝时期的刻纹骨板，透过这件文物，可以窥探当时战车的样貌。骨板上刻有两辆马车，每一辆马车各有两个轮子、两匹马。这块刻纹骨板虽然线条简单，从中却可以看出战车中马匹的重要性。

马被用作骑行工具始于北方地区。专注马具研究的辽宁省文物考古研究院原院长田立坤表示，考古人员在辽西及内蒙古东部发现了多处秦代以前车马器的遗址，比如内蒙古自治区赤峰市宁城县南山根，辽宁省的朝阳县魏营子、建平县大拉罕沟、凌源市三官甸子等地，均有发现。

文献资料与辽西地区出土的车马器、马具等文物，印证了这样一个史实——春秋晚期，以游牧为主的东胡族进入西拉木伦河流域，他们成为辽西地区最早的骑马民族。而大小凌河流域最早的骑马民族则是东汉初年的东胡族后裔——乌桓。

虽然东胡、乌桓等游牧民族经常策马奔腾于广袤的草原与林间，但这并不代表马镫也一同出现。

我国最早的“马镫”模型出土于湖南长沙，是一组战马青釉俑，为西晋永宁二年（302）文物。在马的前鞍桥左侧，下垂着一个三角形的马镫，右侧没有。这意味着，左侧的单马镫只供骑士迅速上马时使用，骑上马后，这个马镫就不再发挥作用了，从这一点来说，它并不是完全意义上的马镫。

## 对欧洲“骑士时代”的诞生<br>产生重要影响

自50多年前在北票冯素弗墓中发现双马

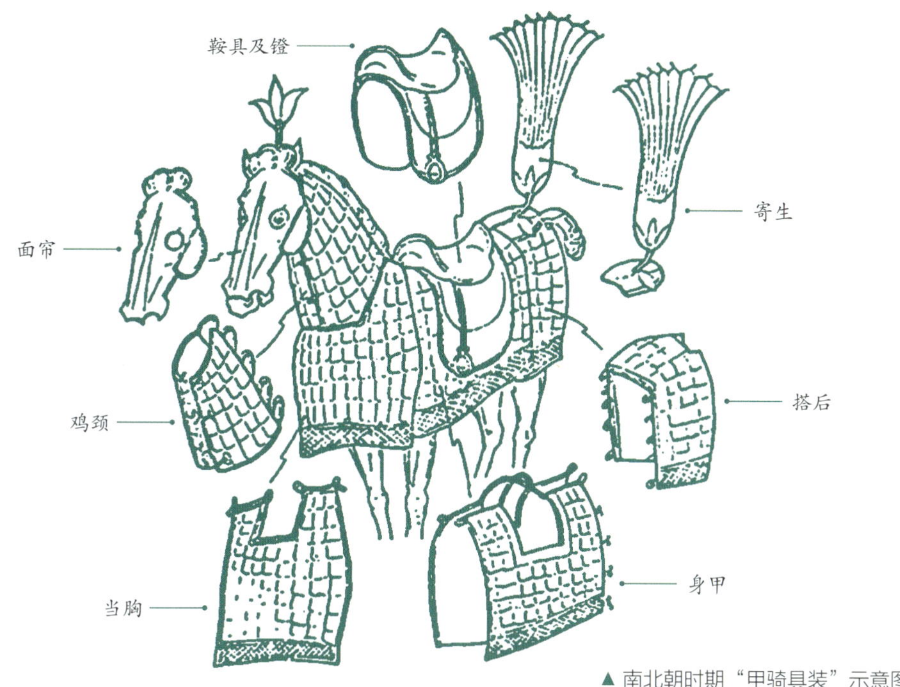

▲ 南北朝时期“甲骑具装”示意图

镫后，考古人员在东北、中原地区的一些墓葬中，相继发现了东晋十六国时期铜片或皮革包裹木芯的马镫，这其中既有单马镫，也有双马镫。在国内一些地区发现的古代墓葬中，还曾发现随葬的陶俑上刻画有马镫的形象。这说明，在东晋十六国时期，全国各地已经普遍使用双马镫了。

虽然冯素弗墓出土的这对马镫结构简单、造型普通，但是，它和墓葬中出土的盔甲、马具等实物一起，共同反映了东晋十六国时期战场上“甲骑具装”的盛行。从这个意义上来讲，这对马镫具有十分重要的文物价值与研究价值。

所谓的“甲骑具装”，简单来讲，指的是全副武装的骑马部队。在中国古代战争中，齐全的装备可以最大限度保护战马与骑兵的安全，不会被对手轻易伤害，所以“甲骑具装”是当时的重装骑兵，杀伤力相当大，军事斗争进入骑兵时代。

“甲骑具装”中，双马镫作用不可小觑。因为有了双马镫，骑兵不仅可以腾出双手挥动武器，还可以借助双马镫控制战马，大大增强作战能力与前进速度，为在战斗中获取胜利提供保障。

当然，双马镫的意义远不止于此。距今1600多年的这对马镫所揭示的“双马镫时代”，还对中世纪欧洲“骑士时代”的诞生产生了重要影响。一位美国学者说：“如果没有从中国引进马镫，使骑手能安然地坐在马上，中世纪的骑士就不可能身披闪闪盔甲，救出那些处于绝境中的少女，欧洲就不会有骑士时代。”

由此可以看出，冯素弗墓葬中的这对马镫，既是我们窥探一个历史时代的窗口，也是促成西方一个阶层出现的重要推动力，可谓影响深远。

## 草原丝绸之路是连接欧亚的重要通道



北票冯素弗墓葬中出土的铜鎏金木芯马镫，既揭示出距今1600余年前中国有一个“双马镫时代”，也印证了欧洲“骑士时代”的出现与其息息相关。

那么，中国的双马镫是通过何种路线传递到欧洲的呢？这就涉及另外一个话题：草原丝绸之路。

在冯素弗墓葬中，与双马镫同时出土的还有鸭形玻璃器、碗、杯等几件精美的玻璃器皿。考古学家与历史学家分析认为，这些玻璃制品并非产自中国，而是来自遥远的罗马帝国。在东西方不断交流中，鸭形玻璃器等造型别致的器皿从西方传入了东方，而双马镫等器物则从东方传到了欧洲。

学者们认为，草原丝绸之路的开通要早于东晋十六国时期。作为连接欧洲与亚洲古老文明交流的主要通道之一，草原丝绸之路横贯东西，一头连接欧洲，一头连接日本列岛。具体来说，如果以辽宁省的辽西地区为中间点，向西经过亚洲中部的蒙古高原，穿过中西亚北部地区后，抵达地中海沿岸的欧洲地区；向东则直抵朝鲜半岛和日本列岛。大约在公元前5世纪，草原丝绸之路发展为十分重要的贸易通道。

冯素弗墓葬中出土的这对马镫的传播路径也在一定程度上暗合了草原丝绸之路的走向。除了双马镫促使欧洲产生“骑士时代”与“骑士阶层”外，双马镫向东也产生了重要影响。在朝鲜半岛，考古人员也曾发掘出土双马镫实物。不仅如此，这里还曾发掘出土了罗马帝国时期的玻璃制品，这也更加验证了这条草原丝绸之路的存在。

草原丝绸之路不只是贸易通道，同时还是一条佛教传播通道。从历史遗存来看，不论是朝阳北塔、南塔，还是位于义县的万佛堂石窟、阜新的海棠山石窟等，如果以时间轴线进行串联，可以勾勒出佛教传播通道的走向。

既是贸易通道，又是文化通道，这条草原丝绸之路值得我们认真研究，进一步深入挖掘其厚重的历史与文化内涵。

# 金步摇冠饰：古代东亚西亚服饰文化融合的典范

导读

步摇是我国古代妇女使用的一种发饰，起源很早。南北朝时期，这种发饰意外地由游牧部族慕容鲜卑发扬光大：不论男女皆爱步摇。尤其是1965年北票冯素弗墓出土的金步摇，进一步证实，慕容鲜卑贵族佩戴这种冠饰的事实，在那个充斥着剑与火的时代，为后世留下一段独具特色的印记。

## 慕容鲜卑墓集中出土金步摇

辽宁省博物馆学术研究部馆员马卉说："步摇是慕容鲜卑的重要文化特征之一。国内多地发现步摇，以辽宁地区发现的慕容鲜卑步摇饰品最为集中，有16件。"

1957年，北票一座晋代古墓发现花树状金步摇是辽宁省最早发现的慕容鲜卑金步摇遗物，为研究"三燕文化"提供了重要的实物资料。1965年，北燕冯素弗墓出土的金步摇，进一步推进了此项研究工作。

冯素弗是北燕创立者冯跋的弟弟，在《晋书》中多次被提到。冯氏兄弟为避乱来到当时慕容鲜卑的统治区。

关于冯氏兄弟创立北燕的过程，《晋书》有记载：冯素弗同几个兄弟在外游玩，看到有一条金龙从河上游浮水而下。于是，冯素弗问几个兄弟："你们看见什么没有？"大家都摇头。冯素弗就将看见的东西从水中捞出来给大家看，大家见了都认为非常吉祥。后燕的末代皇帝慕容熙听说了这件事，向冯素弗索要，冯素弗不给，再加上冯跋又犯了错，于是慕容熙对冯氏兄弟动了杀机。为了避祸，他们兄弟几人躲到山里。当时后燕赋税劳役繁重，民不聊生。见此，冯氏兄弟商量："慕容熙昏庸暴虐，还忌恨我们兄弟，现在我们自首没有生路，与其坐以待毙，不如起来造反，自有一番功业。"后来，冯氏兄弟计斩慕容熙，创立了北燕。冯跋虽然是个汉族人，但他创立的北燕仍是以慕容鲜卑贵族为统治基础的割据政权。

从这段历史记载来看，冯素弗当是北燕的开国功臣。《晋书》载，冯跋即位之前曾说弟弟是个具有雄才伟略的人："范阳公素弗才略不恒，志于靖乱，扫清凶桀，皆公勋也。"

冯素弗墓被发现后，经过发掘清理，考古人员注意到了墓中文物融合了中原文化与鲜卑游牧文化的因素。其中的金步摇与其他慕容鲜卑墓葬中相继出土的同类文物一脉相承，其重

# 金步摇冠饰

## 国宝档案

慕容鲜卑金步摇冠可分为两类，一类由博山形基座、枝、叶组成，称为“花树状”步摇冠，以北票房身二号墓出土为代表，如下图。另一类带有笼冠梁架，数枝顶花集成一束，以冯素弗墓出土步摇冠为典型，如右图。辽宁地区发现慕容鲜卑步摇冠16件，是中国发现步摇冠最为集中的地区。两件金步摇现藏于辽宁省博物馆。

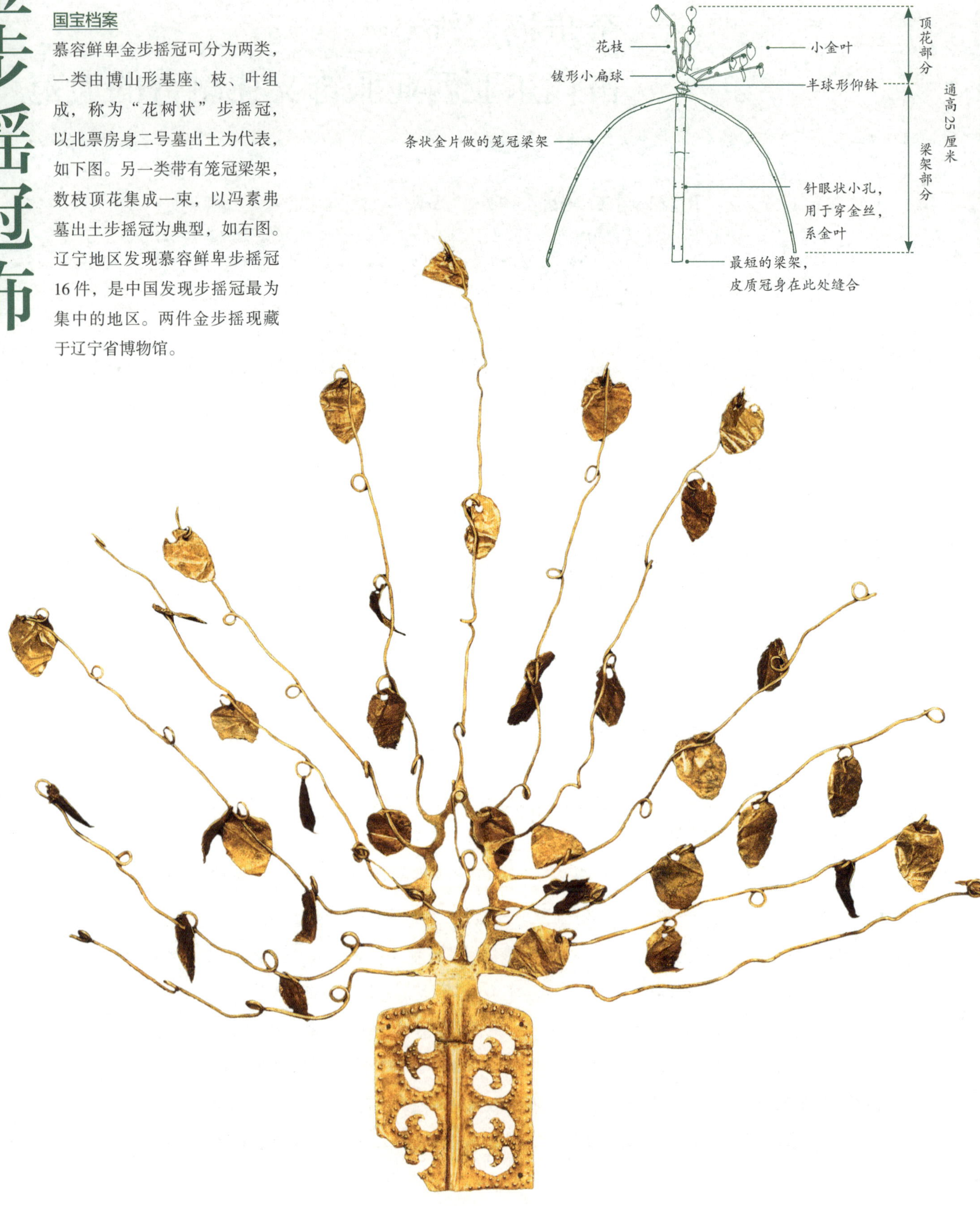

要性在于，它是在墓主人姓名、身份确定的墓葬中出土，向后人实证了慕容鲜卑贵族男子喜爱佩戴金步摇的事实。

## “慕容”可能来源于步摇的讹音

对于步摇，人们通常认为这是我国古代妇女的发饰，在古代典籍中多有提及。

步摇一词最早出现在战国时期。楚国宋玉的《讽赋》中即有“主人之女，翳承日之华，披翠云之裘，更被白谷之单衫，垂珠步摇，来排臣户……”，用以描述戴着步摇盛装的女子。

此后，东汉训诂学家刘熙在《释名》中记有：“步摇，上有垂珠，步则摇动也。”不仅讲出步摇的样子，也道出了其名称的因由。综合这些记载，人们不难形成一个印象——步摇是我国古代贵族妇女的发饰，给人带来一种动静相宜的美好妆容。

然而，到了南北朝时期，这种印象被当时以勇武闻名的慕容鲜卑扭转。

《晋书·慕容廆载记》记有：“曾祖莫护跋，魏初率其诸部入居辽西，从宣帝伐公孙氏有功，拜率义王，始建国于棘城之北。时燕代多冠步摇冠，莫护跋见而好之，乃敛发袭冠，诸部因呼之为步摇，其后音讹，遂为慕容焉。”

这段史料告诉我们，在南北朝时期纵横于黄河以北广大地区的慕容鲜卑铁骑，其姓氏是因中原文化中的“步摇”而来。不仅如此，这段记载还反映了当年威风八面的慕容鲜卑首领特别喜爱这种金光闪闪、“步则摇动”的步摇冠，透露出慕容鲜卑首领那种豪放热烈的性情。

如今，冯素弗墓出土的“步摇金冠饰”正在辽宁省博物馆古代辽宁展厅中展出。

这件步摇金冠饰是用含金量超过 80% 的合金打造，通高 25 厘米，由上面的六枝形顶花和下面的笼冠梁架两部分构成，一根细金管将上、下两部分精巧、牢固地连接在一起。

花枝都是由黄金拉丝而成，上面的每个小环各穿缀一片小金叶，也就是摇叶。六条花枝应有金叶 18 枚，但发现时已不全，现存 13 枚。金摇叶极薄，厚 0.04 厘米，宽 1.1 厘米，为金箔剪成，穿在花枝绕出的环内，稍有晃动，即摇颤不已。

笼冠梁架由两条交叉的金片制成，四面垂出，长短不等。将笼冠梁架平置案上，短的一端下垂不到底，研究人员分析此处应为步摇冠的正面。

由于没有确切的文字记载和考古资料来描述慕容鲜卑创始人莫护跋所喜爱的步摇冠是什么样子，冯素弗墓出土的这件步摇金冠饰，将头上金光闪闪、走路窸窣作响、英勇善战的慕容鲜卑贵族男子豪放热烈的形象生动地展现出来。

## 金花树状饰品创意来自西亚

从历史文献记载来看，慕容鲜卑的创始人莫护跋对步摇冠的喜爱带有对中原文化的喜爱和学习的意味，但是考古人员从文化传播的视角进行研究，注意到带有慕容鲜卑特征的金步摇创意的起源可能更为久远和复杂。

马卉说："考古表明，金步摇的做法起源于中西亚，大约在汉代传入中国。一种是作为步摇形装饰片存在，另一种是作为步摇冠独立存在。"

较早注意到这一问题的是考古学家孙机先生，他在20世纪90年代完成了研究报告《步摇、步摇冠与摇叶饰片》。

孙机注意到，早在5000多年前，两河流域的乌尔王墓群中，随葬侍女的头部出现有用连排的一枚枚金树叶穿缀而成的半环形状的额饰。

1864年，在欧洲顿河下游一女王墓中出土了一件"金冠"，上面有两簇金树，缀有金叶。其年代为公元前2世纪，相当于我国的西汉初年。

1979年，在阿富汗北部发现了金丘大月氏墓群，其时代为1世纪前期，出土的金质步摇冠是一条长47厘米、宽4厘米的横带，带的两端有环。横带上装有树木状步摇，其中四树各对栖二鸟，每树又各有6枚六瓣形花朵，还满缀圆形摇叶。

根据这些考古发现分析，这类花树状金步摇饰品大约在汉代传入我国，因为与我国传统的步摇装饰有共同的"步则摇动"的特点，所以在西亚的步摇传入之后也被称为"步摇"。其主要向两个方向传播：一个是向中原，另一个方向则沿着草原丝路向东传播。传入中原的一路，由于中原服饰传统力量强大，逐渐被改造纳入中国的传统首饰和等级服饰制度。而另一路保留了步摇冠的形式，沿草原丝路向东传播，直达日本列岛，流行长达600多年。

然而，孙机也注意到，在西方和我国中原地区，步摇和步摇冠一般只作为妇女的首饰，但是在我国魏晋南北朝时期，北朝游牧民族统治地区以及朝鲜、日本，男性的国王和高级贵族也戴金步摇冠。他指出："这种使用上的差异当与其礼俗、服制等传统有关。"从这个意义上说，步摇不再是一个装饰品，更是一个文化交流、民族融合的物证，而且是东亚、西亚文化融合的典范。

## “慕容”来源争论700年

在南北朝时期的历史上，慕容鲜卑部是一个重要的存在。从285年慕容廆被晋朝封为鲜卑都督开始，直到410年慕容宗族流亡，短短125年间，这个古老的部族英雄辈出，大名鼎鼎的慕容廆、慕容恪、慕容垂等11位豪杰中出了6位割据政权的皇帝，先后创立了前燕、后燕、西燕、南燕4个割据政权，在我国历史上留下浓重的一笔。

关于慕容姓氏来自“步摇”，历史有很多记载，除《晋书》以外，《十六国春秋》《元和姓纂》对其都有记述。

然而，慕容家族的征战往事过去900多年后，人们对这个姓氏产生疑问。

这当中最为有名的是宋元时期史学家胡三省，在《资治通鉴·晋纪》引述《晋书》的记载之后，他点评道：“余谓步摇之说诞，‘或云’之说，慕容氏既得中国，其臣子从而为之辞。”

这里的“或云”指的是《晋书》中的“或云慕二仪之德，继三光之容，遂以慕容为氏”，“二仪”是指天地，“三光”是指日月星辰。

其实胡三省是否定了此前史料记载的两种关于慕容姓氏由来的说法，但是他对慕容氏的由来并未进行考证。

结合冯素弗墓的考古发掘成果，著名考古学家、辽宁省博物馆原馆长徐秉琨先生对历史上关于慕容姓氏由来的研究进行了梳理。他注意到胡三省在评价慕容氏“或云”时的错乱。

根据《十六国春秋》《元和姓纂》记载，“慕二仪之德，继三光之容”其实是慕容鲜卑创始人莫护跋的孙子慕容涉归迁居辽东时的“自云”，这同当时慕容鲜卑逐渐汉化有关。慕容涉归死于太康四年（283）。而慕容氏“得中国”，则应当是慕容涉归四世孙慕容儁在邺称帝，时间在350年以后。这个点评中将“自云”与“臣子为之辞”，以及时间和地点都弄错了，因而其点评的可借鉴性大打折扣。

徐秉琨还通过古代音韵学、古代游牧民族姓氏起源的特征来进一步阐述“慕容”与“步摇”在发音方面的内在联系，以及步摇成为古代游牧民族姓氏，在取姓惯例当中的可能性等问题。

作为现代人，对于汉语音与义的演进也有这方面的感知，比如汉语中的“连衣裙”与“布拉吉”，或许若干年后，人们就需要通过考证来确认它们指的是同一个事物。

关于慕容与步摇的关系，争论仍然还在进行当中。幸运的是，现代人在考古研究方面取得诸多新的发现，集中出土于慕容鲜卑墓葬中的金步摇为人们还原了1600多年前的历史。

马卉说，南朝梁、陈时的文学家沈炯有《长安少年行》诗云：“长安好少年，骢马铁连钱。……步摇如飞燕，宝剑似舒莲。去来新市侧，遨游大道边。”与史料记载互相印证，考古发现的慕容鲜卑金步摇，能够让人们更直观地了解历史上曾经有过一个金戈铁马、威风八面的古老民族，其英姿勃发的青年首领头戴金光闪闪步摇冠，走起路来窸窣作响。

# 鸭形玻璃注：见证草原丝绸之路的兴盛

导读

鸭形玻璃注出土于北燕重臣、宰辅冯素弗的墓葬中。这件造型别致的玻璃注原产于罗马帝国。它不仅证明了草原丝绸之路的存在，还证明了东西方文化在1600多年前交流频繁。

## 这个玻璃注是墓主人心爱之物

鸭形玻璃注，造型独特且世界唯一。它的外形似鸭，淡绿色，玻璃材质，中空，颈部和腹部用盘卷后的玻璃条做装饰，背部装饰一对翅膀。

这件精美的器物出土于辽宁省北票地区，是距今1600多年的北燕重臣、宰辅冯素弗生前的珍爱之物。因此，在他去世后，鸭形玻璃注作为陪葬品与他一起长眠于地下，直至1965年才重见天日。

年近九旬的辽宁省文物考古研究院研究员冯永谦先生参与了当年冯素弗墓的考古发掘，对于这件器物的出土过程，他至今记忆犹新：那是1965年，当地农民无意中发现了冯素弗墓，并私自盗挖。闻讯而来的考古人员对墓葬进行了抢救性发掘。

考古人员赶到时，冯素弗墓中的部分文物已被农民拿回了家，其中就包括这件鸭形玻璃注。随后，农民将文物上交，并回到墓葬现场指认文物出土位置。“这件鸭形玻璃注放在了冯素弗墓木质棺材的内部，就在他胳膊旁边，由此可以断定，冯素弗生前十分喜欢它，是心爱之物。”冯永谦说。

对这件玻璃注的研究目前已有部分结论，而且专家与学者在多个方面取得共识：它产自罗马帝国；采用吹制工艺制作而成；通过草原丝绸之路从古罗马地区一路向东，来到北燕。

但对于这件器物，学术界存在多种意见。此前，有一种观点认为，鸭形玻璃注是中国古代的“欹器”。所谓“欹器”，是一种中国古人用于自省的器物。“虚而欹，中而正，满而覆”，也就是说，欹器在内空的时候是倾斜的，加了一半水后是直立的，加满水后就会翻倒，由此提醒古人不能自满，要时刻保持谦虚。

学者之所以将这件鸭形玻璃注定义为中国古代的“欹器”，是因为这件器物具备了“虚而欹，中而正，满而覆”的特性，随着注入水量的多少，鸭形玻璃注的放置姿态也会发生变化。

# 鸭形玻璃注

国宝档案

身形似鸭，一端扁嘴，一端细长，长颈圆腹，尾尖残断。通体以无模自由吹制成型，然后将玻璃料拉成细条，缠绕在器身上做装饰，整体曲线柔和，结构匀称，产自于古罗马地区。它是北燕重臣冯素弗墓出土的玻璃器中工艺最复杂、器形和装饰最有特点的一件。这种动物造型的玻璃器皿在我国仅出土一例，现藏于辽宁省博物馆。

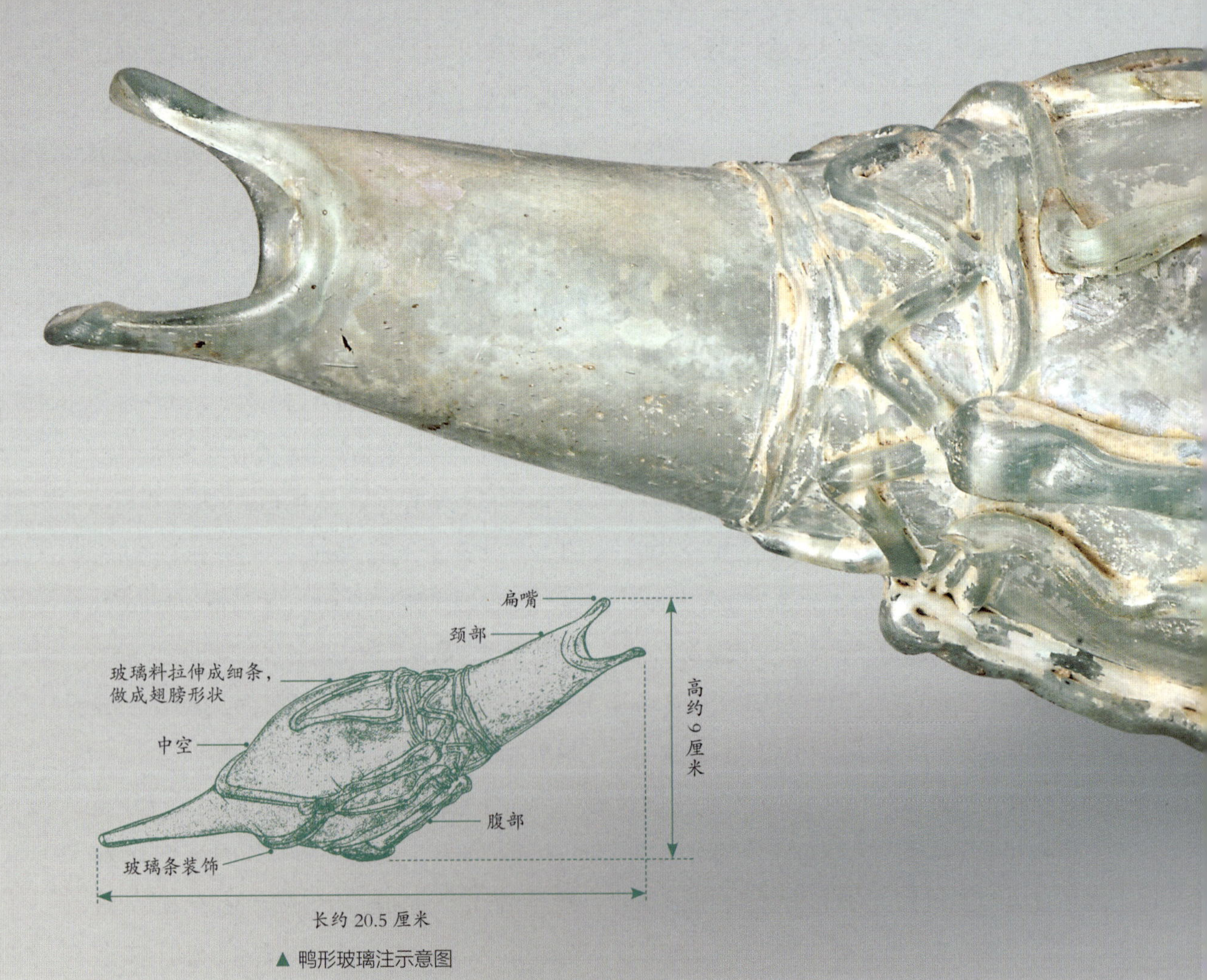


▲ 鸭形玻璃注示意图

不过，这个结论也引起部分学者的质疑。因为鸭形玻璃注来自西方的古罗马地区，虽然罗马帝国与北燕大致处于同一历史时期，但东西方存在着文化差异，西方人不太可能知晓中国“欹器”这个概念，也不太可能专门为中国制作“欹器”。

还有专家认为，鸭形玻璃注是计时器，类似于现在人用的沙漏，将沙子装入器皿，按沙子流量来计算时间。

“也有一种可能是用来盛放香油的。”辽宁省博物馆学术研究部馆员马卉说，根据全球考古发现成果来看，在意大利、阿富汗等地均发现了类似于鸭形玻璃注的鸟形玻璃器和鱼形玻璃器，这些器物用来盛放香油或类似液体。

## 在战国中晚期，我国开始制造玻璃制品

不远万里，从西方辗转来到东方，并成为当时北燕政权重臣的心爱之物，即使死后也要贴身带入棺木，由此可见这件鸭形玻璃注的珍贵。

实际上，被“三燕时期”权贵阶层视为珍宝的并不单是这一件器物，还有当时所有的玻璃制品。考古发现，世界上最早的玻璃诞生于距今4300多年的美索不达米亚地区。此后，经过1000多年的发展，玻璃工艺不断进步，小玻璃饰品的制作逐渐升级为较大型的玻璃容器制作。

在战国中晚期，我国生产出在外观上与西亚玻璃相似的制品——玻璃蜻蜓眼和管饰。不过，虽然外观相似，但我国与西亚的玻璃制品在成分上有所区别。

玻璃业是罗马帝国的主要手工业之一。中国社科院考古研究所研究员安家瑶是我国最早开展古代玻璃研究的学者。她说，在罗马帝国统治的500年时间里，玻璃器数量之大、品种之多、质量之精，在世界玻璃史上占有非常重

要的地位。

西汉中期，罗马帝国成熟的玻璃器制品传入我国，这种壁薄质轻、晶莹剔透的玻璃制品在此后的很长时间里，受到我国各个政权上层社会人士的追捧，其中，包括东晋十六国时期的北燕政权。

最终灭掉北燕政权的北魏，其权贵阶层就对来自古罗马地区的玻璃制品大加追捧，一些贵族在“斗富”时将这些玻璃制品当成宝贝纷纷对外展示。在北魏文献《洛阳伽蓝记》中，记录了北魏一位叫王琛的权贵，为了显示其富有而收藏罗马帝国玻璃制品的事。

正因为东晋十六国时期上层社会将罗马帝国的玻璃制品视为稀有且珍贵之物，因此，冯素弗死后才会将包括鸭形玻璃注、玻璃碗、玻璃钵等在内的几件玻璃制品一并下葬，永远陪伴自己。

## 朝阳在历史上曾是东北亚交通第一名镇

1600多年前，鸭形玻璃注等几件精美别致的玻璃制品经过漫漫长路，从遥远的古罗马地区一路向东，最终到达了北燕王朝。这个穿越了空间与时间的事件，就这样真实地发生了。而这一切，得益于草原丝绸之路的畅达。

“丝绸之路”这条文化与商贸通道已被学者研究了百余年。辽宁省博物馆原馆长、东北亚走廊研究权威学者王绵厚先生表示，传统丝绸之路有狭义和广义之分。狭义的丝绸之路主要指的是汉武帝开辟“河西四郡”后，由汉都长安西去甘肃至新疆，连接中亚一直到地中海沿岸的通道。而广义上的丝绸之路，则包括“陆上”与“海上”两部分。前者，即陆上丝绸之路，还包括陕、甘、青、川、黔、滇、藏地区的茶马古道以及北方草原丝绸之路等边域通道。

居于北方的草原丝绸之路是指蒙古草原地带沟通欧亚大陆的商贸大通道，如果再进一步划分，草原丝绸之路还分为东北亚草原丝绸之路、蒙古草原丝绸之路等几条路线。王绵厚说，东北亚草原丝绸之路是从燕山以北、大兴安岭以南的东蒙古草原，通向黑龙江和长白山直至日本海西岸的部族草原交通路线，与蒙古草原以西的草原丝绸之路衔接。

“东、西两大草原丝绸之路都是古代中国和亚洲北方少数民族的世居和迁徙故地。如果说西部草原丝绸之路是跨越戈壁、大漠直达地中海沿岸的商贸通道，那么，东北亚草原丝路是连接东部蒙古草原和长白山地区直达日本海的民族文化走廊。”王绵厚说。

魏晋南北朝时期是这条丝路的开拓期。在这期间，朝阳在草原丝绸之路上的枢纽地位大幅提升。“这一时期的朝阳，可以称为‘东北亚交通第一名镇’。”王绵厚表示，这也是这件世界唯一的鸭形玻璃注会在朝阳地区出现的重要原因。

研究发现，朝阳只是东北亚草原丝绸之路上的一个重要节点，而非终点。北燕政权灭亡后，来自古罗马地区的玻璃器依然沿着这条丝绸之路向东传递，在朝鲜半岛和日本列岛，均发掘出土过东罗马时期的玻璃器具。

## 1600年前的墓葬展示多种文化融合

鸭形玻璃注、铜鎏金木芯马镫、金步摇冠饰……这些大家熟知的国家一级文物都出土于辽宁省北票地区的冯素弗墓葬。在此前的采访中，我们仅仅就这座墓葬中出土的某一件具有代表性的文物进行过重点报道，现在看来，这种采访真的是“挂一漏万”，忽略了整座墓葬具有的文物、历史与艺术价值。

随着了解不断深入，我们愈加觉得冯素弗墓确实是一个东方文化与西方文化、中原文化与游牧民族文化充分融合的绝佳标本。这不难理解，我国的魏晋南北朝时期本身就是多种文化不断冲撞、融合的主要时期，再加之北方草原丝绸之路的畅达，东西方文化交流加速。尤其北燕虽为汉人建立的，但它延承了游牧民族慕容鲜卑的政权，更促使多种文化得到充分融合。

这些论断在冯素弗的墓葬中都能找到依据。鸭形玻璃注代表了西方文化向东方传递，我国的双马镫则对西方产生重要影响，彰显了文化的互动性。不只如此，在冯素弗夫妻两座墓葬中，有很多“狗”的痕迹。比如在2号墓内殉葬有大狗和小狗各一只，在墓室的壁画上和一些廊柱之间，也画有黑狗跑动的图像，这些是慕容鲜卑的葬俗，不过作为汉人的冯素弗都采纳、吸收。

再比如，在冯素弗墓中出土了一批青铜制造的中原风格明器，如甑、镬、圆勺式曲柄大勺、尊等，这些器物虽然是明器，但它们制作精美，可以窥见中原文化的影子。这些器物有些还是实用器，这也是汉墓中常见的随葬器物的沿袭。

一个不争的事实是，正是魏晋南北朝时期几百年来的多种文化元素不断交流、兼收并蓄，才锻造了隋唐的气象万千与蓬勃生命力，让后来的“大唐文化”辉煌灿烂，闪耀世界。

历史证明，唯有开放与交流，才会让文化更具顽强生命力，此言不虚。

◀ 1988年，第二次发掘冯素弗墓情形

# 釉陶舞马俑：舞出唐代辽西文化交融盛况

导读

辽宁朝阳地区发现多处唐朝墓葬，出土大量珍稀文物。其中，朝阳博物馆馆藏的唐墓出土的4件釉陶舞马俑就是为数不多的唐代舞马俑珍品，从实物角度佐证了唐朝马术表演的盛行、唐代多民族融合的情况，以及营州（治所在柳城，今辽西朝阳一带）的历史地位。舞马是经过人为训练可随音乐节拍做出舞蹈动作的马。舞马艺术能在中原发展，实为当时多民族文化交流的结果。

## 唐朝官员孙则墓出土釉陶舞马俑

朝阳博物馆馆藏的4件唐代釉陶舞马俑，大小、样式相同。仔细端详这4匹黄釉马，可见它们肌肉紧致、身姿矫健，低头颔首，张口露齿呈嘶鸣状。朝阳博物馆副研究馆员董杰介绍，它们可不是普通的马匹，而是颇富传奇色彩的唐代“舞马”。这4件釉陶舞马俑无论造型、釉色还是制作，都堪称精品，是在唐朝官员孙则墓中发现的。

2003年，辽宁省文物考古研究所（现辽宁省文物考古研究院）与朝阳博物馆对朝阳市纤维厂原址工地进行抢救性发掘，发现这里是唐代孙氏家族墓，共有17座砖室墓葬，是当时也是到目前为止朝阳地区发现的规模最大、数量最多的唐代家族墓葬，出土文物数百件。其中孙则墓位于家族墓中部，是整个家族墓中规模最大、墓主身份最高、出土文物最多的墓葬。

墓中出土的釉陶俑制作精细、造型逼真，是朝阳地区唐墓中出土釉陶俑的精品。其中最惹人注目的是4件黄釉舞马俑，它们通体施黄釉，马身还残存着描金痕迹和红、黑彩绘痕迹。

据孙则墓志记载，孙则生前大部分时间任职营州地区，最初任辽州总管府典签，为九品或从八品。后来一路升迁至正二品上柱国。唐永徽六年（655）去世，终年67岁。

董杰说，孙则戎马一生，为唐代民族大融合以及边疆的巩固作出了贡献。他生前官职较高、地位显贵，因此死后得享厚葬，他墓中出土的釉陶舞马俑也见证了辽西朝阳地区曾经的历史。

辽宁省文物考古研究院研究员李新全说，营州是唐王朝在东北设立的唯一的州治。随着北方草原丝绸之路日趋繁荣，中原与西域的往来日趋频繁，营州逐渐发展成为唐王朝在东北地区的政治、军事、经济、文化中心，也是与东北各民族相融合及东北亚文化相交融的枢纽之地。正是由于营州的重要战略地位，唐王朝派遣大批军人和高级官吏到营州，孙则就是其中之一。

迄今为止，朝阳地区发现唐代墓葬近 250 座，这些墓葬基本属于安史之乱之前，也就是从初唐至盛唐时期。这些墓葬中出土大量唐代文物，印证了营州在唐代的历史地位，同时也反映出营州与中原经济文化发展保持着高度的一致。

## 曹植曾训练大宛舞马进献魏文帝

舞马，指会跳舞的马。人们用音乐训练这种马做出有节奏的舞蹈动作，能胜任这种表演的舞马，一般体形健美、聪明伶俐、动作协调性强。

舞马主要来自多产良马的欧亚草原地区。史籍记载，大宛（今中亚费尔干纳盆地）、吐谷浑（位于青海地区）、吐火罗（今阿富汗北部）以及遥远的大秦帝国等地都曾向中原王朝进献舞马。大秦帝国即罗马，也称海西国，因此舞马也被称为“海西天马”。舞马表演有两种形式，一是马匹单独跳舞，二是人骑在马上指挥马舞蹈。

中原地区引进舞马的最早记载，见于曹植《献马表》。三国时期，陈思王曹植曾向魏文帝曹丕进献大宛舞马，并上《献马表》曰：“臣于先武皇帝（曹操）世得大宛紫骍马一匹，形法应图，善持头尾，教令习拜，今辄已能，又能行与鼓节相应，谨以奉献。”经过曹植的训练，这匹大宛舞马不仅能“拜”，而且“行与鼓节相应”，这说明最晚在 3 世纪时中原已有外来舞马了。

南北朝时期，吐谷浑曾频繁向中原王朝进贡舞马。宋、梁相继册封吐谷浑王为河南王等名号，吐谷浑王则将舞马作为礼品，不断进贡到中原来。梁武帝天监四年（505），吐谷浑献舞马，梁武帝命臣子张裕作《舞马赋》，文中说：“河南又献赤龙驹，有奇貌，绝足，能拜善舞。”“既倾首于律同，又蹀足于鼓振。”可见，这些进献的舞马进行了精彩的表演。

唐朝建立安西都护府，促进了西域和中原地区的经济文化交流。随着舞马的引进，舞马艺术也随之传播开来，并在中原地区盛行。

## 《倾杯乐》舞马表演规模盛大

唐代马政日趋发达，特设尚乘局，专门掌管御马的进献、饲养、调教和驾驭等事务。《唐六典》载，尚乘局有“掌闲（指马厩）五千人”“掌分饲六闲之马”。作为御马的一部分，宫廷舞马的训练和管理也形成了一套比较完善的制度。

到唐玄宗时期，舞马活动达到鼎盛。《旧唐书·音乐志》载，玄宗在位多年，经常举办皇家宴会，规模盛大，出席者众多，有百僚、贵戚、诸蕃酋长等。常在天色将晚时，“即内闲厩引蹀马（舞马的别称）三十匹，为《倾杯乐》曲，奋首鼓尾，纵横应节”。

在《新唐书·礼乐志》中也有类似记载：“玄宗又尝以马百匹，盛饰分左右，施三重榻，

# 釉陶舞马俑

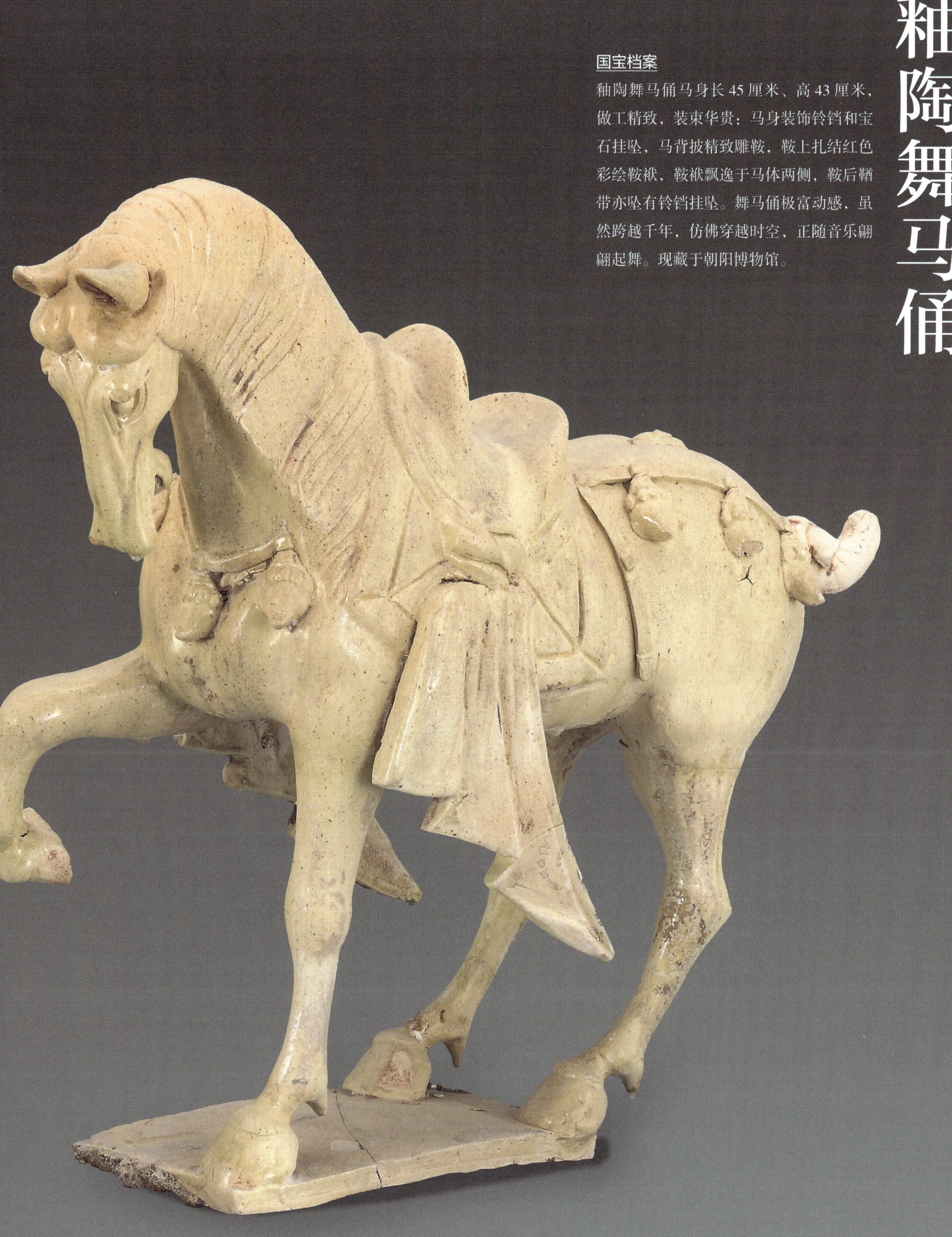

国宝档案

釉陶舞马俑马身长45厘米、高43厘米，做工精致，装束华贵：马身装饰铃铛和宝石挂坠，马背披精致雕鞍，鞍上扎结红色彩绘鞍袱，鞍袱飘逸于马体两侧，鞍后鞧带亦坠有铃铛挂坠。舞马俑极富动感，虽然跨越千年，仿佛穿越时空，正随音乐翩翩起舞。现藏于朝阳博物馆。

舞《倾杯》数十曲……”可见唐玄宗时期舞马阵容相当庞大，常备舞马至少能有上百匹。为了追求艺术美感，舞马上场时，一般要“衣以文绣，络以金铃；饰其鬣间，杂以珠玉”，即身披彩绣，颈悬金铃，用珍珠美玉装饰马鬃，尽显雍容华贵。

这些舞马表演的舞蹈动作比较复杂，舞马乐曲中最流行和知名的就是《倾杯乐》。唐代《明皇杂录》中记载：“其曲谓之《倾杯乐》者数十回，奋首鼓尾，纵横应节。又施三层板床，乘马而上，旋转如飞。或命壮士举一榻，马舞于榻上，乐工数人立左右前后，皆衣淡黄衫，文玉带，必求少年而姿貌美秀者。”

舞马配合《倾杯乐》舞曲，做奋首鼓尾、踏步徘徊、进退侧转等复杂动作，而且是整齐划一，场面十分壮观，此外还可以登高进行特技表演。即设置三层木板，人乘舞马飞身跃上木板，扬鬃跳跃，旋转如飞。另有壮士高举木榻，让马在木榻上腕足膝行、翩翩起舞。就连配合的乐工，都要求是姿貌秀美的少年。

盛大的舞马表演，常常被安排在“千秋节”、宾客宴会等时间节点举行。千秋节，是为庆祝李隆基的生日八月初五而命名，始设于唐玄宗开元十七年（729）。每逢千秋节，全国都要休假三天，在兴庆宫的勤政楼前，举行盛大宴会，接受文武百官、外国使臣等朝贺，这时就要举行百戏和马舞庆典，前后表演三天。曲终之时，舞马还会衔起盛满酒的酒杯，到玄宗面前跪拜祝寿。

▲ 鎏金舞马衔杯纹银壶

壶腹部以模压式在两面模出两匹相互对应的舞马，它们正奋首鼓尾、口中衔杯，向前匐拜，这是《倾杯乐》曲终时，舞马向皇帝行礼献寿的姿态。

1970年，在陕西省西安市何家村出土了200多件唐代金银器，其中有一件“鎏金舞马衔杯纹银壶”，上面的图案正是舞马表演——壶腹部以模压方式，在两面模出两匹相互对应奋首鼓尾、口中衔杯匐拜的舞马形象，这正是《倾杯乐》曲终时舞马向皇帝行礼献寿的姿态。

辽宁省博物馆学术研究部馆员马卉认为，舞马衔杯纹银壶是模仿我国北方游牧民族契丹族使用的皮囊壶制作而成，与朝阳发现的舞马俑属于同一题材。唐初，很多少数民族移居中原，这件文物恰是少数民族文化与中原文化交流和融合的产物。

## 舞马艺术折射唐王朝兴衰

透过朝阳出土的釉陶舞马俑、西安出土的舞马衔杯纹银壶，能看到唐代舞马活动的鼎盛，而伴随唐朝的盛世繁华走向顶峰的舞马艺术，也随着唐王朝的衰落而衰微，成为大唐王朝由盛而衰的一个缩影。

唐玄宗的宰相张说有一首《舞马千秋万岁乐府词》，是舞马诗词中颇有代表性的作品，描写了舞马表演的盛大场面："圣王至德与天齐，天马来仪自海西。腕足齐行拜两膝，繁骄不进蹈千蹄。髤髵奋鬣时蹲踏，鼓怒骧身忽上跻。更有衔杯终宴曲，垂头掉尾醉如泥。"最后一句尤其生动传神，描绘出舞马饮酒后的醉态。

这首乐府词作于开元十八年（730），正值唐朝政局稳定、经济繁荣、文化昌盛之时，张说笔下精彩绝伦的舞马盛会，也成为皇室生活骄奢淫逸的真实写照。唐玄宗后期纵情于声色犬马之中，歌舞升平的盛世背后，隐藏着深深的危机。

天宝十四年（755），安史之乱爆发，唐玄宗仓皇逃离长安，无暇顾及这些舞马。安禄山叛军占领长安后，这些皇家舞马便流落到民间。因安禄山曾在宫中观看舞马表演，十分喜爱，便派人搜寻几十匹舞马养在范阳（今河北涿州）。但不久安禄山被杀，这些舞马辗转落入其部将田承嗣军中，被与普通战马混养在一起。

《明皇杂录》中记载了这些舞马的悲惨命运：一天，军中宴饮奏乐，极具灵性的舞马闻乐起舞，"厮养皆谓其为妖，拥彗以击之"，不懂舞马的士兵误以为是妖孽作怪，挥起扫帚便打，而舞马却以为主人嫌自己舞得不合拍节，愈发舞得起劲。田承嗣不明其故，下令狠加鞭打，这些擅长表演的舞马，最后竟被田承嗣活活打死。

诗人杜甫曾作《斗鸡》诗，深刻讽刺唐玄宗执政后期玩物丧志、骄奢淫逸的生活，首句"斗鸡初赐锦，舞马既登床"，讲述唐玄宗在位期间痴迷斗鸡、酷爱舞马，骄奢的生活引得朝野上下纷纷效仿；末句"寂寞骊山道，清秋草木黄"，则道出马嵬坡兵变后，曾经繁荣的长安城物是人非的悲凉。亲历唐朝由盛而衰的巨变，诗人心中应是感慨万千。此后舞马活动在中原地区渐渐销声匿迹了。

# 叶茂台辽墓绢画：辽宋时期绘画作品的“标准件”

导读

1974年5月，辽宁省法库叶茂台七号辽墓出土了两幅绢画，一幅是《深山会棋图》，一幅是《竹雀双兔图》。这两幅画挂在棺床“小帐”内东、西两侧，虽历经千年却基本保存完整，它们是目前辽宋时期墓葬出土的仅存的挂轴绘画文物，珍罕性让这两幅画成为“标准件”——具有对其他辽宋绘画作品对照、辨别功能，为研究辽宋时期的绘画、装裱、悬挂方式等提供了第一手资料。

## 契丹女贵族墓中发现古画

1974年，辽宁省考古工作者在法库叶茂台辽墓群发掘了一座契丹贵族妇女墓葬。墓葬由一个主室、一个前室和两个耳室构成。主室安置一木构“小帐”式棺室，内横置石棺。令人惊奇的是，棺室内东西板壁上挂有两幅绢画，且绢画基本保存完整。

这两幅画的面世，迅速引发热议。著名书画鉴赏家杨仁恺先生在《叶茂台辽墓出土古画的时代及其它》文稿中描述：“据我们所知，在历年发掘的许多辽墓中，出土卷轴画，这是第一次。而且，特殊之处在于它并不像一般的墓葬那样以画卷原封随葬，而是展开悬挂在墓内的……这种方式是前所未见的。”西面出土的为花鸟画，被定名为《竹雀双兔图》；东面为山水画，定名为《深山会棋图》。

东面山水画为青绿设色，上部绘峭峰陡起，白云掩映其间；中部松林楼阁前有两人对坐下棋，右侧有一童仆；山下有一宽袍大袖、头着高冠者策杖而行，后面跟着两个童仆，一人背琴囊，一人背酒葫芦。

再看西面的花鸟画，上部画三根双钩竹子，上各立一雀。下部画两只兔子在吃草。竹丛下生长的三朵野花，左为蒲公英，中为地黄，右为白头翁。此外，满地画了零星的车前子和杂草，中间三株植物画得鲜艳肥大，令人瞩目。

这两幅珍贵的画作均无作者名款，也没有题识和收藏印记。学者徐英章曾在一篇文章中解释说，其一，是北宋初期以前的绘画作品一般都不署名；其二，是两幅古画未经流传收藏所致。

由于并未出土相关的墓志，这座被定名为叶茂台七号辽墓的墓主人具体身份充满神秘色彩。考古工作者对墓主人颅骨进行测量、分析，得出结论：墓主人为妇女，年龄在45岁至65岁之间；墓主人可能有一定残疾。

墓主人的社会地位非常尊贵，从随葬有贵

# 叶茂台辽墓绢画

国宝档案

法库叶茂台七号辽墓出土，共两幅。左为《深山会棋图》，下页为《竹雀双兔图》，现藏于辽宁省博物馆。研究认为，这两幅画的创作时间不晚于辽代中期。它们是目前我国仅有的从辽宋墓葬中出土的完整的绘画作品，对其他辽宋时期绘画作品有对照、辨别作用，被誉为“标准件”。

三根竹子
立着三只雀
三朵野花，
左为蒲公英，
中为地黄，
右为白头翁
两只兔子
车前子

重物品来看，她或与皇室有一定关系。考古学者李宇峰撰写《辽宁法库叶茂台七号辽墓的年代及墓主身份》，文中提出，此墓主人可能是辽朝皇室公主。一方面，法库叶茂台墓地为辽朝皇后一族萧氏家族墓地，墓主大多是萧氏；另一方面，墓中出土的棺床小帐与高翅帽也是公主享用的制式。

## 两幅画作被定为“标准件”

毫无疑问，考古人员能够判定叶茂台七号辽墓出土的两幅绢画为辽代古画。

辽宁省博物馆副馆长董宝厚说，这两幅画作是辽宋时期墓葬出土的孤品，可以被认作该时代画作的“标准件”，成为中国书画研究、鉴定的重要参照物。这种珍稀程度主要是由于中国古代书画研究的困境造成的。在书画鉴定过程中，即使是经历无数藏家认定，所藏书画也很可能是赝品。传世作品的鉴定十分困难，收藏者的学识和认知都可能影响对作品的认定，还有历代收藏者的变换，都可能造成信息湮灭，使画作真伪极难判断，这就凸显了书画作品“标准件”的重要性。一件毫无瑕疵、无争议的书画作品，能够大大拓展中国书画研究的边界。

因时间间隔近，存世量大，明清时期书画鉴定相对容易，最难判定的是唐宋时期画作，偏偏这两个时期在中国绘画史上尤为重要：唐代的人物画日臻成熟，五代到宋初是山水画、花鸟画的转变期和成熟期，这两个朝代奠定了中国书画发展的审美理念，但恰恰唐宋时期的存世作品极少，很难找到可参照的“标准件”。

杨仁恺认为，我国山水画创作的相对年代有可能在940年到968年。花鸟画的相对年代可能稍晚，但下限也不晚于979年左右。这个时间段相当于辽代中期以前。

对于叶茂台七号辽墓的断代，目前学界有两种观点。首先是以考古报告为代表的，根据墓葬形制、出土器物进行判断，认为此墓年代应为辽代早期，墓葬的大致年限在959年至986年。其次是以著名历史学家、文物考古学家曹汛先生撰写的《叶茂台辽墓中的棺床小帐》为代表，从墓中带有浓郁的道教色彩装饰品、陪葬品来判定此墓为辽代中期所建。

董宝厚说，这两幅画的重要性就在于我们知道它产生的大约时间段，尤其是下限时间，目前主流观点认为是辽代中期以前。在画作的诞生时间早于下葬时间的前提下，画作时间还可以继续前推。这是其他传世作品所不具备的，很多专家在传世画作上的判断可能产生分歧，但考古出土的画作不会。从唐宋至今的千余年时间，有无数的画作消失在古墓中，但有了《深山会棋图》《竹雀双兔图》，便能一窥辽宋时期绘画作品的真实样貌，更能为其他辽宋时期的画作做出参照对比。

## 呈现中国美术史发展中的真实过程

这两幅珍稀画作出土已50年，随着研究的深入，形成了各种判断和猜想。

关于这两幅画作的主题，学者们进行了深入研究。杨仁恺、徐英章等学者认为《深山会棋图》是“山林隐逸的情趣”。而李清泉等学者则提出了不同的观点——这两幅卷轴画寄托了墓主人的家人希望她能够跟随画中的主角进入仙境。墓穴的结构则象征着她已经完成生命的转化，成为接受子孙祭祀的对象。

徐英章认为花鸟画是辽画中的常见题材，辽墓壁画内容与《竹雀双兔图》相比较，在构图、画风、设色及所描绘的自然景物方面有很多共同之处。据史料记载，已知的辽代著名画家近 20 人，名不见经传的画师更不会少。由此可见，此画的作者应是契丹画家。

也有学者从两幅画的主题呼应入手，《竹雀双兔图》中出现的植物有蒲公英、地黄和白头翁，以三种不同的草药入画，也是传世同时期作品中所未见的。画作中的三种草药占据画面最核心位置，这也许与墓主人死于疾病有关。如果《深山会棋图》寄托了墓主人的升仙愿望，那么《竹雀双兔图》可能表达了“去病”的主题。

关于两幅画作的艺术和学术价值，日本著名学者小川裕充在《五代・北宋绘画的透视远近法——中国传统绘画的规范》一文中作了阐述。他评价《深山会棋图》，认为画家准确地理解了当时以树高的比例表现空间深度这一山水画手法，同时采用了色彩远近法。“可以说，《深山会棋图》运用了这个时期中国山水画的造型手法中除最为困难的阳光表现以外的透视远近法和一水两岸法等几乎所有的方法。”

董宝厚认为，虽然这两幅画不是同时代的顶级作品，但在学术价值上确是不可替代的。一是辽宋画传世的不多，传世的真品更少，这两幅辽画的发现，为研究辽宋时期的绘画艺术提供了实证。

二是两幅画呈现中国美术史发展中的真实过程。《深山会棋图》是山水画，就在这幅山水画创作时间的前后，中国绘画经历了巨大的变化和转型，山水画和花鸟画相继成熟起来，渐渐占据画坛主角位置，那么逐渐走向成熟期需要经历哪些变化和探索？通过这两幅画的画面细节分析，我们可以看到日臻成熟的作品，找到学术史的“标准件”。

三是终于见到原装原裱的古画。据文献记载，书画装裱出现的时间很早，但传世作品多已历经重新装裱。北宋以前画作的原装至今已很难见到。尽管这两幅古画装裱简单，画心两侧既不套边，也不镶裱，仅画心上下接天头地脚，可能属于当时流行的一种简装，但对研究古画装裱的形制与演进，却提供了第一手的实物例证，十分宝贵。

这两幅画的出土，为中国书画研究开拓了新的边界，提供了重要的一手资料，提出了新的问题。董宝厚说，有一些问题现在还没办法得出准确的和公认的结论，但是如果我们把这些问题与其他问题放在一起，会引发更为深入的探索。我们会对美术史有更深刻的认识。

## 用“标准件”寻找历史真实

简单理解，文物“标准件”就是指那些有准确信息的、能为其他文物做参照、从而对其他文物进行鉴定的文物。有研究者指出，建立相同题材标准件数据库，形成“标准件群”，可以对相应文物进行快速鉴定，尤其在文物的断代问题上，简便、快捷。

学习、研究和鉴定中国古代书画有一种基本方法，叫比较分析法。这种方法的核心理论是掌握大量历代书画家的“标准件”，再对画面进行相同题材的切片式对比，得到时代和画家的共性及独特性，从而对书画进行鉴定。

叶茂台出土的两幅辽代古画《深山会棋图》《竹雀双兔图》之所以被定义为国宝，恰是因为其具有时间和空间的唯一性。这两幅古画是辽宋时期墓葬中出土的画作孤品，因为其年代相对确定，又是辽墓中的原件，所以，它们是鉴定辽宋时期绘画的“标准件”。有了它们，我们能够了解这一时期画作的绘制、颜料的选取和画作的风格特征，甚至装裱方式等历史信息，而这些能用来判断从唐到宋时期绘画艺术的发展状况，能用来鉴定其他的辽宋绘画作品。

在考古过程中，研究人员经常以出土的文物作为证据，同文字、书画作品相印证，增加历史上某件事、某物的确定性。著名学者王国维提出二重证据法，即是将考古得到的地下实物与古书记载相结合，两者互相佐证，能得出比较确定的结论。

当然，“标准件”不只是书画作品，还可能是其他有确定年代可考的文物。在诸多不确定性中寻找确定性，是文博学者、考古学者和文化史研究者的工作内容，在时间的长河中他们向前回溯，依靠《深山会棋图》《竹雀双兔图》等各种“标准件”，寻找历史的真实面目。

国宝就是中华文明史中那些确定的“标准件”，它们蕴含的历史价值、文化价值使其在每个确定的时间和空间点上有着独一无二的参照物作用。有了它们，我们能够知其从何而来，知其如何发展……

# 耶律仁先墓志：破解契丹文字的珍稀“密码本”

导读

辽代皇族耶律仁先家族墓地位于朝阳北票市小塔子乡莲花山，如今墓垣遗迹犹在。这里出土的耶律仁先墓志志石与志盖上分别刻着汉文和契丹小字（辽朝官方文字），讲述耶律仁先的生平往事，部分事迹反映了辽代的重大历史事件，弥补了史料记载不详的缺憾。尤其墓志中有契丹小字 5000 余个，对研究契丹文有重要价值。

## 墓志盖内侧发现 5000 余个契丹小字

金庸小说《天龙八部》中，塑造了一位光彩照人的英雄——大侠萧峰。辽宁省文物考古研究院研究员冯永谦先生主持发掘耶律仁先墓时，对《辽史》、耶律仁先墓志及金庸《天龙八部》中的相关章节进行了比对，认为萧峰这个角色中确实有耶律仁先的影子。

史料记载，耶律仁先（1013—1072）是辽代皇族，辽代中后期辽兴宗、辽道宗两朝的名臣。他精通兵法，功勋卓著，被尊为大辽国“尚父”“于越”。

“尚父”是皇帝尊礼大臣的称谓；“于越”是辽朝的最高官名。从这两个词可以看出耶律仁先的尊贵地位。

耶律仁先家族墓地位于朝阳北票市小塔子乡莲花山，历史上曾被多次盗挖。1983 年 5 月，辽宁省考古队对其进行抢救性发掘，共探出 14 座墓葬。耶律仁先墓中出土了既有契丹文又有汉文，且契丹小字最多的墓志。

冯永谦说，耶律仁先家族墓园规模庞大，墓园后部分半山处为墓葬，前部分为建筑基址，这对辽代墓园制度与建筑布局等研究是极为重要的资料。此外，在墓葬排列顺序方面也有新发现。辽代墓葬礼仪制度受汉文化影响，一般长辈的墓在后边并处于高位，但耶律仁先之子耶律庆嗣的墓在耶律仁先墓的右后方且在山坡上的较高处，这种排列方式，在以往发掘的辽墓中没有见到，对辽代墓葬的研究是十分珍贵的材料。

“耶律仁先墓有明显的被盗痕迹，所剩遗物很少，且较残碎。墓中原随葬物之多之贵重，属于厚葬。这一点与《辽史・耶律仁先传》记载的‘遗命家人薄葬’不相符，”冯永谦说，“但最重要的是，墓中出土了耶律仁先墓志。”

冯永谦回忆，耶律仁先墓志处于墓室的前部。当时，他用手电筒当光源，看到墓志盖上刻有汉字“大辽国尚父于越宋王墓志铭”，证明墓主人为耶律仁先。

辽宁大学历史学部研究员齐伟说，辽代的墓志有重要的史料价值。“更为可贵的是，在墓志盖的下面刻有契丹小字墓志铭，多达5000多字，这是迄今为止发现辽代契丹小字最多的墓志。志文中出现许多新的原字，非常难得，对推动契丹文研究起到重要作用。”齐伟解释说，《辽史》是元代人编纂的，粗疏简陋，许多重大史实语焉不详。而辽代石刻的整理和研究一直都是史学界关注的重点。

齐伟说：“耶律仁先墓志汉字篇清晰地记载了耶律仁先一生的主要事迹，同时也反映了发生在辽兴宗和辽道宗统治时期的一些重大历史事件，可与《辽史》相印证。”

## 维护辽朝边疆稳定的名臣

耶律仁先出身皇族，19岁入仕。在朝40多年时间里，他6次为将，5次封王，深受辽朝皇帝器重。辽兴宗曾赞曰：“唐有大亮（即唐朝大将李大亮），我有仁先，古今二人，彼此一时。”

据墓志记载，兴宗曾派耶律仁先为主帅，统兵迎战5个部落。耶律仁先以守为攻，巩固了边疆的安全。此外，墓志中还记载了当时辽燕京属县香河县民李宜儿迷惑百姓、自己称帝反抗朝廷之事。耶律仁先奉兴宗之命平息了叛乱，兴宗赐诗：“自古贤臣耳所闻，今来良佐眼亲见。”这事与《辽史》记载相符合，证明了耶律仁先对维护国家稳定作出了贡献。

辽道宗咸雍五年（1069），草原部落阻卜又一次叛乱。道宗皇帝命耶律仁先为西北路招讨使讨伐。耶律仁先墓志汉文篇记载：“命王（即耶律仁先）为西北路招讨使往讨之，斩首万余级，俘其酋长图没里、同瓦等。”这段记载与《辽史》记载相互呼应。《辽史·耶律仁先传》中还提到耶律仁先骁勇善战，采取剿抚并用措施，“仁先逆袭，追杀八十余里”，使辽代西北地区得到稳定。

齐伟说：“在平定内乱问题上，耶律仁先可谓有勇有谋。”一个典型例子发生在辽道宗时期。辽道宗清宁九年（1063）七月十九日，道宗前往太子山秋猎，皇叔耶律重元父子趁机起兵谋反，在滦河围攻道宗行宫，史称“滦河之变”。据相关史料记载，叛乱初起，道宗束手无策，一度想要逃离。耶律仁先等大臣说服道宗做好迎敌准备，急速组织平叛力量。他一边组织抵御，一边派人向外求援。他与南、北院大臣同心协力，率宿卫士卒数千人御敌，射杀了耶律重元之子涅鲁古，乱了叛军阵脚。然后召集距离行宫最近的萧塔剌率军应援……在君臣合力反击下，叛乱以耶律重元自杀而宣告结束。因平定叛乱有功，耶律仁先被道宗尊称“尚父”，晋封“宋王”，并获得北院枢密使职位。

值得一提的是，耶律仁先在兴宗时期曾赴宋朝谈判。墓志写道：“重熙十一年（1042）大兵南举，宋国遣奏乞固旧好，命王（耶律仁先）使之。故太尉刘宋公为之副。”说的是辽兴宗以强兵压境，命耶律仁先和辽代著名汉人、翰林学士刘六符出使宋朝。通过谈判，所

# 耶律仁先墓志

国宝档案

墓志的志石与志盖为砂岩材质，正方形。盖中央阴刻汉字楷书“大辽国尚父于越宋王墓志铭”，四坡面阴刻十二生肖神像，四角阴刻牡丹花枝。志盖内侧刻契丹小字，全文5000余字。志石正面书刻汉字，楷书，37行，共1400多字。契丹小字与汉文志文不是对译，而是各自独立成章，是研究契丹小字的重要史料。现藏于辽宁省博物馆。

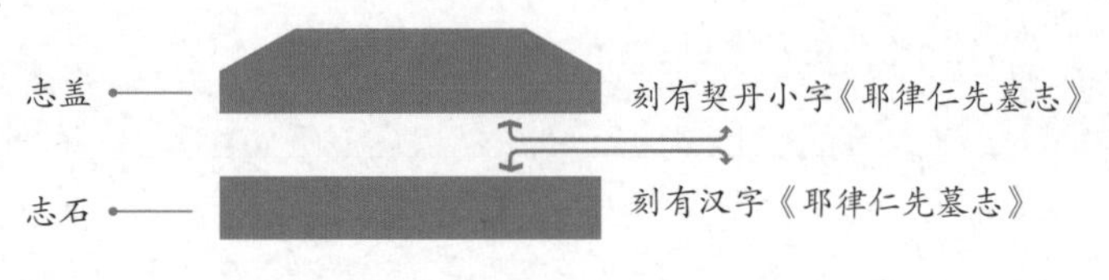


▲ 耶律仁先墓志示意图

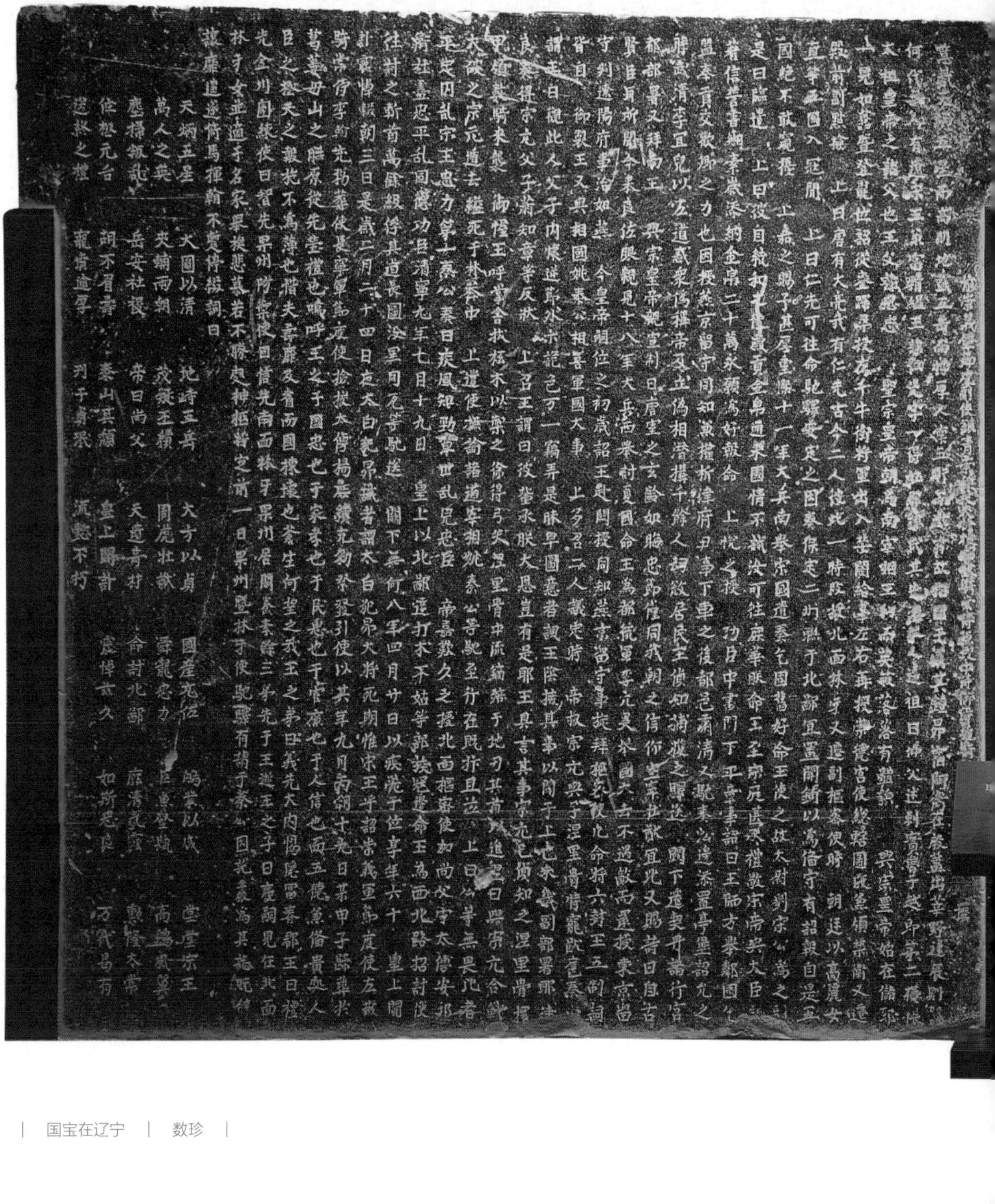

牡丹花枝图案
兔首生肖图案
龙首生肖图案
大遼國
尚父于
越宋王
墓誌銘

争议的"十县之地"仍归宋所有，宋在"澶渊之盟"的基础上向辽"年增绢一十万匹，银一十万两"。此后，宋辽再没有发生过大的冲突，直至辽国灭亡。

### 重要且独特的契丹文字研究史料

出土的契丹文墓志中，耶律仁先墓志以刻有5000余个契丹小字成为迄今为止发现契丹小字最多的墓志，也成为契丹文研究的重要史料。契丹文专家、内蒙古大学蒙古学学院院长、教授吴英喆认为，耶律仁先墓志是当之无愧的国宝，有很高的历史价值、文献价值、社会价值。

据吴英喆介绍，契丹语属于阿尔泰语系，包括契丹大字和契丹小字，是辽朝官方使用的文字。据《辽史》记载，920年，辽太祖耶律阿保机创制契丹大字，随后太祖之弟耶律迭剌创制了更容易学习的契丹小字。契丹字从创立之初沿用到金朝，直至金章宗明昌二年（1191），金帝明令废止契丹文字。依据目前研究结果，从字形上，契丹文字脱胎于汉字，是以汉字的笔画形体为基础，通过增损笔画创制的文字，是表音文字。

"耶律仁先是辽代赫赫有名的重臣，参与了很多重要的历史事件，5000余个契丹小字墓志铭本身就反映了其地位之高。其字数之多远超皇帝、皇后的墓志铭，规格上是否合规，又为何如此之多，也是一个值得探讨的问题，"吴英喆说，"同时，墓志起源于汉文化，耶律仁先墓志本身就是民族融合的证明。"

吴英喆说："目前已知的契丹小字有5万个左右，耶律仁先墓志上就有5000多个小字。字数多，里面的新字形就会多，新组合字也会比其他墓志多，这种独特性具有重大价值。"吴英喆也指出，目前契丹小字研究还处于起步阶段，伴随未来更多的相关史料的发现，我们也有可能辨识出契丹文，读懂曾经的历史。

### 契丹小字研究还处于起步阶段

手记
SHOUJI

契丹文研究目前处于什么水平？

围绕契丹文字研究，我们特别采访了内蒙古大学蒙古学学院院长、教授、契丹文字专家吴英喆。自1996年硕士研究生阶段，吴英喆就开始了契丹小字的研究。在他看来，这是一门严谨的社会科学，也是一次对话历史的时间旅行。

"契丹文是属于社会科学领域，同时'跨界'历史学、文献学、语言学、汉语音韵学，"吴英喆说，"从研究方法论来说，我们以演绎推论法开展相关研究，这是科学研究的最根本、最基础的一个方法。例如一个契丹字，我们先提出假设，然后放在具体的客观语境里，去检验，去进一步论证。全部对了，那么这个观点是对的；如果 80% 对了，我要对早期的假设进行修改，不断调整；如果错了，那就需要重新假设，重新检验，重新定义，重新定论。这一切都需要研究者不停地去努力。作为一门学科，契丹文的解读也在一代代人的研究中不断充实并发展着。”

古文字犹如天书，契丹小字研究更像是一场接力赛。2022 年 6 月 21 日是契丹文字出土 100 周年纪念日。中国社会科学院民族学与人类学研究所研究员刘凤翥回顾了我国契丹文研究历史。他介绍说，20 世纪 30 年代，专家已经用比较法解读出一批契丹小字，此后契丹文研究一直延续，有许多新字被解读出来，并不断补正《辽史》。特别值得一提的是，1975 年 9 月，“契丹文字研究小组”成立，1985 年，专著《契丹小字研究》出版，把契丹文字的解读水平提高到一个新阶段。

吴英喆承认，目前契丹小字研究处于初级阶段。他回忆说，自己是一个幸运的选手，可以接过契丹文研究前辈的接力棒。刚开始学习时，契丹文专家陈乃雄先生给他整整讲了一年时间的《契丹小字研究》，他受益匪浅。在学术交流上，他也获得了清格尔泰、刘凤翥等导师的帮助。

从事了近 30 年的契丹文研究工作，如今，吴英喆正带领年轻的契丹小字研究者们继续着这份研究事业。吴英喆认为，今天我们解读古文字更像是一场计时赛，考验着研究者的综合能力。目前，吴英喆团队通过建立契丹小字相关数据库以提升字母组合规律研究工作。同时，团队也在尝试建立一个研究系统，包括字音、字形、大字小字对应关系以及词源研究等几个方面，希望能探寻契丹小字的语音语法规律，尽早实现契丹小字字母的完全解读。他说：“语言研究的内核是人文，契丹文是我们北方土地上最接地气的文字文化，是我们了解历史、了解这片土地最直接的方式。通过文字我们可以与 1000 年前的古人‘对话’，可以非常清晰地知道过去是什么样，发生过什么事情。对于我们来说，只有更加懂得我们中华民族的历史，才能更热爱这片土地。”

# 漆木双陆棋：唯一完整出土的辽代双陆棋实物

导读

双陆棋曾经是我国古代风行的一种博戏，史料中对其多有记载。著名历史人物如曹植、武则天、狄仁杰等都深谙这种游戏。明清以后，这种棋戏渐渐消亡。20世纪70年代，法库叶茂台七号辽墓出土了一副漆木双陆棋，这是我国辽代博戏实物的首次出土，也是唯一完整的辽代双陆棋实物。透过它，人们仿佛看到了契丹贵族正在进行的一场搏杀……

## 父子守护古墓九昼夜

辽宁省法库县叶茂台辽墓群是一处非常重要的萧氏后族墓地，1953年首次发现第一处墓葬时，由于种种原因并未引起有关部门的注意。20年后，此地又发现多处同期墓葬，特别是1974年春发现的七号墓，墓室和遗物都保存完好，出土了棺床小帐、绢画、陶瓷器、漆器和大量丝织品。尤其是漆木双陆棋让人们第一次看到辽代双陆博具实物。就墓葬的完整性、文物的重要性而言，这一墓葬在辽墓发现中首屈一指，在国内引起很大震动，同时也引起国外专家学者的关注。

# 漆木双陆棋

譜雙卷第一
北雙陸盤
盤馬制度
譜雙 一

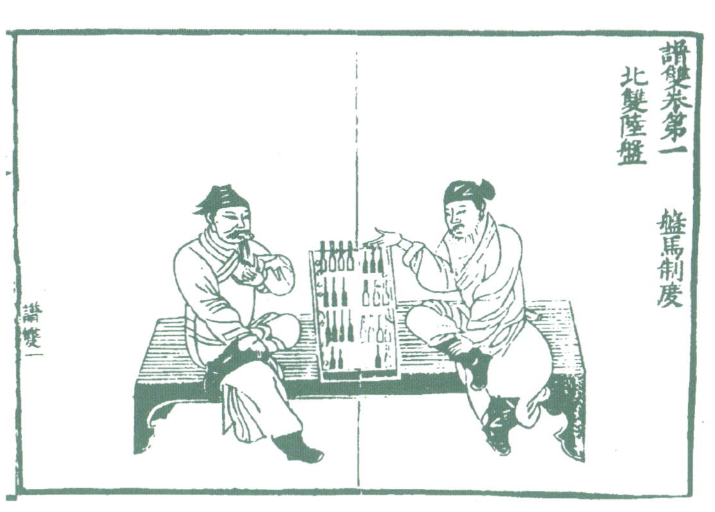

▲《谱双》中描绘的搏杀双陆场景

国宝档案

这是我国出土的唯一完整的辽代双陆棋实物。“双陆”是我国古代盛行的一种博戏，深得贵族喜爱。棋盘为长方形，长52.8厘米，宽25.4厘米，涂黑漆。棋子呈锤形，尖顶平底，中有束腰，分黑、白两色，各15枚，出土时每粒棋子都用黄罗包裹。法库叶茂台七号辽墓出土，现藏于辽宁省博物馆。

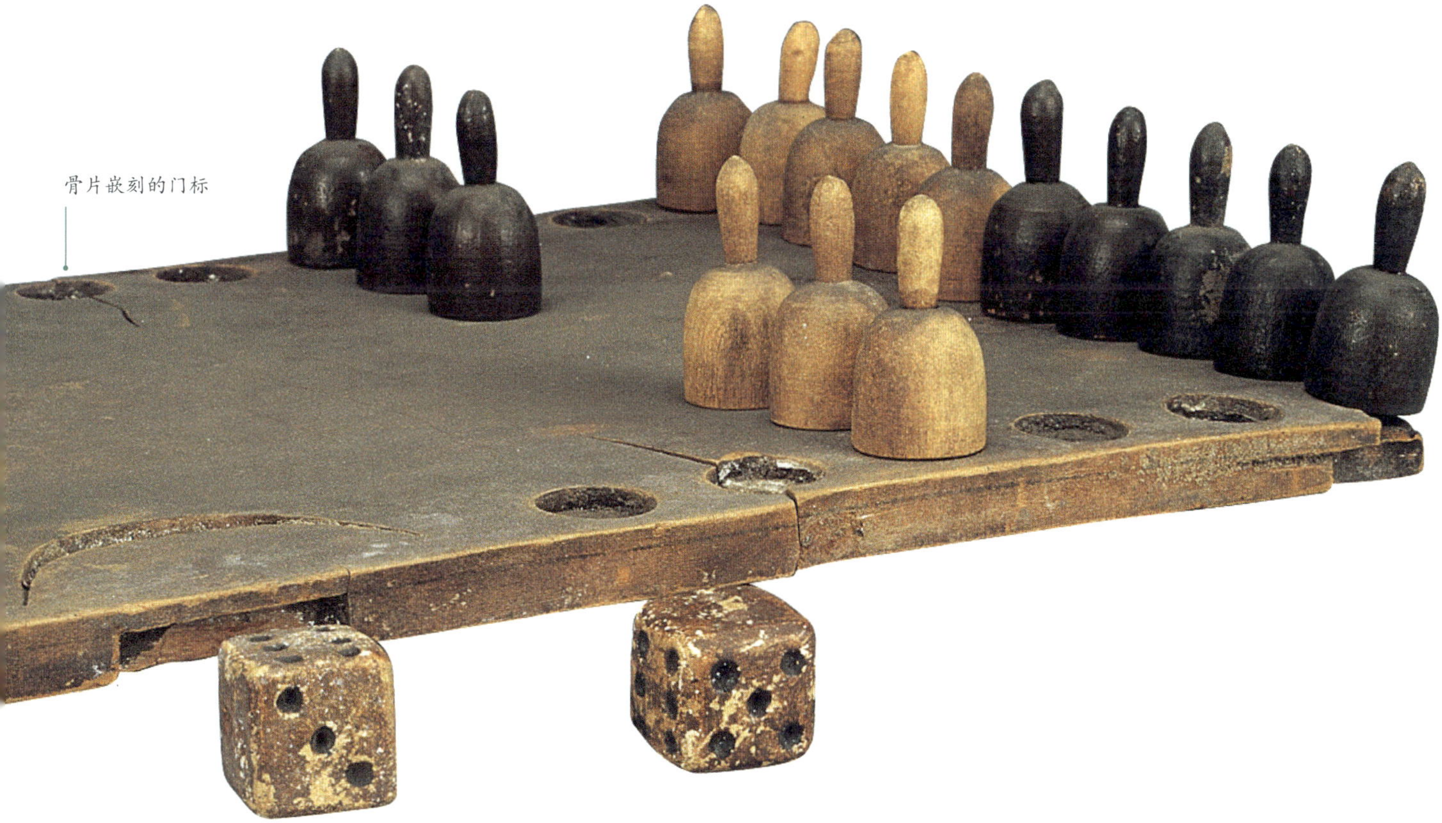
棋子尖顶平底，高4.6厘米，底径2.5厘米，黑、白各15枚
骨片嵌刻的门标

辽宁大学教授王秋华当年参加了叶茂台七号墓的考古发掘，出版了《惊世叶茂台》一书，记录1974年春的考古发掘及文物保护经历。书中，王秋华将文物保护工作的第一枚“奖牌”颁给了叶茂台村农民赵文山、赵鹏权父子。

1974年4月13日，叶茂台村居民赵鹏权和他父亲赵文山及郑国双三人，去西山拉石头。他们路过西山南坡时，无意间看到地面土里有大青砖，随便向下挖两锹，发现仍有青砖，砖上还涂有红色和白色。赵鹏权意识到这可能是一处古代历史遗迹。三人商议，由赵文山在现场看守，赵鹏权和郑国双回村里向上级汇报。

叶茂台新发现辽墓的消息经过文化部门层层报告到省和国家文物部门。从4月13日古墓被发现开始，赵文山、赵鹏权父子便日夜守护在那里。

东北4月的天气，乍暖还寒。七号墓位于村北山岗的南坡，白天太阳光足还可以，但遇到阴天下雨则实在难熬。墓葬所在的坡地周围是农田，没有一棵树可以遮风挡雨。到了晚上就更加难熬了，夜深人静，北风呼啸，气温降到0℃以下，父子二人穿棉衣仍冻得直哆嗦。为了御寒，二人只好在墓地周围绕着圈疾走，走累了就稍微歇一会儿，然后接着走。为了防止有人强行盗墓，他们还带上了猎枪，丝毫不敢放松警惕。吃饭时，父子二人换班，确保有人值守。

守护环境艰苦只是赵文山、赵鹏权父子面临困难的一方面。发现墓地的消息传开后，村里人见父子二人精心看护墓地，闲言碎语多了起来。有的说爷俩是图名，有的说是图利，还有“好心人”出主意，让他们自己先挖。

令王秋华等文物保护工作者至今仍然感动不已的是，这对朴实的农村父子，不怕苦不怕累，也没有听那些“劝告”，毅然毫无怨言地看守着古墓，一直坚守了9个日夜，直到考古工作者正式发掘。王秋华说：“赵文山、赵鹏权父子的功劳应该永远被人们记住！”

## 辽代贵族痴迷玩双陆棋

王秋华记得很清楚，出土辽代双陆棋的七号墓是在1974年5月4日开启墓门的。听到“开始”指令，王秋华小心翼翼地将封门砖撬起，一块块取出，身后摄影师手中的摄像机发出哗哗的声响，记录下这个历史的瞬间。

叶茂台七号墓墓顶距地表深约半米，墓门方向南偏东15度。墓室长7米，宽5.6米，由一个主室、一个前室和两个耳室构成。各室都是方形，有高券顶，各室之间有券门相通。全墓平面呈“古”字形。

经过精心清理发掘，墓中出土了300余件极为华贵的随葬品。有精美的石雕棺、别致的木制棺床小帐、罕见的绢画、精湛的纺织品和多种陶瓷器等，特别引人注意的是一副漆木双陆棋。

双陆棋是在主室内被发现的。考古人员在主室棺床小帐西侧发现一张木椅，椅面原为索条状物编绷而成，出土时已朽烂，上面摆着一副漆木双陆棋，棋盘上散乱地堆放着30枚棋子。还有一件漆盆，盆内放有 2 粒角质骰子。

这副双陆棋盘为长方形，长 52.8 厘米，宽 25.4 厘米，涂黑漆，但已经磨蚀露木。相对的两个长边各雕有 12 个圆形凹坑，两个长边中间各以骨片嵌刻出一个新月形的门标。门标两侧各嵌刻出 6 个圆形梁标。棋子锤形，尖顶平底，中有束腰，高 4.6 厘米，底径 2.5 厘米，黑、白各 15 枚，出土时每粒棋子都用黄罗包裹。

根据墓葬结构以及随葬品中有绘金龙的绛丝等贵重物品，人们推断墓主人是一名契丹贵族妇女，可能与辽代的皇室有一定关系，可惜的是墓中没有发现墓志，无法更为准确地认定主人的身份。当年中国医科大学法医专业老师对人骨进行初步测量和鉴定，确认墓主人是一位老年妇女。

后来，辽宁省博物馆学术研究部研究馆员么乃亮和同事一起就墓中出土的人类颅骨进行专题研究。研究结果表明，墓主人年龄为 55 岁左右，上下不差 10 岁的女性，其颅面型特征与叶茂台地区其他萧氏贵族的颅骨标本较为一致。

研究还发现，墓主人患有颞下颌关节脱位和寰枕关节退行性病变，结合墓中出土的马具和壁画中的骑猎图，他们分析这种疾病与墓主人的马背岁月有关系。

古墓中的随葬品一般分为两大类，一类是墓主人生前使用的物品；另一类是明器，即专门的陪葬器物。七号墓中出土的辽代漆木双陆棋应当属于前者。

《辽史》中有许多关于辽代皇帝、皇后以及大臣们“博双陆”的记述。如辽圣宗耶律隆绪统和六年（988）“九月，皇太后幸韩德让帐，厚加赏赉，命从臣分朋双陆，以尽欢”。而辽兴宗耶律宗真则满足于“升平天子”的生活，荒怠于政，更是迷恋于双陆游戏，常与皇太弟耶律重元玩双陆，并拿城邑居民作赌注。有一次“又因双陆，赌以居民城邑。帝屡不竞，前后已偿数城”。从中可见贵族阶级对这种游戏的迷恋和辽兴宗的昏庸。

到了辽道宗末年，玩双陆棋的风气仍盛行不衰。《辽史》记载：“女真大酋阿骨打来朝，以悟室自随。辽之贵人与为双陆戏，贵人投琼不胜，妄行马。阿骨打愤甚，拔小佩刀欲刺之。悟室从旁救止，急以手握鞘。阿骨打止得柄，揕其胸不死。”说的是，女真首领完颜阿骨打来辽朝，“辽贵人”与之玩双陆棋。不想，“辽贵人”耍赖，完颜阿骨打气得拔刀刺他，幸好随从悟室用力握住了刀鞘，阿骨打只拿到了刀柄，扎了辽贵人一下。这场棋局差点闹出人命，可见双陆棋在辽代的风行程度。

七号辽墓主人在辽代属上层人物，随葬双陆棋与主人身份相吻合，这也是当时上层社会真实生活情景的写照。

## 双陆棋的来历争议很大

对于双陆棋，辽宁省多位学者从其起源角度进行过探讨，目前大体上有两种说法，一种认为双陆就是“六博”。这种说法在历史上就有，以东晋时期的张湛为代表。

《列子》中有“虞氏者，梁之富人也。家充殷盛，钱帛无量，财货无訾。登高楼，临大路，设乐陈酒，击博楼上”的记载。东晋的玄学家张湛在为其中的“击博”作注时，这样解释：“‘击博’即‘击打也’，如今双陆棋也。”并引《古博经》中“六博”的具体博法，认为双陆棋就是战国时期的“六博”。到了明代，周祈编撰的《名义考》中，更加明确地指出双陆即是“六博”，提出：“双陆，古谓之十二棋，又谓之六博。”

如果双陆就是六博，那么其历史可以追溯到夏代，是我国最早的赌博游戏。根据《世本》记载，乌曹是夏桀时期的一位官员，他发明的“六博”最初是一种“掷六箸为棋局、十二字相吃杀”的游戏，因此有“乌曹作博”的说法。

六博作为一种赌博游戏，自其产生起就吸引了很多人，也产生了很严重的社会危害。《史记》中，司马迁直言不讳地写道：“博戏，恶业也。”六博到汉末逐渐衰落，西晋以后便为双陆等博戏所取代。

另一种说法认为双陆棋来自古代印度，这种说法历史也有。北宋初年的文学家晏殊在他编撰的《类要》一书中记载，双陆“始自天竺，即《涅槃经》之波罗塞戏。三国魏黄初间流入中国”。这里的“黄初”是三国时期魏文帝曹丕的年号。

到了南宋初期，洪遵在他撰写的记录双陆棋的专著《谱双》中，进一步肯定了这种说法：“双陆出天竺，名为波罗塞戏，然则外国有此戏久矣，其流入中州，则曹植始之也……流于曹魏，盛于梁、陈、魏、齐、隋、唐之间。”也就是说，洪遵考证双陆来源于古印度，最早是由三国时期的文学家曹植引进来的。

至于双陆棋的游戏方式，唐代张读在其所编撰的传奇小说集中，通过梦境进行了生动描述：“东都陶化里有空宅……夜深欹枕，乃见道士与僧徒各十五人从堂中出，形容长短皆相似，排作六行，威仪容止……良久，别有二物辗转于地，每一物各有二十一眼，内四眼剡剡如火色，相驰逐，而目光旋转……遂皆不见。明日搜寻之，于壁角中得一败囊，中有长行，子三十个并骰子一双耳。”这里所说的“长行”就是双陆，僧道各 15 人是指黑、白子各 15 个，“别有二物”指的是骰子 2 枚。

## 狄仁杰善用双陆棋

现在，人们对双陆棋已经非常陌生，好在洪遵编著的《谱双》中较详细地记载了这种博戏的规则。

根据记载，笔者制作了一副简易的双陆棋并邀请一位理学博士进行测试，结果发现，表面看双陆棋是靠掷骰子的点数决定棋子的进度，进而影响胜负，有靠运气定输赢的成分，但是棋局因有吃子搏杀等因素存在，理学博士严密的棋子排列方式和对骰子掷数概率的相对准确的研判，使其轻松地在多场对局中占据明显优势。这一现象，也为唐代政治家狄仁杰熟练驾驭双陆棋的故事提供了实证。

唐代文学家李肇编著的《唐国史补》记载："武后曾问狄仁杰曰：'朕昨夜梦与双陆，频不见胜，何也？'对曰：'双陆输者，盖谓宫中无子也，上天之意，假此以示陛下，安可久虚储位哉？'"这段记载是武则天因梦玩双陆，向狄仁杰问询原因。狄仁杰借圆梦为题，进谏武则天早立皇嗣。当时情况是，唐高宗李治死后儿子唐中宗李显继位。嗣圣元年（684）初，武则天废中宗李显，贬为庐陵王。立幼子睿宗李旦为帝，作为傀儡。随后，武则天临朝称制，宫中储位空悬。狄仁杰在武则天当政时，不畏权势，冒死忠谏，这便是一例。

此外，关于狄仁杰玩双陆水平高这件事，在唐代光州刺史薛用弱编著的《集异记》中有极为生动而详细的记载："则天时，南海郡献集翠裘，珍丽异常。张昌宗侍侧，因以赐之。遂命披裘供奉双陆。宰相梁公狄仁杰时入奏事，则天令昇座。因命梁公与昌宗双陆，梁公拜恩就局。则天曰：'卿二人赌何物？'梁公对曰：'争先三筹，赌昌宗所衣毛裘。'则天谓曰：'卿以何物为对？'梁公指所衣紫絁袍曰：'臣以此敌。'则天笑曰：'卿未知此裘价逾千金，卿之所指为不等矣。'梁公对曰：'此袍乃大臣朝见奏对之衣，昌宗所衣乃嬖幸宠遇之服，对臣之袍，臣犹怏怏。'则天业已处分，遂依其说。而昌宗心赧神沮气势索寞，累局连北。梁公对御就褫其裘，拜恩而出。乃至光范门，遂付家奴衣，乃促马而去。"

"狄仁杰打双陆御前夺翠裘"的故事，常为后人称道。元代诗人谢宗可留有《双陆》诗："彩骰清响押盘飞，曾记唐宫为赐绯。影入空梁残月在，声随征马落星稀。重门据险应输掷，数点争雄莫露机。唯恨怀英夸敌手，御前夺取翠裘归。"记述的就是这段历史。

# 三彩釉印花太极图执壶：辽瓷巅峰之作

导读

辽宁省博物馆收藏有一件精品辽瓷——三彩釉印花太极图执壶（以下简称“三彩太极图执壶”），壶体作扁圆形，壶身中心一朵莲花内印太极图式花纹，由此得名。它是契丹人生产、制造的生活用具。这种造型的陶瓷器源头可以追溯至西汉时期，发展到辽代时，成为精美的陶瓷器，足见中原文化对北方游牧民族的影响。

## “辽三彩”继承了“唐三彩”

三彩釉印花太极图执壶是辽代实用器具，通高21厘米，口径3.7厘米，现藏于辽宁省博物馆。

这样一件辽代瓷器，因其造型独特、构图别致、色彩艳丽而在辽博收藏的众多辽瓷中格外引人注目。

对这件文物，辽博文字资料这样介绍：“壶体作扁圆形，圆口，曲柄，管状短流，圈足。胎质灰白闪红，挂白粉，通体施黄、绿、白三色釉。水波纹地，上浮有如意流云带。柄外施绶带纹，流基部作牛首张口状。壶身两面印有相同的凸起花纹，中心一朵莲花内饰有太极图式花纹，勾画出‘始于天然，载于天道’的审美意境。此壶构思巧妙，制作精细，花纹别致，装饰富丽，是辽代陶瓷中的佳作。”

“很多人知道‘唐三彩’，‘辽三彩’却很少有人知道。这件三彩太极图执壶是‘辽三彩’中的巅峰之作。”今年88岁高龄的中国工艺美术大师关宝琮先生，长期从事绘画创作及中国古陶瓷艺术科研工作，被誉为“北瓷第一人”。对于这件执壶，关宝琮做出这样的评价。

关宝琮说，“辽三彩”和“唐三彩”一样，都是低温瓷式釉陶。虽然继承了“唐三彩”的烧制工艺及一定的艺术风格，但二者有很多区别。首先，在用途上，“唐三彩”更多以祭祀用品和明器的形式出现，“辽三彩”则主要是碗、盘、杯、壶等实用生活器具，如鸡冠壶、海棠花式长盘等。这些富有契丹游牧民族特色的瓷器都是“辽三彩”的代表作品。

其次，色彩上不同。虽叫“三彩”，但“唐三彩”实际上包括黄、绿、蓝、白等多种颜色。“辽三彩”的颜色则单调了许多，多为黄、白、绿这三种颜色，没有蓝色。

最后，是釉面不同。“唐三彩”的釉面自然流动，斑驳华丽，而“辽三彩”的施釉没有交融感，釉面流动感较差，缺少华丽感。

# 三彩釉印花太极图执壶

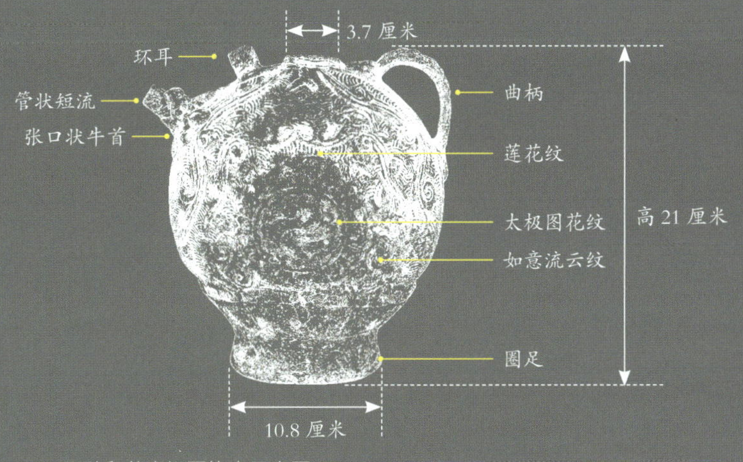


▲ 三彩釉印花太极图执壶示意图

国宝档案

契丹人生活用具，壶体呈扁圆形，胎质灰白闪红，通体施黄、绿、白三色釉。壶身两面印相同的凸起花纹，中心一朵莲花内饰有太极图式花纹，勾画出“始于天然，载于天道”的审美意境。此壶构思巧妙，制作精细，花纹别致，装饰富丽，是辽代陶瓷中的佳作。现藏于辽宁省博物馆。

关宝琮说，“辽三彩”只是辽瓷中的一类。对于辽瓷的定义，一般认为是辽境内出土的辽代瓷器，有狭义和广义之分。狭义的辽瓷主要是指用其疆域内的陶土烧造，并为契丹人所用的陶瓷器；广义的辽瓷则指除了契丹人所用陶瓷器具之外，也包括辽境内汉人使用的定窑、磁州窑等窑址生产的器具。一般而言，辽瓷多指其狭义概念。

辽瓷技艺传承人、烧制辽瓷多年的谷翠国说，正是基于辽瓷的狭义和广义定义，辽瓷分为两大类，一类为契丹式，契丹民族粗犷、刚烈、剽悍的民族性格均投射在辽瓷上，鸡冠壶、凤首瓶等都是典型代表；一类是中原式，即中原地区烧制并使用的瓷器，有些生活中使用的瓷器在辽境内也有烧制。

## 契丹社会受中原文化影响深远

“我认为，三彩太极图执壶是一件很特别的文物，这种器型的源头可追溯至汉代或更早。”中国社科院文学所研究员扬之水先生长期从事古代器物研究，她对辽宁省博物馆收藏的这件辽代器物十分看重。

扬之水说，小口、两肩有系的扁壶，在先秦时已经出现，只不过我们不知道它在当时叫什么名字。汉代有了名称，叫“椑”（bēi，古代酒器）。著名的一件，便是出土自湖北江陵凤凰山168号西汉墓的“彩绘七豹纹漆扁壶”。

“彩绘七豹纹漆扁壶”的基本式样是近乎椭圆的造型，细颈，小口，两肩一对系，穿了绳，小者可手提，大者可肩抬，在流传至今的汉代图画中都能看到。椑也有做成动物形的，如出土自陕西榆林走马梁汉墓的铜鱼椑。可以认为，椑的主要特色是便于携带。

汉朝之后，椑的名称依然在使用。魏晋时期，还有一种自铭为“玾”（jiá）的器物，如浙江上虞出土的西晋青釉贴花六系扁壶、江苏金坛出土的西晋青釉刻花双鼠系扁壶。铭文中的“玾”通椑。

魏晋南北朝以后，椑的名称渐渐消失，“榼”（kē，古代酒器）的叫法沿用下来，且多指用作盛酒的便携式小口扁壶。如唐朝诗人白居易《自咏》中有“金章未佩虽非贵，银榼常携亦不贫”之句。此前已有的形状像鱼的椑，为唐、辽所继承，常常做成双鱼的样式，如白居易《家园三绝》其二写道：“何如家酝双鱼榼，雪夜花时长在前。”

双鱼榼有陶瓷器，也有金银器。如扬州市出土的唐三彩双鱼榼、河北省井陉县出土的晚唐五代白釉鱼榼，都是陶瓷器具。而赤峰两处窖藏址出土的金花银双鱼榼为金银器，它们是一对摩羯变身作贴体相对的双鱼，造型上保留了摩羯长鼻翻卷的特征，两肩各有环，穿提梁。壶嘴有盖，盖顶有一个宝珠钮。此外，还有一种龟榼，如白居易《东城晚归》诗中所咏：“一条邛杖悬龟榼，双角吴童控马衔。”还有一种革制的盛酒器，叫酒鳖。

扬之水表示，无论早期还是后来的椑、鱼榼、龟榼、酒鳖以及所谓“背嵬（wéi，同‘嵬’）”，皆是有口无流（即我们常说的壶嘴儿）。虽然小口用于斟酒也还方便，但毕竟不如设有管状流倒酒来得稳妥。于是辽代又出现一种新的扁壶样式，其代表作就是三彩太极图执壶——它的一侧有环柄，另一侧有短流。与环柄相对的一侧有一个环耳，如此便成可以穿绳提挈的一对系，又是酒鳖的形制。从造型到图案，足见中原文化对北方游牧民族的深远影响。

## 辽瓷与中原陶瓷一脉相承

辽博藏三彩釉印花太极图执壶是由原东北文物管理处拨交过来的，其“身世”是个谜。对于辽瓷的发展历史，目前学界较为一致的意见认为，辽瓷的制作如果按照时间轴线划分，可以分为早、中、晚三期。

关宝琮说，早期，也就是辽太祖至辽穆宗（916—969）这段时期，辽瓷主要以陶器为主，夹砂陶罐、盘口瓜棱壶是较为常见的组合，釉陶与瓷器比较少见。鸡冠壶、长颈壶等是这一时期较为常见的器型。这一时期的辽瓷装饰极为简单，崇尚朴素风格，大多为单色釉。

到了中期，即辽景宗到辽兴宗（970—1055）时期，随着辽朝经济的发展与文化日渐繁荣，这一时期的辽瓷也随之发展起来。较之早期，这个时期的辽瓷在装饰上变得复杂，装饰技法明显增多，但色釉装饰仍以单色釉为主。工匠开始有意识地在单色釉中增加彩色装饰。

花纹装饰的大量出现也是这一时期的显著特色。在鸡冠壶等器物上盛行刻画卷草纹、葡萄纹等纹样。与陶器数量较少形成鲜明对比的是，这一时期的辽瓷器型愈加丰富多彩。在造型上，穿孔型鸡冠壶已由单孔逐渐变为双孔，而且管状口上多有器盖，提梁型鸡冠壶明显增多。

辽代晚期指的是辽道宗到辽天祚帝（1055—1125）时期，辽瓷风格有了明显转变，这一时期也是辽瓷的突变期。关宝琮表示，到了晚期，蕴含着契丹民族风韵的器物急剧减少，与此同时，中原地区传统形式的器物增多，且造型趋于简化。就装饰特点而言，绚丽多姿的印花三彩釉器打破了单色釉器一统天下的局面，单色釉和三彩釉两种装饰技法并驾齐驱。单色釉的器型仍是鸡冠壶、长颈瓶等，而三彩釉较为常见的则是海棠花式长盘、花口碟等器皿。

“辽瓷的生产与中原陶瓷生产一脉相承，并展现了自身的民族特色。随着契丹封建化与汉化程度的日益加深，辽瓷与中原陶瓷风格渐趋一致，最终走向了融合。”关宝琮总结道。

手记
SHOUJI

## 重拾辽瓷技艺也是“让文物活起来”

实事求是地说，对辽瓷，一些人至今仍感陌生，这并不奇怪。时隔1000余年，时间稀释掉了很多记忆，对于当时并不显重的辽瓷来说，这种遗忘更加明显。

幸运的是，在辽宁，现在有一批人正在努力复原辽瓷传统烧造技艺，并有越来越多的消费者开始知晓并喜欢上了这种沉实敦厚、色彩浓烈、粗放大气，具有北方古代游牧民族风格的瓷器。

在沈阳市一家辽瓷工坊，笔者被琳琅满目的现代辽瓷作品深深吸引。这其中，既有原汁原味复原了千余年前的辽三彩海棠盘、摩羯鱼壶、凤首壶等具有典型辽瓷特征的精巧作品，也有茶盏、杯托等具有当时中原韵味但经过了改良和创新的瓷器。总之，这是在遵循传统辽瓷烧制技艺的基础上，又结合现代工艺大胆创新的尝试。

在与工坊负责人谷翠国交流的过程中，我从他的眼中看到了希望。他说，随着中华传统文化的回归与崛起，越来越多的人开始喜欢国内烧制的具有典型地域风格的瓷器作品，辽瓷即是其中之一。虽然辽瓷分为“契丹式”与“中原式”两大类别，但在南方地区销售展示时，他只携带复制的“契丹式”辽瓷作品参展，而最受欢迎的是“辽三彩”。

这是令人欣喜的态势。复制的辽瓷作品是基于文物的创新，相较于文物“只可远观、不可把玩”的遗憾，这些现代辽瓷作品既可以收藏，还可以拿在手上慢慢地欣赏，这正是“让文物活起来”的另一种表达。

不仅如此，随着辽瓷被越来越多的人知晓并接受，附着在辽瓷作品上的“辽文化”也被更多人了解与熟悉。“辽文化”是辽宁主要地域文化之一，这在多个层面都有所体现，比如，辽宁省境内不仅密布着辽代古塔，还可以找寻到辽代城池的踪影，就连省内的一些地名也直接起源于辽代。从这个角度看，现在辽瓷的声名日隆，不仅可以“让文物活起来”，还可以助推辽宁文化火起来。

从这个意义上讲，辽瓷技艺的传承与推广，势在必行。

# 辽帝后哀册：堪称“契丹王朝的地宫档案”

导读

简单理解，哀册就是一种玉片，上面刻有颂扬帝王、后妃生前功德的文字，帝王死后，埋于陵中。辽朝的特殊性在于，帝后哀册就是墓志，这是辽朝首创。辽宁省博物馆收藏有辽朝中后期三代帝后哀册。册文用契丹文字、汉字两种文字分别镌刻，详细记录了三代皇帝在位119年间“开拓疆场、东振兵威”等丰功伟绩和历史故事，这些哀册也是我国最早发现的契丹文字实物资料。

## 首次证实辽代书法盛行“欧颜柳”

据辽宁大学考古文博学院教授么乃亮介绍，哀册，就是古代皇帝和皇后死后，后人专门为其所写的悼文，内容主要是论定死者生前的功绩等，一般刻在玉简上，然后用金丝、银丝穿连成册，放于石函之内，埋入陵寝中。辽朝哀册的特殊性在于，哀册是以墓志的形式出现，这是辽朝首创。

辽宁省博物馆珍藏数量可观的辽朝帝后哀册，这些哀册也是墓志，字数较多，为研究辽代历史提供了珍贵的史料，被誉为“契丹王朝的地宫档案”。

辽宁省博物馆珍藏的哀册主要是辽庆陵出土的辽帝后哀册，共15石。有辽圣宗及仁德皇后、钦爱皇后汉文哀册3合6石，辽兴宗仁懿皇后汉文册盖1石，辽道宗及宣懿皇后汉文、契丹文哀册4合8石。这些哀册均为汉白玉材质，体大而厚重，册石和册盖边长约130厘米、厚约30厘米。

从907年耶律阿保机建立契丹王朝起，到1125年女真灭辽，辽朝共存在200多年，经历9位皇帝。辽博收藏的是辽朝第六、第七、第八代皇帝及皇后的哀册。

这些哀册同墓志一样，分为册盖和册石两个部分。册盖为覆斗（盝顶）式，分别镌刻契丹、汉两种文字。哀册汉文篇详细记录了辽朝三代皇帝在位119年间“开拓疆场、东振兵威”等丰功伟绩。其中有两合契丹文哀册，共有契丹文字1758个，这些契丹文字为研究辽代历史、文化提供了实物资料。

么乃亮说，除了史料价值外，这批哀册的书法价值同样不容小觑，“由于辽代留下的史料缺乏，长久以来，人们对辽代书法的了解严重不足，甚至出现错误的认识。辽代帝后哀册的出土，让人们首次看到了辽代书法的真实情况”。

辽帝后哀册中，契丹文册盖以小篆为主，册石则以楷体书刻，略带汉字行草风格。汉

# 辽帝后哀册

## 国宝档案

辽宁省博物馆珍藏有辽朝中后期三代帝后哀册，共15石。这些哀册即是墓志，分为册盖和册石两部分，分别镌刻契丹、汉两种文字。册石汉文篇详细记录了帝后生前的丰功伟绩和历史事件，为研究辽朝历史提供了珍贵的史料，被誉为“契丹王朝的地宫档案”。册盖以篆书镌刻，册石内容则是用当时最流行的欧体、柳体、颜体镌刻，是难得一见的辽代书法神品，即使是契丹小字也是如此。下图为宣懿皇后汉文册盖拓片，右图为宣懿皇后汉文册石拓片。

鼠肖像图案

二龙戏珠图案

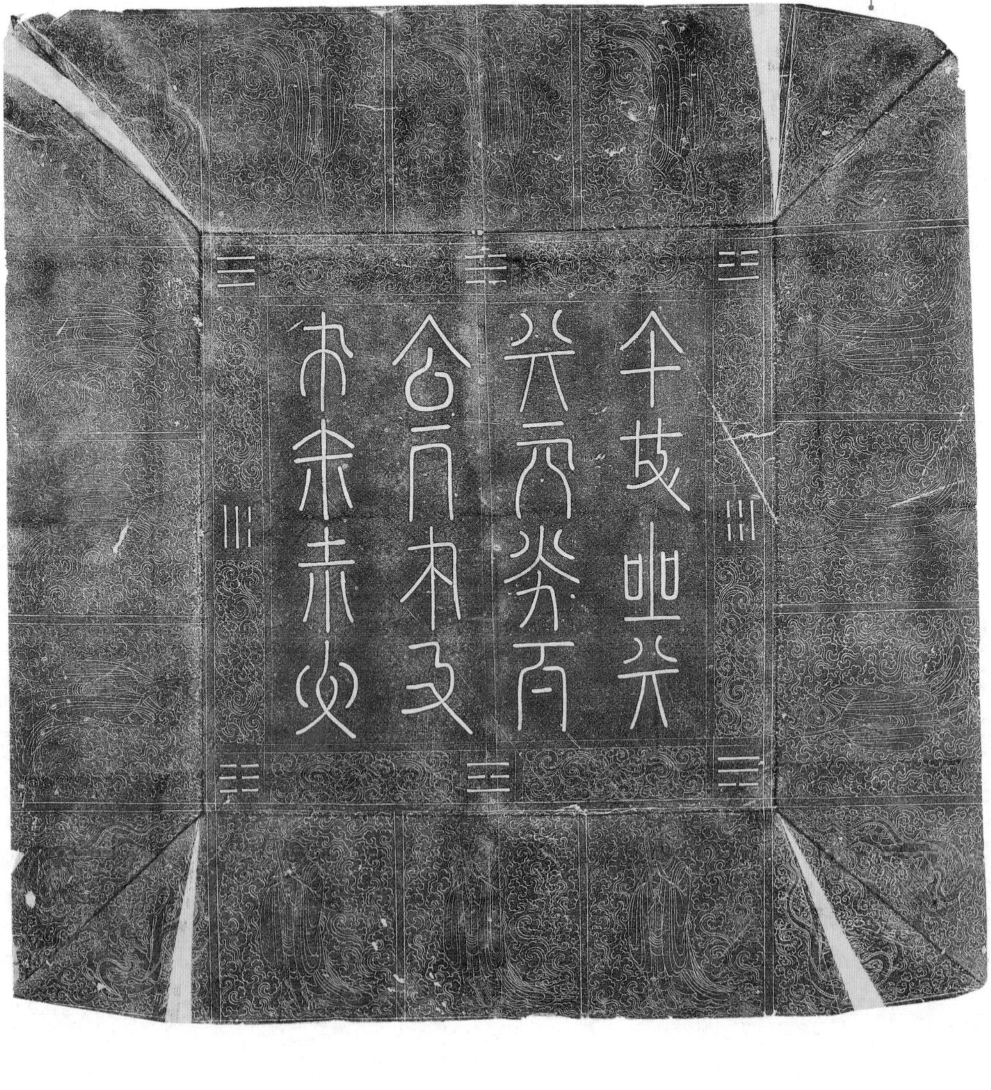

文哀册盖则以小篆体镌刻，册石内容用楷书镌刻。不论是汉字还是契丹字，每个字用笔遒劲，凿刻精美，厚重庄严。其中圣宗皇帝和钦爱、仁德两皇后的哀册字体具有浓厚的欧阳询风格，是辽代前期书法的典型样式；而道宗皇帝哀册字体体态丰满，撇捺柔和，全无欧体特征。宣懿皇后哀册书法则深受颜真卿、柳公权的书法风格影响，厚重气派，每一字每一画都很严谨精到，堪称辽代书法的佳作。

## 宣懿皇后哀册进一步证实“萧皇后”蒙冤案

笔者详细阅读了辽道宗宣懿皇后哀册汉文篇。这篇韵文字句优美，用典恰当，赞美了宣懿皇后的同时，也部分还原了宣懿皇后悲愤冤屈的一生。

哀册汉文篇用工整的柳体楷书镌刻，34行，每行32字，共954字，由张琳撰文。其册盖正中刻有篆书“宣懿皇后哀册”六字。四周饰有八卦图案、花纹，四斜面刻十二生肖人物像，四角刻双龙纹，四侧面均饰以二龙戏珠纹，纹饰雕刻十分精致。

据《辽史·后妃传》记载，道宗宣懿皇后叫萧观音，是辽钦哀皇后之弟的女儿，历史上闻名的萧皇后。大康元年（1075）十一月，她遭宰相耶律乙辛等人诬陷，被道宗皇帝赐死。26年后的乾统元年（1101）六月，萧观音的孙子天祚皇帝追谥其为宣懿皇后，葬于永福

▲ 宣懿皇后哀册册盖上的契丹文

陵。哀册汉文篇简述了她的懿德及才华，以及被诬陷而逝、后来被平反等史事，其中还引用“青蝇点污”的典故来隐喻这段宫廷悲剧。

“这件哀册的记载也勘正了《辽史》记载的错误。”么乃亮说，宣懿皇后册文中明确记载，宣懿皇后葬于“乾统元年岁次辛巳六月庚寅朔二十三日壬子”，也就是1101年农历六月二十三日，比《辽史・天祚皇帝纪》中的记载晚一天。

《辽史・后妃传》中记载的萧观音，不仅“姿容冠绝”，且对诗词曲艺尤为精通，有“工诗”之才。她“善谈论，自制歌词，喜好音律，尤善琵琶”。更重要的是，她“有皇后之德，抚育太子之功，足为当朝所称道”。然而这样一位才学出众、德行昭然的皇后，却含冤而死。

史料记载，萧观音作为皇后，因谏阻辽道宗单骑驰猎秋山而被疏远，心生孤独与寂寞，于是写下了一首《怀古》诗：“宫中只数赵家妆，败雨残云误汉王。唯有知情一片月，曾窥飞燕入昭阳。”这首诗被宰相耶律乙辛等人利用，诬告她与伶官赵惟一私通。1075年，辽道宗赐死了萧观音，将其尸首送回萧家。哀册汉文篇在记载这段史实时曾发出感慨：“时不来兮杳隔霄埌，事已往兮空成古今。”“裁念宠渥，失于奸臣。青蝇之旧污知妄，白璧之清辉可珍。如金石之音，默而得振；如镜鉴之形，昏而复新。”

萧观音死后，皇太子欲为母报仇。然而，由于道宗昏聩、不辨忠奸，将太子也杀害了。萧观音母子先后死于非命，成为辽朝历史上的一大冤案。

“萧观音不仅艺术造诣代表了辽文化的高峰，她的皇室身份、文学才华和悲剧命运也为后世留下深刻印记。”么乃亮说，《辽史》对其记载仅寥寥数语，她的大部分人生事迹与文学作品都被记载于辽人王鼎的《焚椒录》之中，后世流传很广。

## 辽圣宗哀册内容补充史书记载

辽博展厅里收藏有辽朝第六代皇帝辽圣宗耶律隆绪的汉文哀册，册盖上用篆字刻写“文武大孝文皇帝”。册石中记载了辽圣宗“开拓疆场，廓静寰瀛”的伟业。此册文由楷书书写，纵横排列井然一体，用笔遒劲，沉稳含蓄，既全面承袭了欧阳询的端正书风，也融入了当时作为主流书法的颜体。

册盖采用线雕手法刻出精美生动的纹饰。册盖的周围除刻有十二生肖像外，册盖内侧还刻有盛开的牡丹。牡丹在辽朝被誉为国花，有着“王者之花，富贵之花”的美誉。

“这些册志记录着正史中没有记载的内容，有部分内容可补充史书语焉不详的缺陷，真实地再现了契丹王朝那些让后世无限感慨的风云往事。”么乃亮介绍，辽圣宗耶律隆绪是辽景宗耶律贤的长子，他的母亲是历史上赫赫有名的萧太后——萧燕燕。耶律隆绪 12 岁即位时，由萧太后辅佐。他在位 49 年，是辽朝在位时间最长的皇帝。

据《辽史》记载，辽圣宗在位期间，励精图治，改革法令，任用贤能。辽国在他的统治时期疆域最宽广，东至日本海，西至阿尔泰山，北到额尔古纳河、大兴安岭一带，南到长城。辽圣宗在位期间，向西出兵攻甘州回鹘，打通了丝绸之路，势力直达中亚和西亚；向东征服东边部族，修复了东北亚丝绸之路。

么乃亮介绍，历史上的辽圣宗极其热爱汉文化，精通书法、绘画、音律，他推崇诗人白居易，以契丹文翻译《白居易讽谏集》。作曲达百余首，汉文化修养颇高。

哀册中刻有：“暂劳吊伐，永息烽烟。自两朝修聘，已三十余年。”这句简单的记载就是历史上著名的“澶渊之盟”。在其母亲萧太后的辅佐下，辽圣宗同宋真宗于 1004 年农历十二月签订盟约，使辽朝和宋朝持续了 100 多年的和平局面。

手记
SHOUJI

## 辽帝后哀册历经磨难终留辽博

辽代庆陵，位于内蒙古赤峰市巴林右旗大板镇北 70 公里处。据《辽史·地理志》记载，辽朝有三位皇帝葬于此。辽圣宗耶律隆绪及后妃的墓葬为“永庆陵”，辽兴宗耶律宗真及后妃的墓葬为“永兴陵”，辽道宗耶律洪基及后妃的墓葬为“永福陵”。三陵各相距约 0.5 公里。所以，“辽庆陵”又是三座帝陵的统称。

1920 年的春天，有人盗挖皇陵。“庆陵挖出宝贝”的消息刺激了周边的群众，出现了大规模盗挖皇陵的现象。当地政府急忙向上级部门报告，上级部门采取措施追回了大部分被盗文物。

庆陵被盗之事引起了比利时传教士牟里的注意。牟里在当地知事的帮助下潜入三座皇陵，用了 5 天的时间，照猫画虎地抄录了地宫内 4 件哀册的原文。它们分别是契丹小字《辽兴宗皇帝哀册》和《仁懿皇后哀册》以及汉字《辽兴宗皇帝哀册》《仁懿皇后哀册》。两块契丹字哀册上分别刻有 583 字、856 字。

从庆陵返回后，牟里将抄录的契丹小字哀册加以考释，于 1923 年发表文章，披露了辽代庆陵契丹文哀册的发现经过。契丹文字已经失传700年，如今重见天日，并首次用实物证实契丹文字的存在。顿时，“辽代契丹文字重见天日”的消息不胫而走，引起国内外学术界巨大轰动。

1930年的春天，奉系军阀、热河省主席汤玉麟派人率工兵营炸开了3座皇陵的地宫门，挖开了皇陵长达百余米的墓道，然后他雇用了几十头黄牛将重达几十吨的哀册从庆陵地宫拖拽出来，运到位于沈阳的汤氏新邸。

从1935年6月开始，“汤公馆”被辟为博物馆。抗战胜利后，国民党政府接收了该博物馆，更名为“古物馆”。1948年4月，国民党南京政府教育部成立了“东北文物迁运保管委员会”，将“古物馆”所藏大批珍贵文物尽数运往北平（今北京）。辽代庆陵挖出的这些哀册由于体积庞大，体量过重，不便运输，便被列入“缓迁之列”，侥幸留存于“汤公馆”之中。

1948年11月，沈阳解放后，东北人民政府决定在“汤公馆”成立“东北博物馆”，1949年7月开馆。1959年，改为“辽宁省博物馆”，这批辽帝后哀册便珍藏在辽宁省博物馆，直至公开展览，终与广大观众见面。

# 关山辽墓壁画：生动呈现辽代社会生活图景

导读

头顶剃光，头两侧或额角各留一缕发辫……目前出土的辽墓壁画大多留下契丹人如此生动真切的形象，阜新关山辽墓群壁画便是其中重要代表。关山辽墓的主人萧和家族在辽代中晚期影响政局长达70多年，留存在墓中的壁画规模宏大、画作内容丰富，为后世留下了那个时代珍贵的形象化记忆。

## 萧和家族与辽代中晚期许多大事有关联

据辽宁省博物馆学术研究部副研究馆员都惜青介绍，关山是医巫闾山脉最北端一片丘陵区的总称，这里有多座辽代墓葬，总称为关山辽墓群，目前已清理发掘9座辽墓。根据出土墓志，考古人员确认这里是辽代中晚期贵族萧和的家族墓地。

关山辽墓群的4号墓是萧和与其妻耶律氏合葬墓。根据墓志可知，萧和英年早逝，死后被多次追封，甚至“三封王”。这些荣宠跟他的二女儿萧耨（nòu）斤即辽圣宗钦哀皇后有直接关系。此外，他的两个孙女分别为辽兴宗仁懿皇后和辽道宗宣懿皇后，即“一门出三后”，萧和家族先后有10多人封王，人称“四世出十王”。萧和家族对辽代中晚期政治格局产生深远影响，这一时期政坛发生的诸多重大事件，如“钦哀政变”“重元之乱”“宣懿诬案”，均由该家族成员扮演事件的主角或重要角色。

“钦哀政变”爆发于辽兴宗重熙三年（1034）。辽兴宗的生母即为萧和的二女儿钦哀皇后萧耨斤。辽兴宗登基后，她自封为皇太后，大权独揽。为了夺权，她与自己的兄弟、萧和的二儿子萧孝先合谋，企图废掉辽兴宗耶律宗真，另立自己的小儿子耶律重元为帝。不想事情败露，辽兴宗震怒，在重熙三年农历五月将钦哀皇后废除，并逼迫她去“躬守庆陵”。

“重元之乱”又称“滦河之变”，是辽皇族内部争夺帝位的政变事件。辽道宗清宁九年（1063）农历七月，耶律重元自立为皇帝，任命萧和孙子萧胡睹为枢密使，发动政变。结果政变被粉碎，耶律重元、萧胡睹自杀，萧胡睹的父亲、萧和第四子萧孝友受牵连被赐死。

“宣懿诬案”则直接发生在萧和家族成员之间，萧和的曾孙萧德良为了争权，勾结辽道宗宠信的重臣耶律乙辛，诬陷自己的堂姑、辽道宗宣懿皇后萧观音，萧观音被辽道宗赐死。从此，萧和家族逐渐没落。

# 驼车出行图

国宝档案

关山辽墓群壁画中的代表作，画于4号墓的墓道南、北两侧。北侧壁画（下图）共绘14个契丹青年，他们皆髡发、无须，戴耳环，穿圆领紧袖长袍、着短靴。人物分为3组：执掌旗鼓的9人居前，2名护卫居中，3名青年驭手牵引驼车居后。此画与墓道南侧绘的14个汉官（右图）合成一幅场面宏大的贵族出行图。画师以写实手法展现了辽代的社会生活图景。壁画经整体揭取、处理后，现保存于辽宁省博物馆。

▲《驼车出行图》示意图

▲墓道南侧汉官“出行图”示意图

萧和家族从辽圣宗晚期在政坛异军突起，至辽道宗大康年间逐渐淡出，前后共70余年，阜新关山辽墓群正是萧和家族显赫家世的缩影。目前，已经考古发掘的9座墓葬中有8座存有壁画，为后世留下那个时代的生动记忆。

## 呈现高度写实的绘画风格

关山辽墓群4号墓是萧和夫妻合葬墓，墓葬规模在关山墓地中最大。墓道南、北两侧绘制的“出行图”壁画被整体揭取和处理后，保存于辽宁省博物馆。这组“出行图”场面宏大、画面精美，出行仪仗中有象征王爵身份的“五旗五鼓”，这反映出在萧和死后，整个家族因其二女儿被封为皇后而享受富贵的史实。

南侧一组共绘14名汉官和1匹白马。14名汉官皆中年男性，装束基本相同，手中持不同物品，徒步而行。北侧一组则是契丹人“出行图”，被命名为《驼车出行图》。以门庭为背景，共绘契丹人物14人、驼车1辆及马匹若干。画中的契丹人物分为3组，分别负责执掌旗鼓、护卫主人和牵引驼车。画中的青年都是髡发、无须，戴耳环，穿着圆领紧袖长袍、短靴。执掌旗鼓的9人居前，护卫2人居中并紧邻女主人乘坐的驼车以备不测，3名青年驭手牵引驼车居后。中央美术学院研究人员魏聪聪考证，这是现存辽墓壁画中最早的“驼车出行图”，因此，绘画表现出更多的写实特征。

在《驼车出行图》中，研究人员发现了异常。细看画面中左侧驼车一组人物：前面牵驼的人正引驼前行，他左手执缰，右手持鞭，正回头张望。第二个人立于车辕内侧，被骆驼挡住大半个身子。异常出现在第三个人物身上，他走在车辕中部的外侧，左手握住车辕下的短绳，右臂下垂。从直观上看，他的身体线条与驼车线条重叠，既不在车外也不在车内，而且给人一种双脚没沾地、身体悬空的感觉，这显然不符合绘画的规则。《关山辽墓》报告中分析：“画面上可以清晰看见第三人身上透映出车辕和驾辕骆驼的左后腿，推测第三人为画成后又添加的一个人物。”

那么，画师为什么要后添加这个人物呢？表面上看，加上这个人物之后，墓道南、北两壁的人数都成了14人，实现了人数的对称，但是深入研究后，人们发现更多的内容：经过近千年时光，这个人物身上不仅透出了车辕和驾辕骆驼的左后腿，还透出骆驼的生殖器。这说明，当时添加这个人物极有可能是为了遮盖不想展示或者不合适的壁画内容，只是经过千年时光，颜料褪色，被遮盖部分露了出来。这也从侧面反映出北方画师高度写实的绘画风格，这一现象对于研究辽代绘画艺术具有重要意义。

## 壁画反映辽代独特的政治制度

都惜青说：“关山辽墓群壁画不仅为研究契丹服饰、出行仪仗、绘画风格提供了珍贵的第一手资料，也为研究辽代政治制度提供了实证。”

《辽史》中有关于辽代驼车的样式、用途

的描述，但词语生涩难懂。《辽史》中还有一则辽圣宗统和四年（986）的记载：“九月丙寅朔，皇太妃以上纳后，进衣物、驼马，以助会亲颁赐。”讲的是骆驼作为贡品使用。人们研究认为，骆驼驾车，耐力非凡，是牛马不能比拟的，又因为骆驼数量远不及牛马，因此多在贵族中使用。

粉本是绘画中的术语，指中国古代绘画施粉上样的稿本。人们注意到，关山4号辽墓壁画是对墓主人生前真实生活的一种写实描绘，而且处于创作探索的初级阶段。随着《驼车出行图》的传播，粉本在辽代逐渐演化成代表契丹特色的文化符号而存在，粉本又作为身份等级的象征出现在贵族墓葬中，其画面内容随之失却早期的写实性和生动性。同样是关山辽墓群，3号、8号、9号墓中，由于表现空间宽阔，画师技艺精进，画面内容普遍比4号墓更为丰富。除了常见的鞍马、驼车之外，往往还有人数众多的随行队伍，画面人物多达十余人甚至几十人。这样的稿本在辽圣宗末年时甚至被借入到了汉族墓葬当中。

当然，墓道两侧分列汉官与契丹人物的主要特征没有改变，这直接反映了辽代独具特色的政治制度——“南北面官”。

契丹建国后，耶律阿保机任用韩知古等汉族知识分子为辽朝制定了一些典章制度，官制开始汉化，当时还设“汉儿司”机构，由韩知古主持。辽取得燕云十六州后，官制变得复杂，于是采用“因俗而治”的统治办法，以适应南北地区不同的生产和生活方式，形成了南、北两套，“一朝二制”的官制统治体系。《辽史·太宗纪上》中记载，当时“官分南北，以国制治契丹，以汉制待汉人”。这里的国制，是指契丹固有的制度。

在辽朝这种统治策略下，我国北方出现了契丹族的游牧文化与中原农耕文化并存的现象，反映了辽在多民族统一国家里所表现出来的政治智慧。

手记
SHOUJI

## 辽墓壁画反映了南北文化融合

都惜青说：“关山辽墓群壁画数量较多，绘画内容丰富，从中还可以清晰地感受到契丹民族对中原文化的吸收和发展。”

据介绍，关山辽墓群除了6号辽墓没有发现壁画之外，其余8座墓或多或少都有壁画。这些壁画都绘在白灰墙面上，所画内容既有常见的出行、门神、仙鹤等内容，又有较少见的对弈、修道、伏鬼等题材。从绘画技法上看，有的采用墨线白描，有的工笔细绘，一般都是先用墨笔勾出轮廓，再用颜料敷彩。这些壁画多层次、多角度地反映了辽代社会的风俗、礼仪、宗教观念和政治制度等，具有重要的历史、艺术和科学价值。

沈阳师范大学研究人员孙恺祺在研究壁画中的人物造型时，特别注意了4号墓中富有辽代特征的门神形象。

4号辽墓的南、北两壁各绘有巨幅门神，高达4.8米。他们是武将装束，分腿站立，手执兵刃。南壁门神右手持宝剑，斜立于胸前，左手捏一颗宝珠擎于胸前，宝珠上有云气缭绕。门神双腿分立，二目圆睁，怒视前方，神态威严。北壁门神为姜黄脸膛，横眉立目，头戴兜鍪，身材、装束及所持宝器与南壁基本相同，但腰间不束云带，相貌更加凶恶。

门神是中原文化中的传统绘画内容。东汉思想家王充在《论衡·订鬼》中记载："上有二神人，一曰神荼，二曰郁垒，主阅领万鬼。恶害之鬼，而以食虎。于是黄帝乃作礼，以时驱之，门户画神荼、郁垒与虎以御凶魅。"不过，研究人员注意到，最早的门神神荼和郁垒，都是神的形象，而且以姿态休闲、神态自适的样子出现在民间，到后来的钟馗"生铁面虬髯，相貌奇异"的凶戾形象问世，再到以真实人物绘画为原型的尉迟恭和秦叔宝为门神的俊朗形象，他们都有着自己固有的人物形象。

关山辽墓群中虽然采用了中原文化中的门神内容，但是所绘门神形象又有所不同，有着自己独特异域风格的原型和样貌特点。对于辽墓壁画所反映的辽代民族文化融合情况，辽宁省考古学家李文信先生在20世纪60年代就已经注意到，他在清理关山1号辽墓时在墓门左、右两壁和拱顶，

◀▲阜新关山辽墓出土的《门神图》

发现有壁画。他指出：“虽然内容简单，笔墨不多，但在传世绘画绝少的辽代说来，也是极为可贵的。”

关山1号辽墓的壁画是在白灰壁上画的墨笔人物故事，构图都很简洁。右边墙壁画着戴乌帽、穿大袍的二人，在草坪上对坐下围棋，正面一僧人坐观，三人前面石台上放有杯、盘、炼盂等器皿，左下方有怪石、巨松，松树老干苍古、枝叶繁茂。

李文信详细描述了左边墙壁上的壁画：一人坐石上，穿长袍，足着长筒靴，头发四垂，微有髭须，衣着发饰，很真实地再现了契丹人形象。其前地面上插一利剑，再前置一个三段式方炉，炉火直上，烟焰烛天。其后，岩石突起，巨松矗立，松叶更为葱郁。他指出：“这是一幅用契丹人形象表现中国古代炼剑故事的作品，是民族文化融合的一例。”

# 大晟编钟：古韵悠悠鸣奏北宋盛衰曲

导读

900多年前，宋徽宗命人铸成精美古雅的大晟编钟12套336件。如今，大晟编钟存世仅有36件，辽宁省藏有两件，一件藏于朝阳市建平县博物馆，另一件藏于辽宁省博物馆。追踪大晟编钟的坎坷身世，我们发现它是被金兵抢掠北运过程中散落于民间的，是“靖康之变”的实物见证，也是研究宋代庙堂乐制、青铜乐器的珍贵文物。

## 建平修路意外挖出北宋编钟

建平县博物馆珍藏着一件北宋“大晟（shèng）黄钟铭文编钟”，青铜铸造，通高27厘米，口径18.3厘米，上有双龙钮装饰，总重量约4.25公斤。编钟正面中部阴刻“大晟”二字，背面阴刻“黄钟中声”四字，皆为篆书。编钟两面共排列36颗乳钉，整体装饰端庄大方、精美华丽。它是北宋宫廷制造的多套编钟当中的一件，对研究中国古代的音律及乐器铸造工艺，具有极高的文物价值。

它是怎样被发现的呢？建平县博物馆考古队队长李波讲述，1987年10月末，建平县修公路，朱碌科镇水塘沟村民在清理后院泥土时意外发现这件文物。编钟正面所刻“大晟”二字有刮磨痕迹，其下部边缘还有横向阴刻模糊的“凌棠院”三字。李波推测，“凌棠院”可能为寺庙的名字，应为金国官府注录时刻写。

黄钟，是古代十二律的律名之一。沈阳音乐学院音乐考古专业教授贺志凌说，十二律中第一律就是黄钟。这件“大晟黄钟铭文编钟”，即是成套编钟中的起始定调钟。

目前辽宁省有两件北宋大晟编钟。除建平外，辽宁省博物馆也收藏一件，名为“北宋大晟南吕编钟”。它由青铜铸造，呈合瓦形，纹饰与建平县博物馆的编钟基本一致，正面中部阴刻篆书“大晟”二字，背面正中刻“南吕中声”四字，器形厚重，古朴典雅，钟唇处有“上京都僧录官押”字样。

辽宁省博物馆学术研究部副研究馆员王忠华解释，“大晟”是北宋徽宗创置的掌乐机关“大晟府”的标记，大晟编钟即是宫廷乐府“大晟府”的重器。一般分两层悬挂在一座华丽的钟架上，钟身大小不同，发音有高有低。乐师用木槌敲打铜钟就可以演奏出美妙的乐曲。

因辽宁这两件编钟的器形存在差异，贺志凌认为，这两件编钟不属于同一套。

# 北宋大晟南吕编钟

## 国宝档案

现藏于辽宁省博物馆，为青铜铸造，器形厚重，古朴典雅。正面中部阴刻篆书“大晟”二字，背面正中刻“南吕中声”四字，钟唇处刻有“上京都僧录官押”一行小字。“大晟”是宋徽宗创置的掌乐机关“大晟府”的标记，大晟编钟是“大晟府”的重器，共有12套336件，“靖康之变”后流落各地。辽宁省共收藏两件，另一件在建平县博物馆珍藏，但这两件文物不属于同一套编钟。

双龙钮装饰

正、反两面共36颗乳钉

背面阴刻“南吕中声”四字

## 北宋共铸 12 套 336 件大晟编钟

追踪这两件大晟编钟的身世，还要从宋徽宗崇宁元年（1102）说起。宋徽宗为了振兴礼乐，模仿古人“王者功成作乐”的做法，于崇宁元年召集文武百官商议创制新乐，并“博求知音之士”。

虽然定制新乐不是当务之急，但当时的音乐教育和礼乐制度确实已经衰落。《宋史》记载：北宋末期“大乐之制讹残缺，太常乐器弊坏，琴瑟制度参差不同”。意思是说，当时宫廷大乐组织凌乱，乐器残缺不全，弹奏标准不一，很多乐工的乐器都是自备的，所以在大型祭祀、朝会活动上，乐工需要强拉农夫、商人凑数，“追呼于阡陌、闾阎之中”，而且这些人

“教习无成，瞢不知音”，以致“每合大乐，声韵混杂”。

崇宁四年（1105），宋徽宗增设专门管理国家乐政的机构——大晟府。长官为大司乐，下设大乐、鼓吹、宴乐、法物、知杂、掌法6个部门，各部官员由京朝官员及通晓乐律的士人充任，专门在重大庆典活动中典礼司乐。同时命“乐器制造所”和制作铜乐器的“铸泻务”铸造乐器。这时，90多岁的音乐名人魏汉津提出“以身为度”的乐器定律标准，即测量宋徽宗中指、四指和小指的长度，合为九寸，定为黄钟律管的长度，并依此黄钟之音为标准，改制其他乐器。

由此看来，大晟编钟的音高是用宋徽宗的手指确定的，但在实际操作中不是这样。因为律管越短发音越高，而宋徽宗的手指长度达不

到旧乐黄钟律管的长度，如果按手指长度做的话，黄钟律管发音会更高。因此，大司乐刘昺尊重音乐实践，命工人“但随律调之”。这一做法获得了宋徽宗的允准。

至于为何定名“大晟”，宋徽宗曾有诏书解释：“昔尧有‘大章’，舜有‘大韶’，三代之王，亦各异名。今追千载而成一代之制，宜赐新乐之名曰‘大晟’。”取“晟”字光明旺盛的吉祥用意。

据《续考古图》记载，大晟编钟是以河南商丘出土的、春秋时期的宋公成钟式样为参照铸成，计 12 编（套），每编 28 件，总共 336 件。如今，在北京故宫博物院、湖南省博物馆、开封市博物馆等处均有收藏。

## 编钟铸造奥秘在钟体内部

在辽博展厅里，有一架仿古工艺品编钟，王忠华一边敲击，一边讲解编钟的发声原理：编钟的钟体小，音调高而清脆，音量也小；如果钟体大，音调就低而深沉，音量也大。敲击的部位是在编钟的腹部，正面叫正鼓，侧面叫侧鼓，正鼓和侧鼓发的音不同，而两个乐音之间相差三度，这就是先秦编钟所谓的“一钟双音三度”。

“在青铜编钟的内部能够摸到几个明显的凹槽。”王忠华一边展示，一边解释说，钟体厚度不同，敲击时发出的声音也不同，因此古代铸钟匠会在钟体内部进行打磨，形成调音槽，通过对钟体厚薄的调整，将正鼓与侧鼓的敲击音调整规范。

编钟是中国古代大型打击乐器。据《吕氏春秋 · 古乐》记载，编钟在黄帝时期就已经产生，当时黄帝命乐官伶伦和大臣荣将一起，“铸十二钟，以和五音”，即铸造了 12 件编钟，可以演奏五声音阶。

“中国是制造和使用乐钟最早的国家。”贺志凌说，编钟最辉煌的时候是在先秦时期。编钟多用于古代宫廷演奏，每逢征战、朝见或祭祀等活动时，乐师都要演奏编钟和编磬，即所谓“金声玉振”。西周初年，周公旦“制礼作乐”，建立起一套完整的礼乐制度，其核心内容就是以编钟和石磬为代表的具有严格等级区分的乐悬制度。按规定，天子四面悬挂钟磬，诸侯、卿大夫、士人依次而减，这赋予编钟等乐器以深刻的政治内涵。由此，编钟成为上层社会专用的乐器，是等级和权力的象征。

春秋晚期以后，周室王权日渐衰微，各个诸侯国不再遵守乐悬制度，编钟数量开始剧增，样式也越来越精美。编钟的顶峰之作当数在湖北随县（今随州）出土的曾侯乙编钟。它是战国早期曾国国君的一套大型礼乐重器，全套编钟共有 65 件。在迄今出土的先秦编钟中，它是数量最多、规模最大、制作最精、音域最广、保存最好的一套，彰显了我国古代音乐文化的先进水平。

## 北宋宫廷编钟为何现身建平

北宋宫廷御用的大晟编钟，在900多年后，为何会出现在朝阳市建平县？回望历史我们发现，大晟编钟是被金兵抢掠送往金国领地的途中散落民间的，是“靖康之变”的实物见证。

其实，端庄古雅的大晟编钟，仅在北宋宫廷使用了22年。宣和七年（1125），金兵南侵，汴京（今河南省开封市）吃紧，于是祸国殃民的花石纲、各种土木工程被叫停，“大晟府”也在这时被裁撤。几天之后，宋徽宗把帝位传给了他的儿子赵桓（钦宗）。靖康元年（1126），金军攻破汴京，大肆抢掠，“府库蓄积为之一空”。

除金银财宝以外，书籍、印版、法器、书画、各地州府地图等也是金兵掠夺重点。《宋史》记载，靖康二年，“金人索大晟乐器，凡是大乐轩架、乐舞图、舜文二琴、教坊乐器、乐书、乐章……景阳钟并具、九鼎皆亡矣”。就这样，金银财宝、大晟乐器连同徽、钦二帝及其宗族亲属都被金人掠走。

据史料记载，金人掠夺的各色珍宝数量很多，分装2050辆大车，与汴京押运徽、钦二帝的大队，于农历四月启运北上，五月十九日运抵燕京（今北京地区）。运到的财货器物，一半赏给从军将士，一部分存放于燕京官库，也有一些佛经、印版等运往中京（今内蒙古自治区宁城县），还有一些器物运送到上京（今黑龙江省哈尔滨市阿城区）。

李波推断，建平县发现的“大晟黄钟铭文编钟”，当时被奖赏给了将士，后来成为一座寺庙的镇寺之宝，可能因寺庙年久失修坍塌而藏匿地下。钟上“凌棠院”三字，应为该寺庙名称。因为北方铜矿短缺，金国一直实行严格的铜禁政策，民间的铜器须送交官府实行检验注录刻记，否则会以私铸铜器处罪，所以，当时的很多铜器上都有身份标注。

辽博藏“北宋大晟南吕编钟”上也有小字铭款，为“上京都僧录官押”，这里的“都僧录”是金国在各京的最高僧政机关。说明此编钟被金人掠夺送往上京后，为上京附近佛寺作为佛教乐器所用，一直在哈尔滨地区流转。东北解放后，此编钟辗转归藏于辽宁省博物馆。

大晟编钟是科技含量颇高的古代青铜铸造乐器的代表，如今有学者正致力于它的复制研究工作，也许不久的将来，大晟编钟能够在当代生活和艺术舞台上重新焕发光彩。

# 大定通宝铜镜：映照800年前金代生活图景

导读

大定通宝人物葫芦纹铜镜是辽宁省博物馆收藏的一块金代铜镜，其特殊之处在于，这块铜镜的背面刻有钱币与葫芦纹饰，造型虽然简单，但这些纹饰所含信息十分丰富，反映了金代大定年间社会稳定、经济繁荣的社会现实。

## 钱币纹饰提供了丰富的历史信息

这是一块纹饰独特的金代铜镜——背面刻有精美的葫芦纹、钱币纹，创意精巧。这块铜镜的全名叫作“金代大定通宝人物葫芦纹”铜镜。目前，它正安静地躺在辽宁省博物馆的展厅内，供游人观瞻。

河北省古玺印、宋金铜镜文化研究学者杜杰说，古代将钱币纹装饰在铜镜背面的情形不鲜见，其源头可上溯至汉代。东汉铜镜、南北朝铜镜都饰钱纹，唐宋金元等朝代也有将钱纹装饰在铜镜背面的情况。钱纹的样式基本取自铜镜所在的朝代。

辽博所藏的这块金代铜镜，背面有两枚“大定通宝”钱币。“大定”是金代第五任皇帝金世宗完颜雍（1161—1189）的年号。金世宗时期，用钱币装饰铜镜虽然是一种风俗，但这两枚钱币的样式却为后世研究者提供了丰富的历史信息。

第一，它确定了铜镜的铸造时间。“大定通宝”是金世宗大定十八年（1178）铸造的钱币，因此，铜镜应铸造于大定十八年之后，这为考古研究提供了时间参考。

第二，寄托了百姓对生活安定、富裕的期望。金世宗时期，社会稳定，经济繁荣，人民生活富裕。“大定”二字又有平安、安定之意，因此，百姓用“大定通宝”钱纹来祈求国泰民安。

第三，展现金人书写的汉字。“大定通宝”四字采用宋徽宗赵佶的瘦金体，笔力遒劲，笔画坚挺，有争锋之气。据史料记载，宋徽宗赵佶于北宋靖康元年（1126）退位，1127年，与宋钦宗一起被金人掳走。8年后，金天会十三年（1135）病死在五国城，时年54岁。按时间推算，到金大定十八年时，赵佶已去世43年了。

“大定通宝”钱币铸造得非常精美，这反映出女真民族深受汉文化的影响，体现了中华民族所具有的集体美学意识。值得一提的是，

# 金大定通宝
# 人物葫芦纹铜镜

瘦金体书写汉字

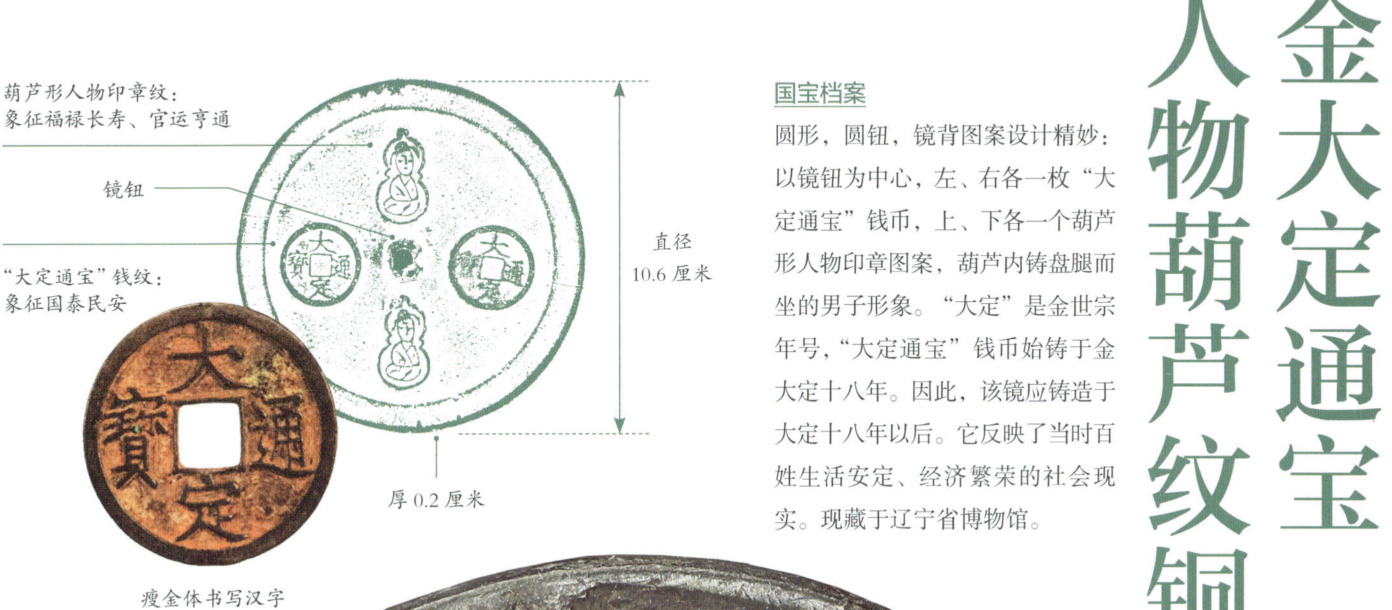

国宝档案

圆形，圆钮，镜背图案设计精妙：以镜钮为中心，左、右各一枚“大定通宝”钱币，上、下各一个葫芦形人物印章图案，葫芦内铸盘腿而坐的男子形象。“大定”是金世宗年号，“大定通宝”钱币始铸于金大定十八年。因此，该镜应铸造于大定十八年以后。它反映了当时百姓生活安定、经济繁荣的社会现实。现藏于辽宁省博物馆。

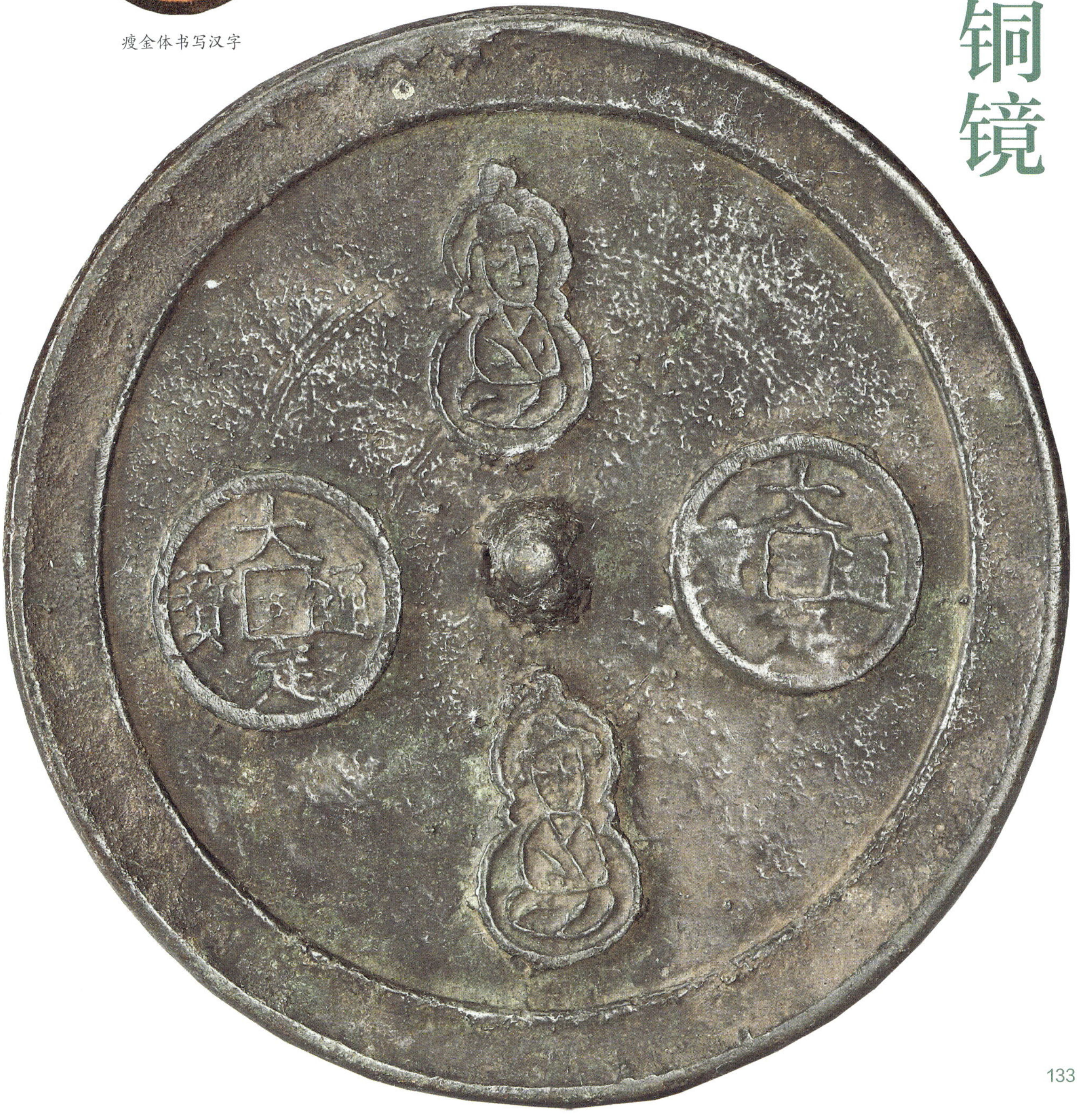

精美耐看的“大定通宝”还成为元代、明代仿效的范本，对后世造币规制产生了深远影响。

## 金代铜镜从工艺到造型都有突破

除了钱纹外，这块铜镜背后的葫芦形人物印章纹也耐人寻味，具有丰富的文化内涵。

杜杰认为，葫芦谐音“福禄”，自古就象征着福禄双全，承载着大众的美好祝愿。同时，葫芦也寓意着子孙满堂、代代昌盛、世世繁荣，它还象征着官运亨通。铜镜上葫芦纹中的人物像是一个戴着官帽的不倒翁，用印章纹来表现，寓意“君宜高官”。“钱币纹与葫芦形人物印章纹相配在一起，寓含福禄长寿、官运亨通、子孙万世。”杜杰说。

资料记载，铜镜萌芽于夏朝，兴起于战国，盛行于汉唐。它在各个时代的铸造工艺、形制、纹饰的变化及铭文的使用等，均体现时代的艺术特征。

较之汉唐时期的铜镜，金代铜镜有其独特的艺术之美。杜杰表示，在金代社会经济和文化大发展的前提下，铜镜的需求量更大，这就需要对铜镜的生产技术进行革新。

在铸造工艺上，金代铜镜的制造由范铸法转为翻砂法，铸造周期短、成本低、效率高。在材料配比上，铜质成分由汉唐时期的高锡青铜转变为后期的高铅青铜，含锡量降低，含铅量增加，使铜镜硬度降低，韧性增加。金代时，铜合金成分增加了锌的比例，所以金代铜镜的铜质泛黄。

在形状上，镜体由厚重变轻薄，镜钮由大变小，增添了葫芦形等新的异形造型。在构图布局上，突破了宋以前构图规范化的图式，出现了自由活泼、富于变化的图案。在纹饰内容上，金代铜镜摆脱了宋以前题材内容神秘化的格局，而是用生活化的场景取代了前期繁缛的纹饰，增添了寻常百姓的生活故事，艺术风格重视写实。

金朝是女真民族建立的政权，游牧民族的特点在铜镜上有所表现，器形上出现多样化，双鱼镜是其最具代表性的创新题材。在铭文刻款上，金代铜镜多在镜缘或镜体上錾刻官府验记字样，并带有押记，反映了时代特征。

## 金朝的货币制度特殊

专注货币历史研究的国际博物馆协会钱币与银行专委会成员刘磊表示，“大定通宝”流通时期，辽政权已经灭亡，蒙古诸部尚在互相攻战中，金政权进入鼎盛时期，对手只有南宋政权。

金世宗所铸“大定通宝”，存世有“小平钱”和“折二钱”两种，大多数为“小平钱”，“折二钱”比较少见。所谓的“小平钱”和“折二钱”，都是形容古代钱币面值的一种形式，“小平钱”是指价值一文的钱币，“折二钱”货币价值相当于两枚小平钱。

事实上，金朝政权在早期并不铸行钱币，境内流通之铜钱绝大多数为宋钱，另有极少数辽钱，及至海陵王完颜亮迁都燕京（今北京）

后，才开始正式铸造本朝钱币，即“正隆元宝”钱。因此，“大定通宝”应该是金朝铸造的第二种正式流通铜钱，与交钞（即纸钞）同时使用，方便民间小额交易和找零。

刘磊表示，流通货币不仅是帝国时代昭示皇权的标志，也是涉及社会金融稳定、关系百姓日常生活的重器，历代政权都非常重视。金政权在政治重心南移中都（今北京）之前不铸行钱币，是当时的社会经济发展水平使然，而先“正隆”后“大定”，以及后来的金章宗颁行“泰和”铜钱，都是为了适应华北一带早已成熟的货币流通体系，顺势而为，商民便利。

然而，金朝的皇帝，特别是金世宗完颜雍，虽然强调“女真为本”，保持本民族特性，防止过度汉化，但是在铸行流通钱币方面，却完全彻底地模仿宋钱——外形上用方孔圆形，文字上以“年号”加“通宝”或“元宝”的固定结构，甚至对同一时期南宋钱币的某些特征也毫无违和地复制过来。比如，在钱币背面的纪年功能方面，宋孝宗淳熙七年（1180），淳熙元宝背后加铸“柒”纪年文字，金世宗也如法炮制地在“大定通宝”背后铸上“申”“酉”，以表示纪年。后人推测，应该为金大定二十八年戊申年（1188）和大定二十九年己酉年（1189）。

金世宗完颜雍统治时期，国家进入鼎盛，金政权息战止戈，发展经济，选贤任能，朝廷国库充盈，百姓安居乐业。因此，金世宗享有“小尧舜”的美称。“大定通宝”铜钱铸造规整，文字美观，是中国古代货币发展历程中的亮点之作。因此，此钱图样被选作铜镜背面装饰，也是合乎情理之举。

手记
SHOUJI

## 由铜镜想到“金文化”

“辽金文化”是辽宁重要的地域历史文化之一。辽宁朋友在与笔者的交谈中，论及更多的是“辽文化”，从辽帝陵到“辽三彩”，再到辽代留存下来的旧城址，“辽”一直是话题的主体，“金文化”以及金代历史遗存涉及得相对较少。

这块金代“大定通宝人物葫芦纹”铜镜犹如一个切口，撬开了回望辽宁地区金代时期历史的窗口。

金代时期辽宁的重要，在“大定通宝”钱币上就可窥见一斑。“大定”是金代第五任皇帝金世宗完颜雍的年号，而金世宗的登基地点就在今天的辽阳市，可以说，金代政权发生的许多重要历史事件就发生在辽宁这片土地上。

从“大定通宝”再拓展至金代货币这个话题。在已经发现的金代窖藏铜钱中，以东北地区的数量最多，而其中，又尤以吉林和辽宁为最。金人之所以将大量的铜钱藏于地下，与金朝实行严格的铜禁政策以及金人权贵为了隐匿财产避税有关。就此而言，这又是洞察金代辽宁的一个窗口。

在朝阳凌源市三家子乡天盛号村，有一座东北地区发现最早的石拱桥，它就是金代的天盛号石拱桥，有着“关外第一桥”的美誉。这座石拱桥是新中国成立后，辽宁省考古工作者发掘出土的第一座石拱桥。这座石拱桥的发现，不仅可以窥见金代工匠的造桥技艺，还丰富了东北交通道路史。

再将注意力转移到教育上来，现今的辽宁也是金代十分注重的区域。当时的辽阳府是金代东北地区辞赋、经义等科的考试中心。正因为教育得到了加强与发展，辽阳府在金代曾出现“三兄弟同榜”和“父子兄弟一门四进士”的科举佳话。

金代文学作为北方少数民族文学的代表，也有可圈可点之处。比如，籍贯为辽南熊岳的王庭筠被人形容“文采风流，照映一时”。作为金代辽宁文学家的代表人物，王庭筠不仅留下了大量诗文作品，而且受到金章宗的赞颂。就连写下“恨人间，情是何物，直教生死相许”名句的金代文宗元好问都盛赞王庭筠是“辽海东南天一柱”。

以上种种，可见“金文化”在辽宁留下的印迹之深。

# 元青花松竹梅八棱罐：多民族文化交融的绝世珍品

导读

辽宁省博物馆有一件镇馆之宝，名叫元青花松竹梅八棱罐。其通体呈八棱形，罐身硕大，胎体厚重，质地晶洁，图案精美，是青花瓷器中十分罕见的精品。它的珍贵之处不仅在于它代表了中国瓷器发展的一个高峰，更在于它印证了中外文化交流互鉴、包容并蓄的历史。

## 元青花八棱罐是辽博镇馆之宝

元青花松竹梅八棱罐（以下简称“青花八棱罐”）是辽宁省博物馆的镇馆之宝，同等器形和尺寸的青花八棱罐在世上仅发现两件，另一件在泰国。

这件青花八棱罐高39.7厘米、口径15.3厘米，呈八棱状。青花八棱罐采用幽静深沉的釉下青花，蓝色的花纹与洁白的胎体交相映衬，宛若一幅水墨画。

辽宁省博物馆典藏部主任李慧净说，常见的元青花瓷器大多呈圆形，八棱造型很罕见。瓷器行有句老话“一方顶十圆”，说的是一件方形器的制作工艺顶得过十件圆形瓷器，而八棱形比方形器难度更高，所以这件青花八棱罐从器形上就很难得。

元代存续不到百年，再加之青花工艺的复杂，所以元青花在当时烧造数量有限，完整流传到今天的元青花少之又少。“这也是它从元代一直到今天很受追捧的重要原因。”李慧净说，目前，完整的元青花瓷器只有少数的博物馆有收藏，民间几乎难得一见。而如此硕大、精美的元代青花八棱罐历经7个世纪的光阴能够完好地流传到现在，更是罕见。

李慧净介绍，到目前为止，公认完整的元青花瓷器有300余件。其中，200多件在国外，国内只有100多件。辽宁省博物馆收藏有5件元代青花瓷器，器形丰富且典型，工艺精湛，均为元代青花瓷器中的精品。

## 青花八棱罐烧造于元代至正年间

元代青花瓷俗称“元青花”，因其创烧于唐代，盛行于元代，且绘画所用钴料烧制后呈现青蓝色而得名。

元青花是用天然的钴料在素胎上面用毛笔绘出花纹，再施釉，经过1300℃高温烧造而

# 元青花松竹梅八棱罐

国宝档案

是元代青花瓷器中的精品，因造型呈八棱状而得名。罐身硕大，圆唇、直口、鼓腹，腹部以下逐渐收敛。罐身采用幽静深沉的釉下青花，釉层滋润，青中泛紫、淡雅柔和，宛若一幅水墨画。同等器形和尺寸的元青花瓷器目前存世仅有两件，国内唯一的一件藏于辽宁省博物馆，为辽博镇馆之宝。

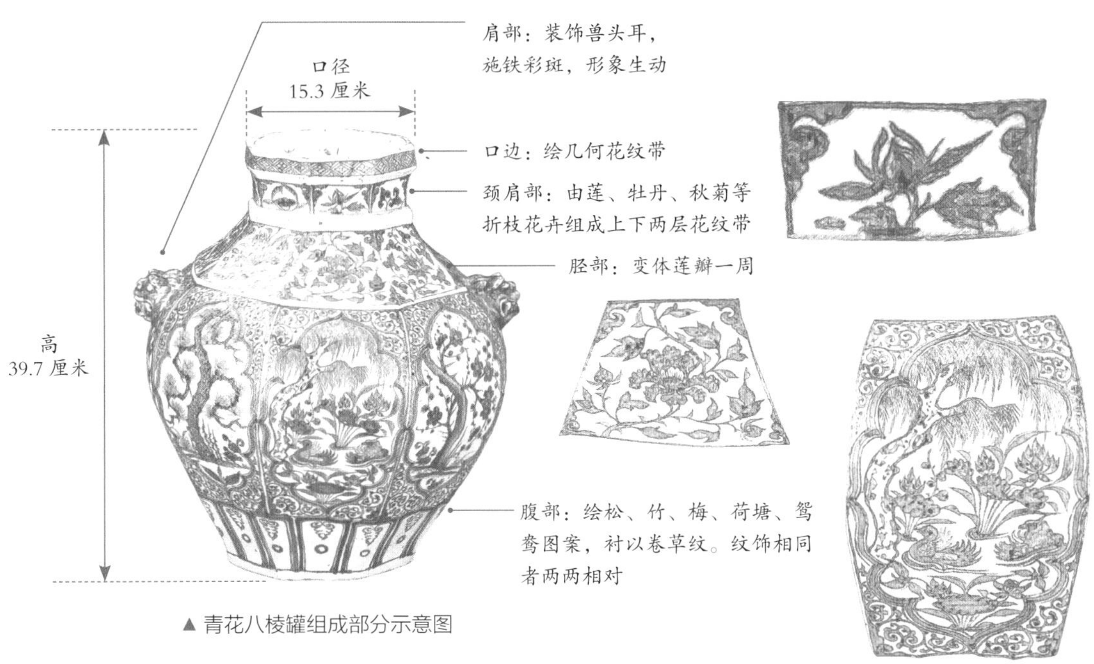

▲青花八棱罐组成部分示意图

成。元青花重要的艺术价值一方面是它把中国传统的水墨画和陶瓷装饰技艺完美地结合在一起。另一方面，元青花的彩绘是釉下彩，灿烂的釉彩表面附有清亮的透明釉，掩映且保护着它的釉彩，一经烧造，永久保存。

在辽博“和合中国”文物特展上，笔者有幸见到这件青花八棱罐。笔者发现，青花八棱罐的底部没有款识。那么，专家是怎么断定它是元代的青花瓷呢？

李慧净解释，关于元青花的断代问题曾经在国内存在长时间的争论。一方面是由于元青花瓷器的文字记载非常有限。人们普遍认为青花瓷是明朝才创烧的。另一方面，由于中国的瓷器是从明代永乐年间才开始写底款的，元代的大多数瓷器上没有款识、文字，这给青花瓷的断代造成了很大的困难。

1952 年，美国一位古陶瓷研究者在英国发现一对青花龙纹大瓶，上面有“至正十一年”字样的铭文。“至正”是元惠宗年号，“至正十一年”即 1351 年。这说明至少在元至正十一年中国就已经制造了这种造型的青花瓷器。由于有准确的铭文纪年，他将这对青花瓶作为元青花瓷的断代标准件，同世界各地的青花瓷器进行比较。这一标准得到全世界的重视和公认，学术界将这种类型的青花瓷定名为“至正型”元青花。

辽博珍藏的青花八棱罐无论从造型和装饰风格，还是从绘画技法来看，都具有鲜明的“至正型”元青花的特征，是元代青花瓷中的佼佼者，是当之无愧的国宝。

## 元青花是中外文化融合的结晶

业内人士把青花瓷比作舞台上的“青衣”——素雅高洁、蓝色纯净。它的珍贵不仅在于它代表了中国瓷器的高峰，更在于它印证了中外文化交流互鉴、包容并蓄的历史。

李慧净说："从深层意义上说，元青花是多民族文化融合的结晶，是蒙古族文化、汉族文化和中亚、西亚文化的融合产物。"青花瓷虽然在唐代开始创烧，但它真正走向成熟，成为"国瓷"，并被世界人民喜爱却是在元代。

为何青花瓷会在元代大放异彩？李慧净认为，这其中有三个方面的原因：

第一是政治原因。元朝是中国古代社会中疆域最广阔的一个时期，也被认为是一个开明包容的时代。在此背景下出现的元青花，显然也与当朝统治者的热爱和推崇密不可分。李慧净说，北方游牧民族对蓝天、白云有着特殊的感情，对蓝、白二色也尤其喜爱，青花恰恰符合这一审美标准，因此蓝白色构成了青花瓷的基本元素。同时，元朝统治者重视手工制造业，颁布从业人员保护政策，从客观上促进了陶瓷工业的发展，大批工匠包括西亚工匠进入景德镇，为青花瓷生产提供了基础。

第二是对外贸易的繁荣。宋代时，海上丝绸之路进入全盛时期，瓷器和茶叶逐渐取代丝绸等货物成为中国对外贸易的主要商品。元朝延续了宋朝开放的国策，非常重视海外贸易，青花瓷贸易成为元朝政府的主要财政来源。在此期间，江西生产的青花瓷大量销往中亚地区。当时，朝廷还在景德镇设立了全国唯一一所陶瓷管理机构——浮梁瓷局，管理内外陶瓷贸易。

同时，中亚、西亚的音乐、绘画、习俗、手工艺品也传入中国，多个民族文化融合影响到更广大的区域，使青花瓷的市场更加广泛。

第三是材料上的融合。元青花瓷器所用进口钴料被称为"苏麻离青""苏泥勃青"等，这些音译名称的来源与钴料产地息息相关。根据考证，元、明时期我国进口钴料产地主要是伊朗，进口钴料的名称由伊朗地名"苏莱曼"或"萨马拉"音译而来。行走于丝绸之路的商人将产自西亚的钴料、器形及纹饰带到我国，与景德镇的高岭土结合，烧制成具有多重文化特色的青花瓷器。

1998年，在印度尼西亚勿里洞岛海域附近发现一艘唐代沉船，考古人员将该船命名为"黑石号"。沉船上有6万多件唐代瓷器，其中就有青花瓷。"黑石号"沉船出水的青花瓷器，以及在海上丝绸之路、草原丝绸之路沿线发现的各时期的青花瓷器，足以证明青花瓷当时是世界贸易交流的重要商品，其艺术水平得到世界的认可，更为世人所深爱。

李慧净因此指出，元青花瓷器上承唐宋，下启明清，开辟了由素瓷向彩瓷过渡的新时代。层次繁多的绘画风格尽管与前人的审美情趣大相径庭，但这充分说明了中华文化是在与多个民族文化不断交融中发展壮大的。

## 民间征集来的国宝

元青花瓷器的原产地在江西景德镇，那么元青花八棱罐是如何来到辽宁省博物馆的呢？这要从 40 多年前的一段往事说起。

1977 年，鞍山市文物部门向全市征集散落于民间的文物。一天，一名中年男子来到文物收购站，从包裹里掏出一件体形硕大、绘有多层纹饰的松竹梅纹八棱罐。

只见这件瓷器纹饰繁密、质地晶洁、绘画生动、气韵非凡，文物部门工作人员惊呆了，他们从未见过与之类似的文物，一时间无法做出判断。

聊天中，该男子讲，自己祖籍山东，后随父母定居鞍山。这件青花八棱罐是祖上传下来的，但家里人没把它当回事，一直用它腌咸鸭蛋，还差点儿被砸碎了。这次，他奉母命将瓷罐包好，送到鞍山市文物收购站。

当时，因工作人员也无法确认青花八棱罐的年代和价值，只认定它是一件古瓷，于是就付给了该男子一些粮票和现金，将此罐收购。之后，工作人员向鞍山市相关部门汇报了此事，文物局派专家前来鉴定。专家看过器物后，非常惊讶，因为从胎质、造型、绘画、花纹布局等方面看，它都是较为罕见的文物。

文物工作者马上将这个发现向省博物馆汇报，省里的专家也不确定这件罕见的八棱罐究竟是哪个时期的文物，恰巧北京召开一个全国收购文物展览，省文物部门将这个八棱罐送去参展，结果震动文博界，它被确定为难得一见的元青花瓷器精品。

北京展出结束后，青花八棱罐被运回沈阳。后经上级部门决定，拨给辽宁省博物馆收藏，成为辽博的镇馆之宝。

# 定辽大将军铜炮：创当时世界火器之最

导读

辽宁省博物馆藏国家一级文物定辽大将军铜炮出土于兴城古城，它是明军吸收欧洲火炮制造经验又加以改进而铸造完成的，用于明、清两军宁远城大战，是那个年代最为先进的火器。这门大炮的火力暂时稳住了明军节节败退的阵脚，却并没有改变明王朝覆灭的命运，留给人们无尽的思考。

## 铜炮埋于古城地下200多年

辽宁省博物馆展览策划部副研究馆员温科学介绍："馆藏的定辽大将军铜炮是国家一级文物，它不仅是一件武器，更是明朝末年明清战争的缩影。"

这件文物征集于兴城古城。在明代，这座古城就是威名远扬的宁远卫，明军与清军在这里有数次激战。明天启六年（1626），宁前兵备佥事袁崇焕用火炮击败前来攻城的努尔哈赤，在明史上被称为"宁远大捷"。

1952年，考古人员在清理兴城古城西南角时，在城墙倒塌的砖石堆下发现这门铜炮。经专家鉴定，这是存世定辽大将军铜炮的唯一实物。铜炮上有6行铭文："钦差提督军务镇守辽东总兵官左都督吴捐资铸造，定辽大将军，崇祯十五年十二月吉旦，督造掌印都司孙如激，总委参将王邦文，打造千总石君显。"铭文中的"钦差提督军务镇守辽东总兵官左都督吴"是当时明军驻防宁远的最高军事长官吴三桂，这门铜炮由他捐资铸造。

"定辽大将军"是当时人们给这门铜炮赋予的威武的名字，也是人们对它寄予的美好期望。

"崇祯十五年十二月"是一个非常特殊的时期，当时明军与清军（后金政权于1636年

# 定辽大将军铜炮

国宝档案

兴城古城征集，现藏于辽宁省博物馆。炮身呈竹节式，中有三道隆起的铜箍。炮身有凸出的圆柱状炮耳，炮尾如螺。炮口与炮底部正上方各置有准星、照门及放孔等装置，炮身前部有宋体书阴刻铭文。从铭文可知，这门大炮是明辽东总兵吴三桂在宁远（今兴城）为抵御清兵而捐资铸造的。根据史料记载，这门大炮属于仿造的红夷大炮。

炮管上的铭文拓片

炮管上的准星

底径 54.3 厘米

内口径 10.2 厘米

长 381.8 厘米

▲ 定辽大将军铜炮示意图

改国号为清）刚刚结束松锦大战。

松锦大战历时近两年时间，明军守将祖大寿苦守锦州一年多，不得不向朝廷求援。当时明王朝内忧外患，国力衰微，只好调动九边明军精锐，由洪承畴统率出山海关增援。结果洪承畴落入清军布下的埋伏圈，13 万明军被清军击溃，洪承畴被俘投降。此战之后，明王朝苦心经营的关宁防线支离破碎，明军在山海关外仅剩宁远卫这一个孤立的军事重镇，由吴三桂统领，继续与清军对阵。

兴城古城出土这门铜炮炮身长 381.8 厘米，内口径为 10.2 厘米，外口径为 29 至 64 厘米，光亮如漆，厚重威武，重约 2500 公斤，在明朝末年属于重型武器。

专家分析，这门铜炮在地下已经埋藏 200 多年，这也揭示了一个重要史实，那就是直到山海关明军降清，这门铜炮一直没有落到清军手中。

## 明朝工匠仿造红夷大炮

温科学说：“明朝末年，在战乱的刺激下，明军开始大力发展军队和武器，出现了‘火炮城上坐，铁骑守边墙’的战争模式，我国的火器发展也进入一个崭新的阶段。”

据了解，明朝末年的知识分子已经注意到了科技发展对社会发展的重要作用，代表人物就是明代农艺师、天文学家、数学家徐光启，他特别关注欧洲火炮的制造。

温科学说：“红夷大炮中的‘夷’，是古代中原人对外族的一种蔑称。明朝人最早接触欧洲人的时候，发现他们的皮肤都是微微泛红的，于是称欧洲人为‘红夷’。”徐光启等人注意到，明军的火炮与红夷大炮相比差距明显，不仅火药填量少，炮体密封差，而且杀伤距离短，威力小。因此，徐光启两次派学生张焘购买欧洲火炮。第一次是在明光宗泰昌元年（1620），他们在澳门购买了 4 门葡萄牙铜炮。明熹宗天启三年（1623），张焘再次购买了 30 门大炮。这批铁炮拆自一艘搁浅的英舰，命名“红夷大炮”，是当时最先进的大炮。

明朝末年，朝廷开始仿造红夷大炮，定辽大将军铜炮就是其中一种。

温科学介绍，吴三桂捐资铸造的定辽大将军铜炮称得上是当时世界上最先进的火器，它与之前的红夷大炮有着许多不同之处。

首先是制作工艺上的改变。定辽大将军铜炮采用全新的铸炮方法，工匠将冷却水导入中空的模型中，使铁质炮管自内向外凝固，这样，所铸的炮就可以更大，耐用程度能达到先前的五倍甚至数十倍。

其次是铜炮采用的是铁芯铜体铸造法，它巧妙地利用铜的熔点低的物理性质浇铸炮壁。与先前的铁炮或铜炮相比，此种新型火器不仅管壁较薄，重量较轻，花费较少，而且经久耐用。这种铸炮法，国外直到后来的美国南北战争时期才被使用，比明末晚了两个多世纪。

## 参加了明朝宁远城最后一战

明崇祯十五年（1642），农民起义军到处攻城略地，农历十一月，李自成攻陷南阳。与此同时，辽东危局也引起朝廷一波又一波的恐慌。

以明军大败告终的松锦大战在当年农历四月结束，明清双方死伤惨重，辽东进入短暂的休整期。在农历十月，清军再次卷土重来。

对于清军动向，守卫宁远的明军相当重视，决定“死战”，此战的结果是明军取得了小胜，但当时明军兵力严重不足，明辽东巡抚黎玉田在奏报中说“全宁仅马步四万余，瘦弱马匹数千余”“堪战马兵仅三千”，且“分守于新旧十二城”。明军不但兵少，而且武器奇缺。辽东分练总兵黄诗在奏章中请求朝廷发“大炮二百位、三眼枪六百杆、盔甲一千顶副、大弓一千张、大箭一万只、腰刀一千把”，用以教练、装备新兵。

为了巩固宁远，当时的明军将佐纷纷捐资打造兵器。温科学介绍，在崇祯十五年闰十一月，兵部有一份战报，写道：“道臣张经遂以臣言传示大小将吏一齐奋起，各捐火药神器无算，有捐大炮至三十尊者、火药至二千斤者……士民捐助亦复累至数千，贼来软困可望支持。”

定辽大将军铜炮正是在这样的背景下铸造完成并迅速投入战斗。崇祯十六年（1643），宁远卫迎来载入史册的最后一战。

农历九月，清军直扑宁远卫，在宁远城外遭到明军的沉重打击，被迫撤出对宁远的包围。根据明军奏报，在农历十月初八，清军6万余人“拥载大炮，排山倒海而来”，但清军“不知我阵内有炮，蜂拥直前”，明军“伺其渐近”而发射红夷大炮，清军则“惊魂拉尸，踉跄望老营奔回，嚎哭一夜，至次日卯时分，尽皆开营向东北遁去”。由此可见，定辽大将军铜炮的威力不一般。

此战之后，清军再没有发动大规模进攻。但宁远孤悬关外，难于固守。崇祯十七年（1644），在定辽大将军铜炮服役两年后，明军撤离。后人推测，这门铜炮太重，不好携带，只得掩埋于地下，与兴城古城一道，成了200多年前明清辽东争夺战的历史见证者。

手记

SHOUJI

### 从红夷大炮到红衣大炮

辽宁省博物馆展览策划部副研究馆员温科学说：“在明清之际，红夷大炮与红衣大炮指的是源自欧洲的长身管、纺锤形结构的火炮。名称的转换不仅意味着火炮主人的变更，更意味着战争主动权的更替。”

据介绍，在明军要不要引入红夷大炮问题上，明朝的保守派与“火器派”在朝廷上展开论战，保守派坚决反对引进外来武器。打破这种局面的是明天启六年（1626）的宁远之战。清初史学家计六奇编著的《明季北略》载：“从城上击，周而不停，每炮所中，糜烂可数里。”《明实录》载，此战之后，明熹宗朱由校大喜，赞叹说：“十年积弱，今日一旦挫其狂锋……此七八年来所绝无，深足为封疆吐气！”他不仅嘉奖参战将领，还封红夷大炮为“安国全军平辽靖虏大将军”。

明朝“火器派”里比较知名的人物有徐光启、袁崇焕、茅元仪、张焘、孙元化等。其中徐光启提出了军事改革计划，希望能成立十五支精锐火器营；袁崇焕提出“凭坚城用大炮”的御敌理论，在宁远之战、宁锦之战中屡试不爽，令努尔哈赤大败；孙元化是徐光启的得意门生，明末最出色的火炮专家，编写了我国第一部炮学专著《西洋神机》。非常可惜的是，当时明王朝朋党之争让这些“火器派”的远大抱负功亏一篑。

袁崇焕最终被明崇祯皇帝凌迟处死，徐光启等人相继罢官，孙元化惨遭冤杀，同时遇害的还有火炮专家张焘。至此，明朝“火器派”的代表人物基本全遭陷害。

与之相对，在战场上目睹了火炮威力的皇太极却在想方设法得到这种武器。他命令额驸佟养性带领投降的明军将领制造红夷大炮。因忌讳“夷”字，就改称“红衣大炮”。后金天聪五年（1631年，明崇祯四年），第一批红衣大炮制造成功。藏于中国第一历史档案馆的《八旗值月档》中记载：“先是，连鸟枪尚未造，造炮自此始。”

明清双方运用火炮的转折点在崇祯六年（1633）农历四月，明军叛将孔有德、耿仲明投降后金。《孔有德致书皇太极乞降手本》中写道：“本帅现有甲兵数万，轻舟百余，大炮、火器俱全。有此武器，更与明汗同心协力，水陆并进，势如破竹，天下又谁敢与汗为敌乎？”

皇太极很高兴，不顾众臣反对，亲自到十里外相迎。随即，后金便以耿仲明所率的3600名火器兵与其携带的十几门红衣大炮为基础，组建了第一支炮兵部队，后金军（清军）在战争中大规模使用炮兵的历史从此开启。

松锦之战后，明军只有驻防宁远的吴三桂所率部队还有十多门红夷大炮。相比之下，当时屯兵锦州的清军已经拥有了近百门红衣大炮。史料记载，当时的明军探报曾听清军在讲：“将炮一百位摆作一排，凭他哪个城池，怎么当得起三四日狠攻？”

此后的战争几乎就是这句话的实证。

# 后金天命汗钱：努尔哈赤铸满文货币宣示主权

导读

铸有老满文的天命汗钱是后金政权铸造的第一代货币，关于其铸造的地点一直存在争议。随着近年天命汗钱及铸币工具的相继出土，专家发现天命汗钱是在辽阳铸造的，并锁定了铸钱遗址的大致范围，这为研究后金时期的社会经济状况增添了珍贵的实物资料。

## 天命汗钱仿明朝铜钱铸造

辽阳博物馆曾展出“后金天命古钱窖藏”。展台上，一个坛子里盛有两种铜钱，一种是满文“天命汗钱”，另一种是汉文“天命通宝”，它们统称为“天命钱”，总计2200多枚。这是后金政权（1636年改清）汗王努尔哈赤仿明朝铜钱铸造的第一代货币，具有特殊意义。

辽宁省钱币专家、沈阳文史研究馆原副馆长姜力华说，天命汗钱一面无文字，另一面为无圈点的老满文，铜钱的文字读法与其他铜钱上的文字读法不同，是按“先左后右三上四下”的顺序来读，意为“天命王者之钱”，通称“天命汗钱”。

“只有天命汗钱和皇太极时期铸造的天聪钱用的是老满文，这也是后金国铸钱最大的特点。老满文改为新满文后，所铸铜钱就启用新满文来书写了。”姜力华介绍，汉文“天命通宝”钱沿袭明代钱币形制，除了阅读顺序不同，这两种铜钱大小也有差别，满文钱的直径约27毫米，汉文钱的直径小一点。有研究人员认为，这种差别在当时能突出女真人的身份。

那么，这坛子窖藏铜钱是从哪里来的呢？辽阳博物馆原副馆长、研究员张君弘说，2011年，辽阳市太子河区一工地挖出来一坛子铜钱，经鉴定为后金政权时期文物，后来，这些铜钱被移交到辽阳博物馆。有专家推测，这坛子满汉文天命钱很可能是努尔哈赤赏给功臣而留下的。

## 出土文物证实后金铸币地点在辽阳

400多年前，努尔哈赤率领的建州女真日益壮大，明万历四十四年（1616），努尔哈赤在赫图阿拉城（今抚顺新宾满族自治县）建立金政权（史称“后金”），定年号为“天命”。天命六年（1621），努尔哈赤攻占沈阳、辽阳

# 后金天命汗钱

国宝档案

天命钱是后金政权铸造的第一代货币，分满文、汉文两种制式：满文铜钱（右图）一面无文字，另一面铸老满文，意为“天命王者之钱”，简称“天命汗钱”。汉文铜钱（下图）仿明朝钱币形制，铸汉字“天命通宝”，直径比天命汗钱略小。研究认为，满、汉文两种天命钱是努尔哈赤于天命六年迁都辽阳后铸造的。现藏于辽宁省博物馆。

▲ 辽阳博物馆展出的窖藏铜钱

▲ 带铭文的钱范

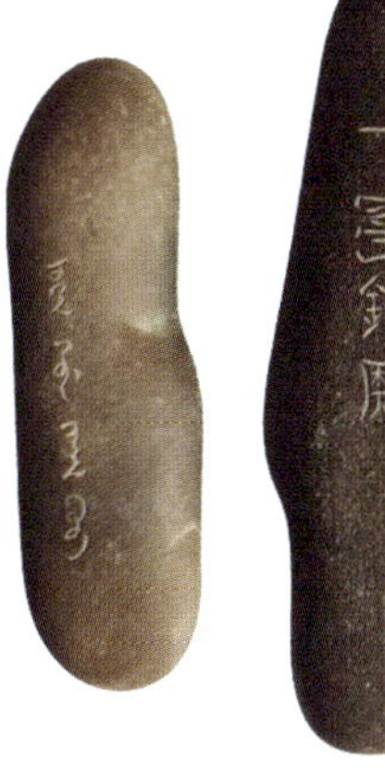

▲ 带铭文的磨石

后，在辽阳旧城东约 8 里的太子河畔山岗上，兴建“东京城”，迁都于此。

关于后金铸钱的时间、地点，文献资料记载十分稀少，《清史稿 · 食货志》载：“太祖初，铸‘天命通宝’钱，别以满、汉文为二品，满文一品钱质较汉文一品为大。”根据这段简略的记载，研究人员普遍认为，天命汗钱系努尔哈赤于天命元年（1616）在赫图阿拉城所铸，而随着近年出土文物的增多，这段历史越来越清晰。

从 2008 年开始，在辽阳东部新城区的拆迁改造过程中，先后有大量的后金满汉文天命钱出土。前期主要在原东京城南门南面耕地中，后期主要在东京城北门口附近出土。据不完全统计，近年来辽阳出土的天命钱近 15 万枚，完整的全品铜钱约占 1/3，还有很多未经流通的残次品铜钱，出土状态以散落为主，兼有窖藏。令人惊喜的是，这里还常常出土样式不一的天命钱陶范。

于立和卢刚是辽宁省钱币学会会员，也是辽阳后金钱币收藏爱好者，对天命汗钱颇有研究。他们共收藏后金钱币 2000 余枚，还有 200 余件钱范及铸钱工具。2022 年初，他们在辽阳博物馆对面开设辽宁省首家公益性质的后金钱币馆。

辽阳博物馆和辽阳后金钱币馆都展出了从当地出土的一种巴掌大小、表面光滑细腻的磨石，磨石上阴刻“十窑钱磨”4 个字，旁边还有“正白”两个小字。于立分析，这个磨石有两种用法，一是将制成的铜钱的棱角打磨光滑，二是清理疏通钱范浇铸通道，类似锉刀。卢刚认为，磨石上面的“正白”两字，应指满族正白旗，而“十窑钱磨”说明当时铸钱机构至少有 10 个窑址。

“大量钱币和钱范等铸币工具同时出土，意味着这里应为钱币铸造遗址。”姜力华说，这些实物证明了天命汗钱并非是天命元年在赫图阿拉城所铸，而是天命六年（1621）后金兴建东京城为新都城后，在辽阳当地铸造的。后金迁都辽阳后，社会经济得到快速发展，为铸钱提供了保障。目前这个论断已经成为钱币界共识。

"努尔哈赤铸造天命汗钱，首要的意义在于宣示主权。"姜力华认为，我国古代各朝在政权建立之初，多有铸造新钱的惯例，一般为年号钱，作为新政权诞生的标志，以宣示自己的正统地位和合法性。另外，满文、汉文两种制式的天命钱，为后来清朝满汉文合璧制钱的模式打下了基础。

## 天命汗钱仅铸造 4 年，发行量较小

研究发现，受当时历史条件限制，天命汗钱铸行时间短，发行量较小，流通地域非常有限，这也造成大量的天命汗钱留在了辽阳。据《满洲老档秘录》载，天命十年（1625），因"银子丰富，不必使用铜，遂禁止铸造"。也就是说，从天命六年至天命十年，天命汗钱铸造时间只有 4 年，原因就是后金时期白银充足且使用非常广泛。

史料记载，清朝入关以前，女真人与汉人通过民间互市贸易，用人参、珍珠、皮毛等土特产换来大量白银，以至于后金出现"国中银甚丰"的情况；此外，频繁的征战掠夺，也使后金拥有白银的数量日渐增多，"所获金银财货，何止数千万"。由此，后金政权停止铸币，天命汗钱因此存世不多，更显珍贵。

中国是世界上最早发明使用金属铸币的国家，考古出土的商代晚期的青铜贝币证明，当时已经出现了金属铸币，并逐渐取代了海贝等实物货币。回顾我国古代 3000 年的铸币发展史，铸币工艺大体经历了平板陶范竖式浇铸、叠铸、母钱翻砂、机器锻造 4 个阶段，而天命汗钱的铸造工艺继承了我国古代的陶范铸钱法。

于立指着展柜中一件件单个钱范、八钱陶范、戳范、铭文钱范、坩埚等铸钱工具介绍，陶范铸钱法先是用泥制成坯、用戳范打上模型后烧成陶范，然后将陶范扣合在一起，累积叠起形成范包，再注入铜液。铜水冷却后，取出铜钱打磨光滑，最后成型。

"满、汉文两种天命钱大小不一，薄厚不等，说明后金早期铸钱技术不成熟，处于传统范铸法摸索阶段。"于立说，出土的单个钱范，说明最初是一钱一范，费工费力费时；八钱陶范一次就能铸 8 个钱；后来的叠范就提高了生产效率，可以一摞一摞叠起铸钱，一次浇铸数量就是原来的数十倍。但是后金铜钱有一个特点，有青铜的，有黄铜的，还有杂铜的，为什么？它不是通过矿山开采的铜料铸钱，而是收集民间各种铜料来铸钱，所以每一批钱的金属配比都不一样。后来还有一批铅钱，因为古时辽阳就有铅矿，这就是本地铸币的特点。

## 古钱币为何多用铜

铜钱，是古人常用的钱币。仔细研究，一枚枚小巧的古钱币其实包含着丰富的政治经济、历史文化信息，堪称我国古代文明的实物见证。探究我国古代长期使用青铜货币的原因，还要从青铜文化时期说起。

一般认为，我国的青铜文化时期约从公元前2000年的夏朝开始，商周时期达到鼎盛，创造了世界瞩目的青铜文明。这一时期，古人已经熟练掌握了青铜合金的配比，而且拥有高超的铸造技术，能铸造出各种造型精美、纹饰极其复杂的礼器、生活用器、兵器、乐器等，青铜的用途和价值得到了社会普遍认同。

所谓“国之大事，在祀与戎”，当时国家祭祀要用青铜器做礼器，战争也要使用青铜兵器，于是青铜成为财富的象征，在周朝被称为“金”，非常昂贵。史书记载，周王征战南淮夷就是为了争夺铜原料。正因为青铜的价值已经深入人心，于是它就成为价值的衡量尺度，用青铜做货币由此产生。

从一个时代金属货币的铸造量，我们能推断出当时的社会经济总量。比如我国钱币史上有三大发展期，分别是汉代、唐代和宋代，这和当时的社会经济发展水平是匹配的。汉代五铢钱是我国钱币史上使用时间最长的货币，奠定了中国圆形方孔钱的传统。史料记载，从汉武帝铸造五铢钱开始，一直到汉平帝时期，共铸280亿枚五铢钱，这反映出“文景之治”后西汉社会的繁荣昌盛。

古钱币里还蕴藏着众多文化典故。比如古代钱币使用年号加“通宝”（通行宝货）来命名是从唐高祖李渊铸“开元通宝”开始，后被历代沿用；到了宋代达到古代铸币的鼎盛期，出现了书法对钱、皇帝御书钱，而且这一时期青铜货币中铜、铅、锡的合金配比达到十分科学的比例，既节省了原料，还使铜钱耐磨耐腐蚀。

这些承载着时代印记的古钱币，不但独具特色，而且一脉相承，既是中国古代文化的物质载体，又是留给后人的宝贵财富。

# 云龙人物纹转心象牙球：清代牙雕的巅峰之作

导读

清代云龙人物纹转心象牙球是我国象牙雕刻中一件独特又奢华的工艺品——顶球从外到内共有22层同心套球，每个套球都能自由转动，制作工艺极其复杂，因此又被称为“鬼工球”。它是中国古代微雕的巅峰之作，也是我国能工巧匠在继承传统工艺基础上，吸收融合西方车旋技术的成果。

## 从外至内共有22层同心套球

辽宁省博物馆珍藏着一件清代云龙人物纹转心象牙球（以下简称“转心象牙球”），这件工艺品构思极其巧妙，反映了清代高超的牙雕技艺。

转心象牙球全高52.2厘米，由顶球、台柱和底座构成。顶球为一直径12.9厘米的大球，镂雕祥云，十余条健龙穿行于云层之间。神奇之处在于，顶球从外至内共有22层同心套球，每一层都是一个独立的小球，球球相套，层层都能转动。

台柱分三节，中间为一小套球，六层透雕，纹饰与顶球相同。下部雕7个脚踩祥云的仙人。底座为透雕卷草云龙纹四足座，玲珑剔透。仔细观看，整件文物由10块象牙雕件组成，其间以旋拧的螺扣相接，制作工艺十分复杂。

辽宁省博物馆学术研究部副研究馆员王忠华介绍，转心象牙球又被称为“鬼工球”，是来自广东的一种传统牙雕。称它鬼斧神工、奇工巧艺毫不为过。因为这个顶球直径仅12.9厘米，最外层的云龙纹雕刻，厚度约1厘米，剩下的厚度要被内部21层同心套球均分，还要留出转动的缝隙，所以每层的厚度不足4毫米。这样的工艺，不仅要求球体要薄，里面还要层层透雕，最里面的几层小球雕刻面积小，还不能被外面几层遮挡，雕刻这个顶球的难度可想而知。

这件工艺品有怎样的来历呢？辽宁省博物馆典藏部主任李慧净介绍，转心象牙球是在20世纪70年代初从省文物店征集来的。按工艺水平分析，它不是民间工匠能够制作完成的，它的透雕、圆雕工艺特别精湛高超，纹饰繁杂，符合清代皇亲贵族的审美情趣，能代表当时手工艺制作的水平。制作转心象牙球非常费时费力，民间少有流传，而且民国早期仿制的艺术品达不到这种精美程度。因此，专家推测，其可能为清宫散佚文物，制作年代应为清

# 云龙人物纹转心象牙球

## 国宝档案

这件工艺品为摆饰，由 10 块象牙雕件组成，其间以旋拧的螺扣相接，构思极为巧妙，制作工艺十分复杂。转心象牙球由顶球、台柱和底座三部分构成。令人叹为观止的是，上部顶球镂雕十余条健龙穿行云间，内外共有 22 层同心套球，每一层是独立转动的小球，同时镂雕 14 个圆孔，球球相套，层层都能转动，反映了清代高超的牙雕技艺。现藏于辽宁省博物馆。

直径 12.9 厘米

高 52.2 厘米

顶球：从外到内共 22 层，每层镂雕一个球和 14 个圆孔。球球相套，层层都能转动

小套球：从外到内共 6 层套球

雕刻 7 个仙人

底座

▲ 转心象牙球示意图

朝中后期。

## 牙雕技术在清代有三大流派

象牙雕刻又叫牙雕，是我国传统手工技艺之一。在数万年前的旧石器时代，华夏先民已经开始磨制兽骨、牙材。动物的牙、骨、角材质统称“牙材”，这其中以象牙最为稀有珍贵。

考古发现，我国牙雕至少有7000年以上的历史。新石器时代的河姆渡文化、大汶口文化遗址，曾出土象牙器皿和牙雕。周朝时期，贵族和诸侯手持象牙笏板，是当时身份的象征。文献中也多有记载，如《战国策·齐策》说:“孟尝君出行，至楚，献象牙床。”晋代《邺中记》载:“后赵季龙作象牙扇。”

“明、清两代是我国牙雕发展史上的高峰阶段。”王忠华说，在明代以前，因民间缺乏象牙，牙雕工艺发展比较慢。到明代时，牙雕吸收了竹、木、犀、石等雕刻工艺，开始显露光芒。福建泉州是明代重要的通商口岸，进口牙材方便、丰富，其牙雕工艺闻名一时。

牙雕在清代达到鼎盛时期，尤其以康、雍、乾三朝最为突出。由于与南亚、非洲各地的经贸交流频繁，这一时期的牙材进口量大，促进了牙雕的快速发展。宫廷与地方相互影响，形成了以广州、苏州、京城为中心的牙雕技艺三大流派。

广州牙雕以镂雕、透雕、浮雕、牙条编织和拼接组合等技法著称，代表作有球、扇、龙舟、塔、花篮等。究其原因，是清朝的国策使然。1757年开始，清政府实行“一口通商”政策，即封闭闽、浙、江三海关，只留下粤海关继续对外贸易，这使广州成为当时西洋船只进入中国的唯一口岸，东南亚、非洲等地的牙材大量输入广州，为牙雕工艺提供了充足的原料，在广州珠江沿岸一带逐渐形成了牙材原料贸易市场。牙雕艺人多聚集于此，形成行市，牙雕工艺和生产规模得到进一步的发展。

苏州牙雕产地（包括南京、杭州、扬州等地）地处明清时期的经济文化中心。在这里，中华传统文化积淀深厚，技师们在创作题材上吸收了竹雕、吴门画派等传统，在技法上追求意境，创作的作品以精雕细琢的小型牙器见长，风格古雅、野逸、秀美。

北京牙雕的兴起是在清朝早中期，主要面向达官显贵，乾隆时期达到创作高峰，最有代表性的就是清宫造办处制作的牙雕。其作品属于各地流入的牙雕工匠为皇室制作的精品，融合了各地区不同技艺的长处，风格精致华丽、典雅高贵，尤以雕刻人物闻名。

## “海上丝绸之路”带来牙材和车旋工艺

中国的牙雕工艺虽然历史悠久，但如转心象牙球这样的多层套叠同心圆结构、各部分之间用螺扣相连，需要技师有几何知识和精确的计算能力，这在中国传统技艺中非常罕见。因此有学者认为，这个转心象牙球是中国传统工艺与16至17世纪的欧洲（主要是今德国及周边地区）车床旋削分层工艺结合雕刻而成，它是中西方传统工艺技术融合的成果。

▲ 故宫博物院藏雕花卉象牙

在北京故宫博物院中珍藏着多件象牙球工艺品，它们曾是清宫中豪华的陈设品。其中一件象牙球有 16 层，每层 12 孔，厚不及 2 毫米。据清内务府造办处《活计档》记载：乾隆元年（1736）四月，“太监胡世杰交象牙仙工球一件，传旨，着酌量配一座”。这段记载表明，从乾隆初年开始，广东就进贡象牙球到宫中，将广东象牙球的制作时间推前到 18 世纪初。

通过清宫档案，研究人员发现清宫确实有加工牙材的西洋旋床工具。如乾隆三年（1738）十月，粤海关的一份年贡进单中，有“拱花洋旋床一座”。研究人员还发现当时有洋人协助操作旋床工具，如乾隆四十一年（1776），造办处发现西洋旋床没有配套铜盘，于是“着西洋人汪达洪同西洋旋床之人”去查验。《活计档》中还明确提到用西洋旋床制作各式象牙盒。这些记载表明，当时清宫已经在使用西洋旋床制作象牙工艺品。

从文物和史料记载可以确信，我国古代“海上丝绸之路”不仅带来非洲和南亚的牙材，也带来了先进的车旋分层、螺旋组合等制作技艺。这条以南海为起始通道的“海上丝绸之路”，从广州、泉州等港口出发，经过马六甲海峡、穿越印度洋，进入红海，抵达东非和欧洲，成为中西方贸易往来和文化交流的海上大通道。今天我们看到的转心象牙球，既继承了中国的传统工艺，带有东方审美，又融合了西方的先进技术，其实是多元文化融合的产物。

## 小微雕　大乾坤

在我国极其丰富的传统雕刻门类中，牙雕属于最为精细、独特的微雕工艺。除了牙材，微雕还可以在玉石、果核、竹木等材质上创作出精美的作品，因此被历代称为“绝技”。在微雕作品中，挑战细微雕刻只是技师的

▼北京故宫藏 16 层牙雕镂空套球

一门技术，能展现出深厚的文化内涵，拥有感人的艺术魅力，才是我们最应该传承的文化瑰宝。微雕艺术表现内容非常丰富，工艺难度也非常大，需要技师有很高的书画功底和独特的运刀技法。这就要求技师不仅要学习丰富的文学、艺术等知识，熟练掌握造型能力，还要锻炼手、心、眼的协调能力，尤其是手的感知能力。如辽博珍藏的一对核舟，以橄榄核为原料，以苏轼“赤壁夜游”为题材，将不足5厘米的小小果核，雕刻成二层船舱，比《核舟记》所记载的那件核舟刻法更为细腻复杂，是微雕中的精品之作。因为很多微雕靠肉眼无法分辨，雕刻时全凭技师感觉和经验，这种“神刻意雕”靠的就是日复一日练习获得的手感。

微雕技师还要甘于寂寞、沉得住气、静得下心，不能急功近利、贪图捷径。其实，微雕是一件很繁重，很耗费时间、精力和体力的劳动，不仅需要耐心，还要有超强的定力，想要入门学习牙雕等微雕，一般要三五年才能掌握技艺，但要想雕刻出真正的艺术品，没有十年八年的努力是不行的。一个可以独当一面的牙雕匠人，通常需要十余年的学习与磨炼，然后进入创作黄金期，因此，创作者必须对微雕具有浓烈的执着和热爱。

一件优秀的微雕作品，追求的是气韵生动的艺术境界和含蓄耐看的内在感染力，它不仅给人以文化的熏陶，更能给人以精神的激励，所谓“小世界演绎大乾坤”。而人才是文化传承的基础，民间传统艺术保护工作的一项重要内容，就是培养更多的民间艺术人才，让更多的年轻人喜爱、学习微雕艺术。让传统文化焕发光彩也需要有关部门创造各种条件，吸引热爱艺术、勤奋好学的青年人加入进来，共同弘扬传承祖国微雕技术。

# 乾隆粉彩黄地红龙大五供：中国瓷器史上的精品之作

导读

由五件工艺精湛、造型庄重的瓷器所组成的一套完整的礼器叫“五供”。在中国瓷器史上，“五供”作为瓷器中的一个类别具有十分重要的地位，特别是清代雍正、乾隆时期在景德镇御窑烧制的“五供”瓷器，是中国瓷器史上的精品之作。辽宁省博物馆收藏的一套“乾隆粉彩黄地红龙大五供”就是其中的精品，至今保存完整。其制作者以“沈阳唐英”自称，这又与沈阳有着非同寻常的关系。

## 清代御窑中的精品

“乾隆粉彩黄地红龙大五供”（以下简称“乾隆粉彩大五供”）是一套由景德镇烧制的祭祀用的礼器，由一个香炉、两个烛台和两个花觚（gū，古代盛酒器具）组成。香炉放中间，用来焚香，左、右两侧依次为燃烛用的烛台和插花用的花觚，呈对称摆放。

“五供”的原型为青铜彝器，可追溯到青铜时代，而用于祭祀的瓷器“五供”在明代才出现。

中国古人在祭祀时使用器具的历史由来已久，汉代称“供具”。从出土文物看，唐宋时期的瓷供器主要是碗、盘、瓶等器皿，没有固定的组合形式。到了元代，出现了香炉和花瓶的搭配组合。后来，由花瓶、香炉、烛台三种器皿组成的供器，称为“三足具”，是宗教供器中最基本的组合形式。

“到了明代，‘五供’成为定制，一般是由

# 乾隆粉彩黄地红龙大五供

国宝档案

该套瓷器现藏于辽宁省博物馆，共五件，呈对称摆放，中间是一只香炉，两侧依次为烛台和花觚。这套瓷器是清朝时国家祭祀用的礼器，皇帝在盛京祭祖时曾使用。后人评价，乾隆时期的景德镇御窑烧制的瓷器，是中国古代瓷器中的精品。

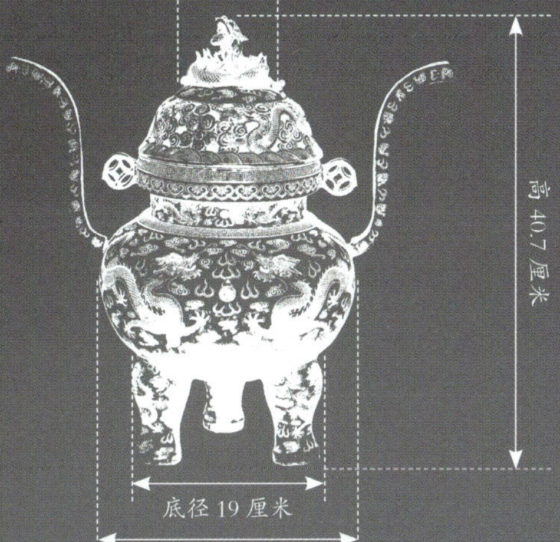

▲ 香炉简化示意图

一个香炉、两个烛台和两个花觚组成，其质地可以是陶瓷、金属、玉石、漆器、珐琅等。”辽宁省博物馆典藏部主任李慧净说：“清代时，‘五供’的制作水平达到了高峰，特别是乾隆时期，瓷器‘五供’的烧制工艺成为后世难以逾越的顶峰。”

辽宁省博物馆所藏的这套“乾隆粉彩大五供”保存完好，烧制于景德镇御窑，是清代御窑瓷器中的精品。该套瓷器是在20世纪50年代由北京调拨到辽宁省博物馆收藏的，是辽博的镇馆之宝之一。

“乾隆粉彩大五供”中的香炉高40.7厘米，口径17.3厘米，腹径24厘米，底径19厘米。瓷器图案以红龙为主，红色的五爪龙于云雾中穿行，栩栩如生，十分传神。香炉腹上的红龙以中心轴分列两旁，香炉盖上盘卧的一条红龙扬首向上，口吐真火的形象，立体逼真。

## “陶圣”唐英督造“大五供”

乾隆时期是中国古代瓷器史上最辉煌的时期。中国瓷器的这段光辉历史与一个沈阳人密不可分，甚至这一时期所有出自景德镇御窑的瓷器都要冠以他的姓氏。

这个人叫唐英。

唐英祖上是沈阳（沈阳在元代、明代称沈阳）人，因此自称“沈阳唐英”。他自清康熙朝时就在景德镇督陶，后来成为著名的督陶官，专门负责监督御用瓷器的生产。因其任职时间最长，成就最高，影响力最大，被后世誉为“陶圣”，他督窑时生产的瓷器称为“唐窑”。今天，我们在很多国宝级瓷器上仍然能见到“沈阳唐英”款识。

史料记载，雍正六年（1728），47岁的唐英出任督陶协理官。唐英对陶瓷一窍不通，初到景德镇，他“杜门谢交游”，与工匠同吃同住，熟悉了制瓷的各种工艺，由一个外行转变成内行。乾隆时期，乾隆皇帝希望在瓷器烧造技艺上有更多突破，已升任督陶官的唐英极好地配合了乾隆的兴趣与艺术审美，在器形与釉色上多有创新，并首开文人瓷之先河。

在唐英的督办下，景德镇御窑烧制的斗彩瓷器器形变化多端、装饰富贵华丽、色彩绚丽缤纷，纹饰图案多由缠枝莲花、双鱼、灵芝等吉祥物组成。这一时期的瓷器工艺水平是集历朝历代所有瓷器制作之大成。瓷器装饰仅高、低温颜色釉就有57种；彩绘方面，“山水人物花鸟写意之笔，青绿渲染之制，四时远近之景”无所不有；造型设计上，从“古札器尊鼎卣爵之款制，到瓜瓠花果象生之作”，应有尽有。同时在瓷器的描画上更精细，枝叶纤细，花瓣分明。除了釉色的创新，他还竭尽所能在器形上下功夫，精巧复杂如转心瓶就此烧造出来，转动外瓶，就可以通过中腹镂空的部分看见小瓶在内层同步旋转。

乾隆皇帝曾命唐英烧造多套大型“五供”。辽博所藏“乾隆粉彩大五供”是这一时期粉彩瓷器的代表作之一。

粉彩瓷器是中国古代陶瓷史上诞生比较晚的一个品种，它创烧于康熙晚期，在雍正和乾隆时期达到巅峰。粉彩起源于对珐琅彩的简单

模仿，能恰到好处地描绘出接近自然界花草树木的色彩，甚至可以勾勒出所描绘对象的色彩明暗和层次。我国著名瓷器专著《陶雅》评价这一时期的粉彩“前无古人，后无来者，娇艳夺目，工致殊常”。

## “五供”是清朝举行重大典礼必备之物

沈阳在清代称为盛京，政治地位十分重要。从康熙十年（1671）至道光九年（1829）的158年间，先后有4位皇帝10次东巡盛京祭祖。在这一过程中，“五供”扮演了重要角色，每一个重要的场合都有它的存在。可以说，它见证了清帝东巡。

沈阳故宫博物院副院长李理说，“五供”是清朝时国家举行重大典礼的必备之物，特别是在清帝东巡过程中，“五供”必不可少。除了原本就存放在沈阳故宫、福陵、昭陵的“五供”之外，清帝东巡时也会从皇城携带来“五

供”器具以备不时之需。现在沈阳故宫、福陵、昭陵、辽宁省博物馆收藏有多套清代的“五供”，其中既有石器，也有瓷器、珐琅等材质，都是清代文物中的珍品。

清帝东巡以祭祀盛京祖陵为目的，皇帝通过亲临故里，告诫后世子孙“勿忘开创之艰”。清帝 10 次东巡，加速了沿途所经城镇的建设，使东北地区得到清廷的重视。作为皇帝在关外的行宫，盛京宫殿（今沈阳故宫）存有大批御用物品、皇家秘籍，提高了盛京的政治地位和文化地位。

乾隆时期，曾从皇城调拨大量宫廷文物至盛京宫殿贮存，其中有飞龙阁藏 800 件历代铜器，翔凤阁藏数千件宋元以来名家书画和清宫珍玩，敬典阁藏《玉牒》，崇谟阁藏《清实录》《满文老档》，西七间楼藏清宫殿板书籍等，影响更大的则是文溯阁藏《四库全书》。种种举动使得盛京在 100 多年时间里积聚了数以十万计的高品位文物精品，地域文化层次得到了提升。

李理介绍，清帝东巡祭祖的重要一地便是努尔哈赤的福陵。顺治皇帝虽未东巡，却早早定下祭福陵礼："献十二样果品并备酒、燃香烛。牲用熟。"规定皇帝亲祭福陵由左门入，遣官代祭由右门入，祭文、祭品由中门入。祭陵时，诸王于牌楼前下马，官员则于立红桩处下马。福陵中，努尔哈赤的牌位供奉在隆恩殿里。隆恩殿内的供桌上摆放着一套"瓷五供"，这里也是清帝祭祀时的主要区域。除此外，在隆恩殿后的"月牙城"还有一套摆放在石桌上的"石五供"。

二者在使用上如何区别呢？

李慧净介绍，"石五供"仅存在于明、清两代的皇陵中，最早出现在明成祖的长陵中轴线上，陵寝门外。"石五供"分祭台和"五供"两部分，全部用青白石雕琢而成。"五供"陈放在祭台之上，香炉不能焚香，烛台不能燃烛，花瓶不能插花。所以，"石五供"都用在室外，中看不中用，而"瓷五供"的使用场景是在室内。

相比之下，"石五供"只是一种象征性的器物，是辨等级、明贵贱的一个标志。例如，清朝有规定，只有帝、后陵才可以设立"石五供"。历史上还发生一个故事，在光绪元年（1875）兴建慧妃园寝时，慈禧为了抬高慧妃富察氏的地位，谕令在慧妃宝顶前设"石五供"。慈禧的这一做法受到了朝内大臣们的非议，她自觉理亏，最后不得不收回成命。

## 乾隆"五供"瓷器为何如此珍贵

手记
SHOUJI

乾隆时期是我国瓷器烧造史上的一段高峰，作为瓷器中的一个种类——"五供"，特别是御窑烧造的"五供"因为存世稀少而备受珍视。

唐英作为当时的督陶官，除了为皇帝烧造御用瓷器外，也为一些特定的人或场所烧造定制的瓷器，供器就是其中一类，特别是铭有唐英款识、烧造年代及用途的"青花五供器"最为珍贵。

笔者了解到，"瓷五供"之所以珍贵，一是作为"五供"器，一般人不能使用，因而都为皇家定制，一套五件。现在常见的多是其中一两件单品，能完整保存下来的"瓷五供"十分罕见。二是作为供器，唐英对烧造的要求更高，精益求精，成功率较低，烧坏的次品多，因此"五供"也成为"唐窑"出品的精品中的代表性器物，传世极少。

在众多供器中，烧造于乾隆五年（1740）至乾隆八年（1743）的"唐窑"瓷器最为珍贵。这一时期，唐英根据乾隆的想法，努力试验烧造多种新式瓷器。供器中的"青花缠枝莲纹花觚"正是这一时期烧造的。这种花觚体形高大，三段式造型显得更加雍容挺拔，上部是喇叭口，中间是鼓腹，下部是凤尾，器形古朴典雅，新颖别致。瓷质坚密，釉色光泽莹润，釉面匀净，是“唐窑”中最为著名的代表作，被后人称为“唐英花觚”，这也是中国陶瓷史上唯一以人名命名的瓷器品种。

唐英烧造的“五供”器，品质超群，造型庄重古穆，色泽纯正雅丽，工整的图案、清新的画意与秀美的造型相互结合，具有很强的艺术感染力。瓷器上有供奉者的姓名和烧造目的，也有具体的制作年代，十分罕见珍贵，是研究乾隆早期青花工艺及断代的标准器，也是认识和了解当时政治、文化和社会生活的重要参考资料，具有重大的学术价值和历史意义。

# 王尔烈百寿屏：萃集清代文化艺术的绝世珍品

导读

王尔烈百寿屏为辽阳博物馆收藏的国家一级文物，由王尔烈六世孙捐赠。从王家的传家之宝蝶变成博物馆的镇馆之宝，这让王尔烈百寿屏有了最好的归宿，也给王尔烈“辽东才子”的美誉找到了实证。这件百寿屏是清代朝廷要员、著名学者和社会名流为名臣王尔烈七十寿辰题赠的寿礼，它反映了清代中期文化艺术的发展水平，具有极高的历史、艺术价值。

## 王家后代捐出传说中的御赐屏风

辽阳市老城区武圣路上有一处古香古色的院落，这便是清朝嘉庆皇帝为王尔烈赐建的府第——翰林府，如今这里被辟为“王尔烈纪念馆”，此前王尔烈的后人一直居住在这里。

王尔烈（1727—1801）生活在乾隆、嘉庆年间，在正史中留墨不多。人们分析，当时王尔烈正忙于《四库全书》的编撰以及朝廷事务，对于个人著述没有闲暇时间整理，因此没有文集传世。后来，著名学者金毓黻苦心收集他的作品，汇编成《瑶峰集》，他的部分作品才得以传世，不过民间关于王尔烈的传说却流传很广。

在辽阳当地，自从嘉庆四年（1799）王尔烈在大理寺卿任上退休返乡后，民间便一直有个传闻：翰林府王家有一件御赐屏风。但这件屏风具体什么样，存放在什么地方，没有人知道。

辽阳博物馆原副馆长、文物保护专家邹宝库讲述：新中国成立后，辽阳的文物保护工作者也一直在研究、调查这个传说。1957 年，辽阳市文物管理所突然接到火车站的电话，说是在托运的货物中发现一件古代屏风，请帮忙鉴定。他和同事到火车站一看，大吃一惊：“这是王尔烈百寿屏，我们找了那么久，居然在这里出现了。”他们当即将屏风带回辽阳市文物管理所进行研究。

# 王尔烈百寿屏

国宝档案

屏风由九扇大屏组成，每屏高 2 米，依次用铜折页相连，全长 2.88 米。每扇上、下两端透雕寿字和牡丹花纹，屏心是用泥金纸写作的书画，共 126 幅，字画布局工巧。书画作品中有寿字 91 幅，集真、草、隶、篆、金文等书体，兼有满文、蒙文、藏文的“寿”字。此外，有诗词 5 幅，绘画 30 幅，所绘吉祥寓意的山水、人物、花鸟皆栩栩如生。这件百寿屏是清代朝廷要员、著名学者和社会名流为名臣王尔烈七十寿辰题赠的寿礼，被后人喻为“一座小型清代文化艺术宝库”“一部别致的百家书画集”，反映了清代中期文化艺术的发展水平，具有极高的历史、艺术价值。

▲ 纪昀的题诗和画作

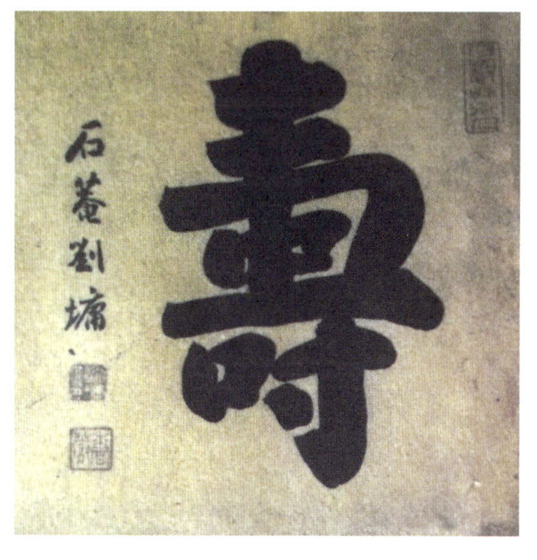

▲ 刘墉的楷书“寿”字

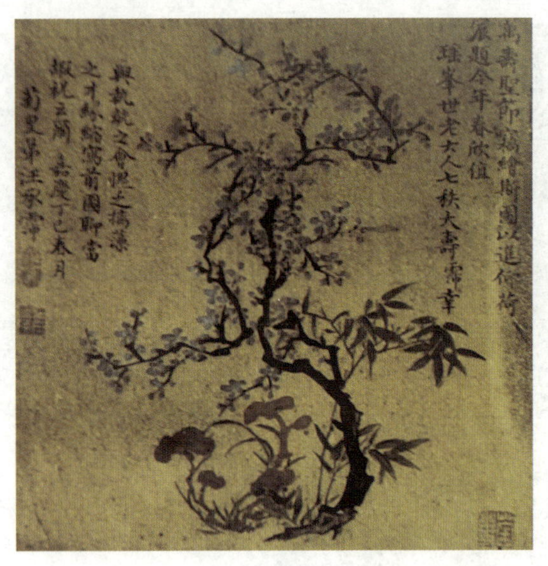

▲ 汪承霈绘制的缩小版设色《梅花灵芝图》

▲ 王念孙书鸟文“寿”字篆书

此屏为九扇大屏，每扇高 2 米，宽 32 厘米，木扇框。九扇依次用铜折页相连，全长 2.88 米。每扇上、下两端透雕寿字和牡丹花纹，屏心装裱的是用泥金纸写作的书画。再结合屏风首扇和尾扇的题款“公祝诰授中宪大夫内阁侍读学士加一级瑶峰王老大人七袠大庆 龙飞嘉庆元年岁次丙辰正月庚寅上澣吉旦 受业黄骅谨书”。人们确认这正是王尔烈百寿屏。由此，100 多年的传说被一锤定音。

王尔烈百寿屏经专家认真鉴定，被定为真品。随后文物管理所召开紧急会议，研究保护方案。第二天，负责同志就带着奖金和奖状到了王家。至此，这件国宝正式由王尔烈的六世孙王抚辰捐献给了辽阳市人民政府。

## “清代辽东才子第一人”

辽阳博物馆原副馆长、研究员张君弘说：“就科举考试成绩而言，王尔烈堪称‘清代辽东才子第一人’。”

王尔烈别名仲方，字君武，号瑶峰，辽阳县贾家堡子风水沟村（今辽阳县兰家镇风水沟村）人。16 岁时，他的诗文、书法就有名气。39 岁中举人，然而在 40 岁那年，他到京城参加会试却未能及第。又经过 5 年苦读，王尔烈一举考中贡士。经过殿试，中二甲一名进士，被乾隆皇帝钦点为翰林院庶吉士，“王翰林”之名由此而来。

张君弘统计，王尔烈当年考中的二甲一名进士，是全国第四名，在清代 112 次殿试中，他是辽东地区名次最好的一个。步入仕途后，王尔烈在乾隆、嘉庆朝先后担任陕西道监察御史、鸿胪寺少卿、光禄寺少卿、通政使司参议、吏部给事中、顺天府府丞、提督学政，晚年又曾任内阁侍读学士、大理寺少卿，他的最高官阶是四品。

虽是四品官阶，但屏风上的 126 幅字画让人惊叹不已——作者中，已经查明出身和官职的共有 103 人，除 9 人目前只知道是乾隆时期的进士外，其余 94 人都是当时在任的官员，包括 7 位大学士、4 位军机大臣、5 位总督、3 位尚书、11 位内阁学士、18 位各道御史等，其中一品高官就达 14 人。

辽宁大学副教授穆重怀分析："从寿屏的形制看，中间七扇，每扇均粘有两行共 18 幅泥金纸字画。这些字画均使用统一的边长 14 厘米泥金纸。没有统一的协调是不可能出现这种情况的，而且王尔烈百寿屏的制作时间至少在一年以上。王尔烈七十大寿是在嘉庆元年（1796）正月。"

在等级森严的清王朝中能够组织起这样一个规模，甚至不太注重职务排序的集体祝寿活动，不得不叹服王尔烈的影响力。

此外，穆重怀还认为，工尔烈百寿屏长期藏身于翰林府书房夹壁墙中的做法，应该始于王尔烈在世之时。因为寿屏从诞生的那天起就面临着曲折的命运。他说："把寿屏放在夹壁墙中固然有防盗防匪的打算，更重要的是要防备朝廷的彻查。要知道，名列寿屏的朝廷官员中后来有不少人由于各种原因获罪。"宦海沉浮，收藏他们的墨迹难免受到牵连，此外还有局势动荡的风险。在日本侵略者占领东北时，日本侵略者想要霸占百寿屏，找到王家后人，提出以 20 顷土地交换，王家不同意。日本间谍又打听到了宝贝的可能藏身处，提出翻修翰林府老宅，以便乘机抢走宝贝，结果也未能得逞。

这件国宝能够流传至今，得益于王尔烈当年的先见之明。

## 展现乾隆盛世的墨彩华章

我国书画鉴赏大师杨仁恺先生曾指出："王氏寿屏内容的组合，以围绕祝嘏为主题，用各种书体书写寿字八十余幅，同属楷、行、草、隶诸体，既不雷同，且各逞风姿，千变万化，均有出处。"

王尔烈百寿屏中间 7 扇共有字画 126 幅，有姓名可考的作者 125 人。屏心字画布局工巧：上下左右两行寿字，中间水墨设色字画。书画作品中有寿字 91 幅，集真、草、隶、篆、金文等书体，兼有满文、蒙文、藏文的"寿"字。其中汉文 86 幅，满文 4 幅，蒙藏文合书 1 幅。此外，诗词 5 幅，绘画 30 幅，所绘吉祥寓意的山水、人物、花鸟，栩栩如生。

张君弘说："王尔烈百寿屏中的汉文寿字远至金文，近至楷书，各有论证，不仅体现了书者的敬重之心，也表现了乾嘉时期文人的深厚学养。"

寿屏中最为人们熟悉的作者是刘墉和纪昀。刘墉即"宰相刘罗锅"，他曾任吏部、礼部尚书，体仁阁大学士，加太子太保。其书法名冠一时，被誉为"小字清代第一"，在当世就已经十分珍贵了。寿屏中刘墉的寿字是他在 77 岁那年书写的，充分表现出了"静、淡、清"的风格。

纪昀，字晓岚，曾任礼部、兵部尚书，官至协办大学士，加太子太保，在清代被公认为

▲ 无落款“寿”字

▲ 徐埌作的由二百五十九个小楷寿字组成的篆书“寿”

文坛泰斗、学界领袖、一代文学宗师。他在寿屏中留下的是一幅书画合璧的作品——《水墨仙鹤图》。这幅作品是其传世孤品，有着重要的价值。

邹宝库曾对寿屏中间7扇书画从上至下、从右至左依次排序编号，并逐一鉴别作品内容和人物身世，帮助人们更加深入了解其艺术价值。

第13号作品是一幅行书寿字，左边署名张若渟，他是清代名臣张廷玉的第四子，官至刑部尚书。

排在第69号的是一幅设色《桃花图》，左边署名方维甸。他在22岁时跟随大学士福康安出征台湾，曾官至清朝内阁侍读学士、闽浙总督。

排在第82号的是一幅篆书寿字，左边题“汉四神监”，署名潘世恩。潘世恩字槐堂，号芝轩，江苏省苏州府吴县（今江苏省苏州市）人，累官至清朝武英殿大学士、太子太保，加太傅。他学识渊博，曾任《四库全书》总裁。因其官场经历特殊，官运亨通，清末陈康祺编著的《郎潜纪闻》中，称他为“三百年中第一福气中人”。

排在第110号的是一幅蒙藏文寿字，作者是裘行简。他官至直隶总督，有《静宜室诗集》传世。

排在125号的是一幅篆书寿字，右题“嘉庆丁巳年仲春月”，作者钮祜禄·成德。“嘉庆丁巳年”即是嘉庆二年（1797），这说明这幅寿字是一份迟来的祝福，反映了王尔烈百寿屏可能不是在七十大寿那年全部完成的。钮祜禄·成德曾任清朝驻藏大臣，也是清道光帝续弦孝全成皇后之曾祖父。他是一员猛将，参加了征讨准噶尔、叶尔羌、缅甸、大小金川等战争，屡立战功，被赐号“赛尚阿巴图鲁”。

……

因此，有研究人员将王尔烈百寿屏喻为“一座小型清代文化艺术宝库”“一部别致的百家书画集”。

## 从“百寿屏”看王尔烈风骨

经过收集和整理，研究者统计，关于王尔烈的民间传说有几十种，而且绝大部分来自百姓的口头创作。因其所具有的历史价值、社会价值和文化价值，已经在2007年入选辽宁省第二批省级非物质文化遗产名录。

沈阳师范大学研究人员吴江曾对王尔烈年谱进行过专题研究。他认为，王尔烈的民间传说如此之多，从侧面说明了群众比较关注王尔烈。

王尔烈百寿屏勾勒出王尔烈在所处时代的影响力。

百寿屏上第76号作品是设色《梅花灵芝图》，作者是汪承霈，官至兵部尚书。他擅长画山水、人物、花卉，兼能指画。根据题款内容可知，这幅画是他把给乾隆皇帝创作的原画“复制”成缩小版，送给了王尔烈，这表达了对王尔烈怎样的敬重?

当然，一直引发关注，且在学术界争论不休的是第26号的楷书寿字。这幅寿字没有题款，也是全部作品中唯一没有署名的作品。有学者认为，这幅寿字为嘉庆皇帝颙琰所书。

辽宁大学副教授穆重怀发现，王尔烈七十大寿的嘉庆元年（1796）是个非常特殊的时期，乾隆皇帝虽然当上太上皇，但是仍将国家大权掌握在手中。与之相应，这个时期也是权臣和珅最为疯狂的时期。然而历数列名王尔烈百寿屏上的官员，绝少有阿附和珅的人。

百寿屏上第100号作品是一幅鸟文寿字篆书，署名“侍生王念孙”。王念孙官至清朝山东运河道，还是一位古文字学家，著有《广雅疏证》《古韵谱》等。当然他还做了一件嘉庆朝石破天惊的大事：弹劾权臣和珅，列举了和珅20条大罪。从他弹劾到和珅被赐死，仅仅经过10天。

穆重怀指出：“人以群分，从这件寿屏上，我们可以看到当时的官场生态和王尔烈处世立身的风骨。一件寿屏，体现了王尔烈交友择人和对待功名富贵的态度，这是比寿屏艺术价值更大的文化价值。”

国宝密码

能让我们回望过去时光、感受昔日生活的重要载体就是文物。它们经历漫长岁月抵达这里，带着斑驳的锈迹和历史的回响。以文物之名，我们得以窥见时间的浩荡，见证光阴的刻痕，感受文化的根脉。

辽河是辽宁人的母亲河，她从远古走来，滋养着两岸的土地和生民，也催生出具有鲜明地域特色的辽河文明。你可以走进 28 万年前的营口金牛山遗址，与原始人对话；也可以穿越到 5500 年前的红山时代，去看看牛河梁的匠人是怎样脑洞大开，雕磨出了那些纹样独特的玉器；还可以穿回到金戈铁马的辽金时代，在契丹文字消失之前写下文字密码……

作为文物与考古资源大省，辽河文明的传承同样具有不断点、不断代的特点，旧石器时代早、中、晚期均有较完整的序列，其后从商周、秦汉、隋唐、辽金元一直到明清时期，也均有珍贵文物留存。这些被称为“国宝”的文物正是中华文明和辽河文明的见证者。

同一星空，时光荏苒。文物说话，我们洗耳恭听。

# 玉润红山：红山文化玉器“出道即巅峰”

导读

玉是中国独特的文化结晶。处于新石器时代晚期的红山文化，玉器制作达到了前所未有的高峰，牛河梁红山文化遗址曾经与良渚文化共称为新石器时代的一北一南玉器中心。

红山文化距今5000年至6000年，那是中华文明曙光初现之时。很难想象，在那样一个生产力低下的时期，就已经有如此精美的玉器产生，而这些用作礼器而非日用品的玉器背后肯定已经发展出了一套成熟的礼文化。红山先民从哪儿获得玉石原料？这些独特的玉器与中原地区文明之间有着怎样千丝万缕的联系？“出道即巅峰”的红山玉器留给后世的猜想着实太多。

## 红山玉料产自何地

红山文化玉器的出土数量达300多件，其中牛河梁遗址出土玉器184件，制造如此大规模的玉器，红山文化玉器的玉石原料来自哪儿？

通过与岫岩一带玉石产出类型、地质背景、开发使用、地质组成等方面进行研究比较，专家得出“红山文化玉料主要出自岫岩”的结论。

“只是觉得你好看”，这或许是红山人发现玉石之美时的朴素想法。在漫长的生产劳动中，古人积累了辨认各种石材的经验，开始有意识地选择颜色好看，硬度、韧性俱佳的美石作为装饰品，这就是最早的“玉”。相比于粗制的打制石器，玉石制作的器物看起来更精美，更适合作为礼物“献给”神灵。

新石器时代制作的古玉器物大多遵循就近取材的原则，相比其他古玉产区，岫岩玉矿是离红山文化最近的玉石产区，所谓“近水楼台先得月”，距离近使玉石材料更容易到达红山先民生活的区域。

即便如此，红山人获得玉石原料的成本也不低，牛河梁与岫岩两地之间有一定距离，中间有辽河相隔，玉石原料对他们来说是一种“奢侈品”。因此玉器也自然被寄予了更多期待，被赋予更重要的意义，被作为重要的祭祀用品，而非生活用品。

## 怎样秒识红山文化玉器

红山文化玉器的很多造型与纹饰都有着不可思议的魅力。作为一名非专业人士，如何像考古专家一样秒识“红山式”玉器呢？

最直观的方法是看颜色，红山玉器多为黄白色、浅豆绿色和黄绿色，大部分红山文化玉器的玉料出自岫岩透闪石玉种，多为黄白色，

# 勾云形玉器

图鉴
TU
JIAN

勾云形玉器是红山玉器最有特色的器形之一，也因此成为判断一件玉器是否为红山玉器的重要特征点。

国宝档案

呈长方形，长 17.9 厘米，宽 10.8 厘米，厚 0.8 厘米。辽宁朝阳牛河梁遗址出土。该玉器有正、背面之分。

用途

对钻双孔，孔间琢有系沟，以便穿绳佩戴。勾云形器物多置于墓主人胸前、头部或腹部。

颜色

红山文化玉器多为岫岩玉，黄绿色。

纹饰

正面有随卷勾走向的宽而浅的瓦沟纹，背面无纹饰。

1 2 3 4 5

器形

五处勾云形状分别位于中心及四角。

▶ 马蹄状玉箍

这是一件墨绿色由蛇纹质玉料打磨而成的玉器，器物表面有黑色斑痕，呈圆筒状，中空，一端为斜口，一端为平口，靠近平口一端的器壁上有两个对称分布的穿孔。出土位置大多压在墓主人头骨下方。

▼ 玉凤

淡绿色玉，有小开片。整体呈扁薄片状，正面中部略鼓，背面较平。凤卧姿回首，凤身上的雕刻线条虽简却层次井然，颇富立体感。

白色极少。

虽然红山文化时期的玉器雕琢工艺已经达到相当高的水平，但其在造型上并不复杂，瓦沟纹和粗线的阴阳刻纹都是非常典型的红山文化纹饰制作技法。在红山文化玉器的雕饰上，红山先民保持着非常谨慎的态度，除了用刻画纹表现动物的头部和鸟类的羽翼以外，其余部分一律不再附加额外装饰。另一种重要的装饰纹饰——瓦沟纹具有深浅起伏的特点，更适合表现玉器的层次感和立体感，主要用在体形较大的片状玉器上。

斜口筒形器、勾云形器等都是红山文化最有特色的玉器品种，在其他史前文化中难觅踪迹。比如极具辨识度的勾云形玉器，玉勾云形器和玉勾刀形器的造型设计有很多相似点，玉勾刀形器的前部与玉勾云形器的四角几乎一样，在弯勾部分的表面也琢磨出与玉勾云形器完全相同的浅凹沟纹。

红山先民的玉工充分利用玉石外观，将人为的匠作与天然外形合二为一，无意于纹饰的精美繁缛，更追求一种“天人合一”的效果。

## 红山玉对后世有何影响

河南安阳与红山相隔千里。安阳妇好墓出土的755件随葬玉器中，有两件极具红山文化因素的玉器——玉龙和勾云形玉器，由此引发诸多猜想。

1976年冬天，河南安阳商代后期都城遗

▲ 玉龙凤佩

黄绿色，器身扁平有弧度，稍向背部内弯，有正、背面之分，正面以阳纹与较粗的阴线雕出一龙一凤，均为头部。龙吻部前凸，长舌圆睛，凤首高冠圆睛，喙部上扬。二者依附交缠，生动传神，设计极具巧思。玉龙凤佩，是最早能证明中国龙凤文化的器物。出土时位于墓主人的小腹部。

址发掘工作现场，商王朝第22代君王武丁之妻妇好的墓葬出土了大量器物。一件玉器引起人们的兴趣，这是一块蜷曲着身躯、立耳圆眼、吻部前凸、后颈有穿孔、头尾相接、中有缺口的商代玦形龙，与红山文化的玉龙造型极其相似，这些特征说明它继承和运用了红山文化玉猪龙的基本造型并略加变化，同时在龙身雕上具有商代特征的装饰纹样，成为商代玉雕中一种固定的器类。据此，有学者推断，商文化受到了红山文化的影响。

红山文化对后世文化的影响绝不仅是商朝这一个孤本，陕西凤翔上郭店的春秋晚期墓葬出土了勾云形玉器；陕西凤翔南指挥镇战国墓出土了玉雕龙；河南三门峡西周封国虢公长父墓，出土了在红山文化基础上发展而来的玉龙、玉玦……

即使同处新石器时期，红山文化玉器与凌

家滩文化、良渚文化之间也有着说不清道不明的联系。安徽含山县凌家滩遗址发现的玉龙、玉凤、玉龟、玉人的姿态与红山文化玉器极为相似。红山文化与良渚文化被视为远古时期一北一南两大玉器中心，两者在玉器形制上也有一定共性，由此可见，古人活动范围之大确是超乎想象的。

## 看器型，猜原型

红山文化玉器质朴简单，虽朴实无华，却有着迷人的魅力。一块普通的玉器，往往几刀下来便有了模样，关键部位的处理更是追求简洁、神似，很多时候玉器的造型也并非一味地对自然进行刻画，还有大量的原创思想。

“玉鸮”形态逼真，与当时森林中生活着大量的鸮鸟有关，由此创造出了很多动物形玉器；渔猎经济活跃，红山先民创造了大量的玉龟和玉鱼；受周围环境影响，于是就出现了那些典型的玉猪龙等兽形玉。虽然我们对兽首中到底蕴涵了多少种动物的形象还不是很明确，但我们可以知道这些造型是红山先民基于真实动物的启发，对其进行融合和变体后设计的。

几何形器具有斜口筒形器、镯、环、联璧等。斜口筒形器又名马蹄状玉箍，是红山文化晚期非常重要的器形，它的用途引起人们的讨论和猜想。它呈扁圆筒状，中空，一端为平口，一端为斜口，斜口一端形似马蹄状。有人认为它是戴在头上的束发器。对此，有专家认为，其功能不是为了束发，而是供灵魂出入的通天器。

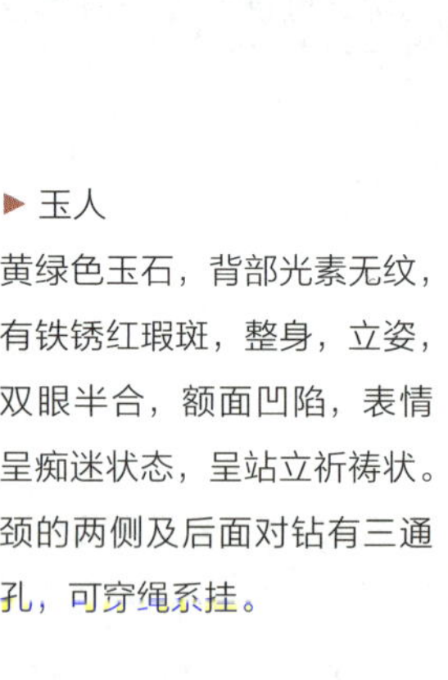

▶ 玉人
黄绿色玉石，背部光素无纹，有铁锈红瑕斑，整身，立姿，双眼半合，额面凹陷，表情呈痴迷状态，呈站立祈祷状。颈的两侧及后面对钻有三通孔，可穿绳系挂。

关于玉勾云形器弯勾的原型，目前仍众说纷纭，是模仿身体蜷曲的龙和凤、鸟类的勾喙、对云气的崇拜意识，还是以玫瑰花为原型的彩陶花纹图案？尚无定论。

## 玉器

从古至今，人们从不吝惜对玉的赞美，屈原有赞美和田玉的诗句：“登昆仑兮食玉英，与天地兮同寿，与日月兮同光。”唐代诗人李商隐有诗云：“沧海月明珠有泪，蓝田日暖玉生烟。”

玉是一种特殊的石头，是石头当中最美丽的那部分。中国古代玉文化的发展与古人的长期劳动、审美心理和宗教信仰有关。人们在打制石器的过程中有意识地选择颜色、硬度、韧性俱佳的美石，这是最早的“玉”。进入新石器时代，人们开始使用磨制石器对美石加工，并施以钻孔、饰纹和抛光工艺，这就是严格意义上的玉器了。新石器时代，玉器因承载更多宗教含义而备受尊崇。汉代以后，玉器作为身份等级和财富的象征成为重要的随葬品。

# 青铜溯源：
# 刻在鼎与戈中的历史事件

导读

金属冶铸史上最早的合金，其色青绿，故称“青铜”。

中国青铜器始于夏，盛于商周。一炉一火之间，人们与石器作别，一个新的时代开启。从此之后几千年中，即便历史的尘沙反复地覆盖，青铜的幽光也总能破土而出，闪耀至今。

我国古代的青铜器以商周时期的中原地区最为发达，而辽宁地处东北，远离中原，那么辽宁和青铜之间又是何时见面的？它们之间又会有什么样的故事发生呢？

## 匽侯盂与燕国疑云

一切得先从燕国说起。

《荀子·儒效》记载：“（周公）兼制天下，立七十一国，姬姓独居五十三人，而天下不称偏焉。”也就是说，西周早年一共分封了71个诸侯国，燕国是其中之一。

“战国七雄”中的燕国大家都很熟悉，可西周时期的燕国却少有人知了。司马迁在《史记·燕召公世家》中只用二十几个字就把跨越大半个西周时期的燕国史给交代过去了。除此之外，史书有关于此的记载基本上是一片空白。西周时期的燕国究竟在哪里呢？

这个疑问，在1955年因为一件青铜器在辽宁的出土，而有了新的解读。

1955年5月12日，喀喇沁左翼蒙古族自治县海岛营子村的几个村民正在山坡耕作，一锄头刨下去，一个青幽幽的物件露出了头，大家忙过来围观，原来是一件破旧的铜器。随后又在周围挖出了16件铜器，大家商量了一下，决定炼铜卖给当地合作社。

幸好此事惊动了当地学校的校长，校长和几位老师一起比对史籍研究，最终他们认定这绝不是普通的铜器，而是周代青铜器。

这批青铜器当中有一件如今就收藏于中国国家博物馆，并与司母戊鼎、四羊方尊等被称为“中国十大著名青铜器”。到底是一件什么器具如此的尊贵呢？它就是匽侯盂。盂，古代盛食器。匽侯盂纹饰精美，通体云雷纹为地，布满夔风纹显示了器主身份和地位的尊贵。不仅如此，匽侯盂内壁刻有五字铭文：“匽侯做饙盂”。饙，本意为蒸熟的米饭，那么这个“匽侯”又是何许人也呢？

因为“匽”与“燕”通用，“匽侯”即为“燕侯”。匽侯为当时燕国国君的统称，这几乎可以证明历史上确实有燕国存在，而辽西地区在西周初期可能属于燕国封地。

1973年，在喀左又有几批窖藏青铜器陆

# 匽侯盂

国宝档案

高 24 厘米，口径 35 厘米，侈口、深腹、平底、圈足，两附耳上部有横梁与器身相连。

图鉴

TU JIAN

欣赏精致壮观的青铜器，一个很大的障碍是其器型名称往往有难认字。仅举几例，得窥门径。

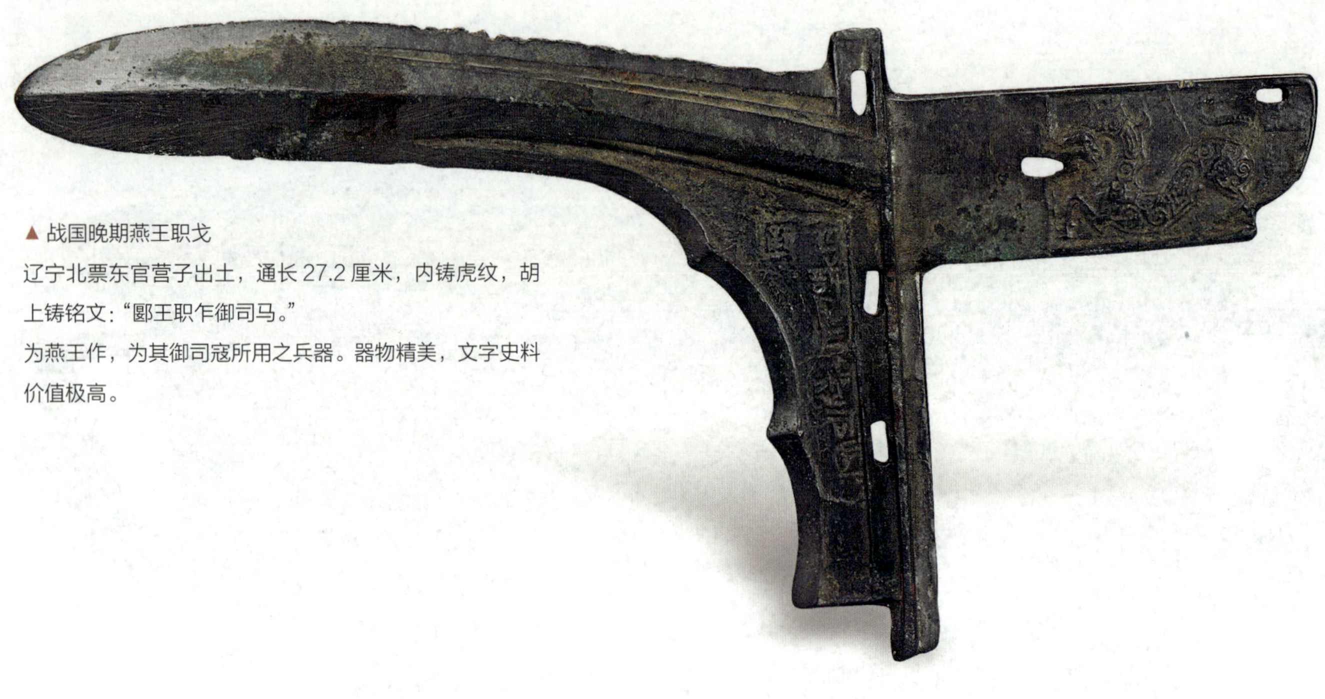

▲ 战国晚期燕王职戈

辽宁北票东官营子出土，通长 27.2 厘米，内铸虎纹，胡上铸铭文："郾王职乍御司马。"

为燕王作，为其御司寇所用之兵器。器物精美，文字史料价值极高。

续被发现。这些窖藏青铜器基本沿大凌河古道南北排列，通过铭文可以确定其中以燕国的青铜器为主。

是谁把这些青铜器埋在这里的？专家们对此有各种各样的推测，其中的一个猜想就与众所周知的"荆轲刺秦"有关。

可能是这样："荆轲刺秦"失败后，嬴政派大军讨伐燕国，燕王喜和太子丹慌忙逃命，其间就曾经过大凌河古道。此外窖藏青铜器出土时排列顺序的混乱也似乎印证了当时埋藏得比较匆忙。也许在埋下这些青铜器时，燕王喜和太子丹还抱有击败秦军，重返旧地取出青铜器的希望。但后来太子丹被杀，燕王喜被俘虏，最终燕国灭亡，这批青铜器就被历史遗忘了。

## 谁将李斯的丞相戈带到辽宁

辽宁省博物馆馆藏文物里有一把春秋战国时期产自赵国的青铜武器——春平侯铍，历尽 2000 多年的风霜侵袭却剑身无损，黑亮锋利。在这把铍临手柄处的正、反两面刻有两行精细的篆书铭文，正面为"四年，相邦春平侯，邦左库工师岳长身。冶匋沥执报齐（剂）"。背面为"大攻（通'工'）尹肖（通'赵'）闲。"这柄青铜剑的出土震动了当时的中国考古界，经时任中国科学院院长郭沫若先生鉴定，该剑系战国时赵国"相邦"（即宰相）春平侯监造的合金青铜剑。据考证，剑身上的"四年"字样，指的是赵悼襄王四年（前 241）。也就是说，这柄深藏地下的青铜宝剑距今已有 2200 多年的历史。

其实不仅是春平侯铍，在辽宁出土的各国兵器堪称五花八门，有魏国的启封戈，甚至还有秦国李斯的丞相戈。那这些他国的兵器是如何跑到了塞外辽宁的呢？

这些兵器的出土都在当年秦军进攻燕国的路线上，可能是秦国在北方击灭韩、赵、魏国后缴获赵国的战利品，把它们用于装备秦军，而在随后攻打燕国，一路追击燕王喜和太子丹时，将这些武器遗失在战场上的。

那么秦王嬴政为灭燕一路掩杀到了哪里呢？那把寒光依旧的春平侯铍也许能给出答案。

1971 年 10 月的时候，庄河公路管理段工人正在桂云花九炉屯北山头附近修公路，在夹杂乱石的黑土层中挖出一条沾满黑土的棒状物。工人董春昌用双手抹去黑土，发现竟是一件还没有生锈的青铜兵器。木质剑柄已经烂掉，剑身却很完整，且黑亮无锈，剑刃看起来还很锋利。

庄河，已是黄海之滨。春平侯铍失落于此，成为秦始皇统一六国、征战东北的有力见证。

▲ 饕餮纹大圆鼎

高 86 厘米，口径 61 厘米。辽宁喀左小波汰沟出土，制造于商朝晚期。此鼎直耳，深腹，柱足中空，胎壁微薄，口沿下及足上端分别饰单层兽面纹，重达百余斤，是国内出土最大的商代圆鼎之一，也是迄今为止发现的商王畿以外最大的铜鼎。现收藏于辽宁省博物馆。

## 辽宁青铜时代的源头在哪里

春平侯铍和匽侯盂虽然珍贵，但也只是战国时期的作品。那么在此之前呢？辽宁青铜时代的源头在哪里呢？

20 世纪 60 年代初，内蒙古赤峰一个叫“夏家店”的小村庄因为新发现一处遗址而一举成名。夏家店遗址有上、下两个内涵丰富的文化层，特别是在下层文化层内发现了十分精美的青铜器，年代上属于夏。从此，一种被命名为“夏家店下层文化”的新的考古学文化引起了考古界的广泛关注。

在此之后考古人员曾在锦州市郊发现了同属于夏家店下层文化时期的一件铜戈，戈柄与戈身连铸在一起，重量有 1000 克，这证明当时人们已经能一次性浇铸上千克的铜液了。

◀ 西周圉簋

出土于辽宁喀左小波汰沟。器身通高 29.8 厘米，口径 24 厘米。它是一件典型的方座簋，是辽西地区首个发现记载有周王和王都的铜器铭文的青铜器。

当然除了有“与夏为伍”的夏家店下层文化，辽宁还有包括高台山文化、马城子文化、双坨子文化等多种类型在内的其他青铜文化。这些文化各具特色又与中原夏商王朝保持着密切联系，成为东北不同系统民族文化的源头。可以说，虽然辽宁出土的青铜器数量不是最多的，但时间跨度是最全的，几乎可以说是“无断层”。

遗址中出土的国之重器大多收藏于辽宁省博物馆，番匜、鱼鼎匕、燕王职戈、安国侯铜虎符等，几乎每一件青铜器上都凝结了一段历史，也带着一些疑问。比如：父丁孤竹罍真的能证明今大凌河畔的朝阳市曾是孤竹国的中心？郑家洼子青铜短剑墓墓主人到底是谁？西周鸭形尊到底是叫鸭形尊还是雁形尊？这些青铜器身上虽都带着一个个的问号，却拼演出了一个灿烂辉煌的辽宁青铜时代，为我们穿越千年的历史探索旅程提供了难能可贵的坐标和导航。

## 青铜器

青铜器在古时被称为“金”或“吉金”，是红铜与其他化学元素锡、铅等的合金，刚刚铸造完成的青铜器是金色，但因为出土之后，随着时间流逝产生锈蚀后变为青绿色，被称为“青铜”。中国青铜器开始于马家窑文化至秦汉时期，以商周时期的器物最为精美。在中国仰韶文化早期和马家窑文化时期就已经出现。中国最初出现的是小型工具或饰物。夏代始有青铜容器和兵器。商中期，青铜器品种已很丰富，并出现了铭文和精细的花纹。商晚期至西周早期，是青铜器发展的鼎盛时期，器形多种多样，浑厚凝重，铭文逐渐加长，花纹繁缛富丽。随后，青铜器胎体开始变薄，纹饰逐渐简化。春秋晚期至战国时期，由于铁器的推广使用，铜制工具越来越少。秦汉时期，随着陶器和漆器进入日常生活，铜制容器品种减少，装饰简单，多为素面，胎体也更为轻薄。

▶ 伯矩甗

分上、下两部分，上部称为甑，中间是穿孔的箅，以利于蒸汽通过；下部是鬲，用以煮水。高足间可烧火加热。内腹有六字铭文：“白（伯）矩乍（作）宝尊彝”。它是周初时期，燕势力到达长城以北的又一实证。

# 印象千秋：古镜古印古钱币，方寸之间有乾坤

导读

2021年，由辽宁美术出版社甄选辽宁省博物馆馆藏365件国宝级文物集成的《辽博日历》成为很多人争相收藏的“宝贝”。除了久负盛名的书画、青铜器等，日历中还展示了不少辽博收藏的铜镜、货币、印玺中的珍品。在辽宁省博物馆馆藏的超过11万件（套）文物中，这三类藏品也占有举足轻重的地位，它们虽然没有书画那样唯美珍贵，也不如青铜器的厚重悠远，但这些深沉于古人生活中的小型器物，真实记录了千年来人们的喜怒哀乐与岁月沉浮，成为后人们捕捉历史瞬间的丰实源泉。

## 铜镜也有“趣”

铜镜，古称“鉴”或“照子”。《轩辕黄帝传》中就曾有“黄帝铸镜”的记载。在商周时期，铜镜主要是当作祭祀的礼器，到了春秋战国至秦，铜镜是王公贵族才能享用的“奢侈品”，直至西汉末期，铜镜才逐渐走向民间。铜镜见证了社会的发展与朝代的更迭，亦承载了各个历史时期人们的智慧与心境。小小的铜镜，也因此变得趣味盎然。

铜镜一般由镜面、镜背、钮、镜铭及纹饰等组成。青铜镜镜背中心那个凸起部位就被称为“镜钮”，一般为圆形，有穿孔。当然也有其他形状，比如长鼻钮、博山钮、兽钮等，辽宁省博物馆馆藏的瑞兽葡萄镜就是典型的伏兽钮。值得一提的是，钮也是中国铜镜区别于西方铜镜的一个重要因素——西方铜镜更多是带柄的。

▲ 四山纹镜

直径14.7厘米，方钮座，外围凹面方格带。纹饰由地纹与主纹组合而成。镜背分为四区，每区内有一倾斜的“山”字。

古人还在铜镜里加入了不少有趣的“高科技”，比如在汉代就有一种透光铜镜，当光线照在镜面上时，镜面相对的墙上会反映出镜背花纹和铭文的影像，古人称之为“幻镜”。这种铜镜的原理其实很简单，在铸镜时，镜薄处先冷、厚处后冷，铜的收缩性大，使镜面各部分出现了与镜背图文相对应的凸凹不平和曲率差异，从而造成了图文虽然在背面，镜面却隐

# 瑞兽葡萄镜

国宝档案

唐。直径 23.2 厘米。镜钮为伏兽钮。内区 8 只瑞兽，外区饰蔓枝葡萄纹，枝叶繁盛，蜂、蝶绕枝飞舞，又有瑞兽杂列其间，制作技艺高超而精湛。

然有些迹象，一经日光照射，背面的纹饰就会反射出来。

和现在的商品一样，铜镜也曾是有“商标”的。宋元时期，铜镜市场化程度提高，于是出现了大量类似“商标”的镜铭。当然铜镜里也是有“名牌”的，像汉代的惠集镜、隋唐的隋庙镜、宋代的湖州镜。这些“品牌铜镜”除了带“商标”，还需要带“防伪”。像湖州镜大多在背后注明“真”或“如假包换”字样。著名的石家铸镜更是将姓氏、店址、计量、真伪通通以铭文的形式直接刻在了镜背上，“广告效应”一目了然。

## 印出“表情包”

现代人利用图片和文字来表达感情的方式被称为“表情包”，但其实，“表情包”早在千年以前就已经流行起来了。只不过我们的表情包在电脑和手机上，而古人的表情包则刻在玺印上。那么古人刻在玺印上的“表情包”究竟是什么样的呢？

玺印有3000年的历史，在战国、秦汉私印中，有不少是镌刻箴言和吉祥语，称为箴言印和吉语印。这类印没有凭信和交际的作用，通常是用来赏玩的。箴言印大多讲如何修身，吉语印多关注健康长寿和家族发展。这两类玺印内容就堪称古人的“表情包”。

吉语印与箴言印的印面形态很丰富，有方形、长方形、圆形、心形等，印面文字少则

▲百牛

战国时期吉语印，铜制，玺文为铸造阳文，根据吴振武先生的《古玺文编校订》将玺文释读为“百牛”，牛在先秦时期是祭祀时的主要贡品，也是重要家庭财富，百牛不仅是古人对更高社会地位的期待，也是对更多财富的向往。

图鉴

TU JIAN

中国印的类型多种多样，除了最常见的人名印，还有箴言印、成语印、吉语印，等等。篆刻家用印来表达感情和寄托，跟今天人们网上交流使用的表情包有异曲同工之妙。

正行无私

战国时期

会心处在不远

清代·胡钁

宜子孙

汉代

正欲清谈逢客至

清代·黄易

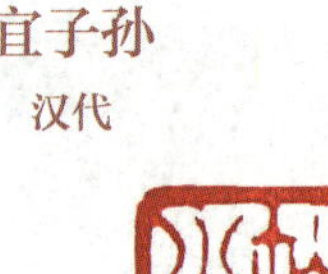

顿首

宋代

已知

宋代

一二字，多则十数字，内容也和如今的“表情包”一样，大多从一个侧面反映了人们的精神状态和思想意识。

战国时，吉语印和箴言印多在三个字以内，如“昌”“宜子孙”等，有的干脆直接刻上“大吉”二字。到了秦代，印文开始以“和众”“相思得志”等为主。辽宁省博物馆馆藏的一枚战国时期铜制箴言玺玺文就是“正行无私”四个字，含义为修身正行，居官无私。至汉代，印文又多以“日利”“日入千万”等为主。值得一提的是，吉语印和箴言印上的词语有些还见于同时期的铜镜、玉器等日用器物，也算是古人的一种“语录摘抄”。

宋元时期，成语印开始出现，作为吉语印的翻版，成语印内容常是一些文雅的词句。比如辽宁省博物馆馆藏文物中的几枚元代成语印，内容就包括“甲子同胞”“文行忠信”等。

近代时期，社会变革促进了艺术思想的碰撞、渗透和衍生。一些失意文人、书画家纷纷介入印章创作的领域，以印材为载体，输入对人生的感悟、志向，开始打造一种全新的“箴言印”。而这种寄托作者喜好心情的“箴言印”和现在的“表情包”简直是如出一辙，如表达感悟的“会心处在不远”，颇具调侃之风的“前事休说”“偶用左手”等，其他还有诸如“不到长城非好汉”“寿如金石累世未央”等。

▲ 壮泉四十钱范

王莽曾先后进行了 4 次币制改革，发行了“六泉十布”。壮泉四十就是六泉之一，壮泉四十本就是古钱币“五十大珍”之一，它的钱范更堪称国宝。

▲ 一刀平五千

## 古泉“汇”珍宝

王莽创立的新朝只维持了 15 年便烟消云散，但作为历史上的“造币狂人”，王莽发行的货币（通称为“莽钱”）中的一部分如今却成为稀世珍宝。比如在辽宁省博物馆馆藏中，就有一枚“一刀平五千”被称为古货币中的珍品。当年为了稳固政权，王莽以托古改制为名，曾先后进行过四次大规模货币改革，这枚金错刀就是王莽第一次货币改革的产物。这枚金错刀钱身为青铜材质，刀环形如大钱，上有黄金错成的“一刀”两篆字，刀身形如刀，上铸有“平五千”三篆字阳文。这种大面值货币的铸期不长，铸量不多，因此存世量稀少，它造型奇特，又是我国最早且是唯一用错金工艺制成的钱币，所以更显弥足珍贵，被后世誉为“钱绝”。

这枚“钱绝”曾被清代古钱币家李佐贤收藏。著名的《古泉汇》就是李佐贤的大作。据说李佐贤每得一枚古泉，就随时分类嵌置在木板上，装套如书。每有余暇，常拿来摩挲玩味。他几十年坚持不懈，广泛收集，收藏了大量古币。刊行已百余年的《古泉汇》刻板早已散佚，而诸多李氏之旧泉如今就存于辽宁省博物馆内。

那么古钱为什么会被称为“泉”呢？其实泉钱相通始于周朝，汉代也有以泉替代钱相关的货币，这事相传也和王莽有关。据说王莽夺取刘汉天下后，对“刘”字非常忌讳，对繁体“刘”字结构中的“卯”“金”“刀”也都连带着忌讳了，而“钱”“铢”等字都有“金”字旁，所以他都弃之不用，而以“泉”代“钱”，一方面“泉”与“钱”字音相近，同时他也希望钱币通行如泉水般源源不断。王莽制定了“六泉十布”的货币制度，被后世弃用，但“泉”作为钱币的代称沿用了下来。

## 铜镜

铜镜一般是由含锡量较高的青铜铸造。形态美观，图纹华丽，被称为中国古代青铜艺术文化遗产中的瑰宝。

## 玺印

中国古代印章，先秦前，玺、印是一物，为格言玺。至秦始皇时规定，只有皇帝印才可称“玺”，官吏及一般人称“印”。

## 古钱币

指古代货币。中国古代钱币起源于殷商，发展于东周，统一于嬴秦，系统之完整，内涵之博大，是任何一个国家无法比拟的。

# 书画寻真：辽海翰墨丹青，一眼千年

导读

馆藏精品书画之丰富一直是辽宁省博物馆的骄傲，辽博所收藏的唐宋元书画真迹数量和珍贵程度，可以与北京故宫博物院比肩。如今存世不足10件的唐代书画，就有数件存于辽博，如唐代周昉的《簪花仕女图》，在美术史论家孙世昌看来，能与此图相较的，只有《捣练图》与《虢国夫人游春图》，但这两件作品断代不到唐，是宋摹本。又如辽博馆藏的唐摹本《万岁通天帖》，历来有“下真迹一等”之美誉。历史的因缘际会，让国宝归于辽宁，这正是辽博近年举办的各项大展吸引众多观众的原因所在。这些珍品书画的魅力何在？“珍”在哪里呢？

## 如何欣赏一幅中国绘画

“内行看门道，外行看热闹。”中国书画鉴赏的门槛较高，大多数人都在“看热闹”之列。但是怎么才能把这份“热闹”看得有滋有味，以下几个画面上的内容需要了解一下。

一要看画的是什么。看到一幅画，首先映入眼帘的是山水？是花鸟？是人物？这是看画的第一步。接下来要看是怎么画的。比如一幅山水画，先判断它是工笔还是写意。根据用笔、用色，还可以判断它是水墨山水、浅绛山水，还是青绿山水，等等。再深一点，要看画得如何了。这一点需要相当高的门槛。我们可以看看山石的皴法，看看人物的线条，品味整体的结构造型，进而体会意境。

经过以上三个层次，我们就算认识了一幅画。如果感兴趣，还可以看看画的款、印、题。中国画上的款、印、题十分有趣。“落款”大致相当于西方绘画中作者的签名，一般包括作者的姓名别号、日期等信息，上面要钤盖印章。画上的印章不仅有作者的，还有收藏者的。题字可以写一个题目、一行自己想说的话，或一首诗、一段文字，常常与画作相得益彰，富有趣味。

## 何谓“教科书”级别画作

2022年10月27日，正在辽宁省博物馆展出的“和合中国”展吸引了众多观众。一幅12米多的长卷前，人们三三两两，观摩着、品味着、窃窃私语：“这些商铺是卖啥的？”“这个戏园收费吗？没看到售票处！”“那块儿是文庙吧！”……

这幅长卷就是清代画家徐扬的《姑苏繁华图》。随着徐扬的画笔所至，连绵30里的湖光山色、水乡田园、村镇城池、社会风情跃然纸上。辽宁省博物馆副馆长董宝厚介绍，今天的

政和壬辰上元之次夕忽有祥雲拂鬱

# 瑞鹤图

国宝档案

这是北宋徽宗赵佶的画作，描绘了鹤群盘旋于宫殿之上的壮观景象，绘画技法精妙，图中群鹤如云似雾，姿态百变，各具特色。构图一改常规花鸟画的传统方法，在中国绘画史上是一次大胆尝试。

▲《姑苏繁华图》

这是清代宫廷画家徐扬创作的一幅纸本画作，全长 12 米多，以长卷形式和散点透视技法，描绘了当时苏州“商贾辐辏，百货骈阗”的市井风情。据统计，画中有 4000 余人、50 多座桥，许多地点今天仍能找到。

綿紬梭布發客
本店自製蘇杭

▼《姑苏繁华图》（局部）

苏州人在观赏这幅画作时，常常“今昔对比”，还能在画中找到熟悉的山川、城池，甚至一条街道、一家店铺、一座桥。

这幅《姑苏繁华图》堪称中国美术史风俗画的经典作品。但在董宝厚看来，它还不是辽博馆藏书画精品中的“顶级”。他认为，一幅画作只有对后世产生了深远影响才算得上是“教科书”级别。比如《虢国夫人游春图》《捣练图》《簪花仕女图》等，它们的作者张萱、周昉突破了仕女画多以后妃、烈女、孝妇为题材的桎梏，描绘了许多家常琐事，如游春、赏雪、乞巧、藏迷、扑蝶、烹茶、吹箫、听琴等，再现了唐人生活的原貌，也令妇女画的题材从此广阔了，对后世人物画的影响极为深远。不但如此，这些画作还为研究历史文化提供了重要线索，例如研究唐代服饰，要看周昉的《簪花仕女图》。

## “书画同源”是怎么回事

“和合中国”展中，还有一幅被董宝厚称为“教科书”级别的作品，那就是赵孟頫的《红衣罗汉图》。“如果要办一个赵孟頫的画展，没有这幅画就不算一个完整的展览。”

赵孟頫是著名的“楷书四大家”之一，诗文音律无所不通，书画造诣极为精深，被称为“元之冠冕”。赵孟頫在绘画方面也是全才，山水、人物、花鸟无不擅长。这幅《红衣罗汉图》是赵孟頫人物画的代表作，他倡导师法古人，即画罗汉必以“天竺僧”为模特。画作既有唐人的古朴之态，又有元人的现实之意，借古开今，将宋以来已经非常成熟的山水画技法融入严谨的盛唐重彩人物画中，正是赵孟頫的高明之处。画后有一段作者时隔17年后的补题，其中“粗有古意”一句为今人研究他的艺术思想提供了重要依据。

“书画同源”是中国文化一大特质，提出“书画同源”这个观点的就是赵孟頫。他在著名画作《枯木竹石图》上题诗曰：“石如飞白木如籀，写竹还应八法通。若也有人能会此，须知书画本来同。”赵孟頫认为，绘画应该以“写”代“描”，用书法的笔法去画画，开启了文人画的大流行，给文人绘画开了一条“捷径”，后世的唐寅等名家能够投入到绘画事业中来，都和“书画同源”有关。

▲ 赵孟頫《红衣罗汉图》

自从书画相会，中国绘画就发生了根本变化。大量文人投入其中，将诗、书、画汇合成一个艺术整体，中国绘画因此变得更加抽象、深沉，意蕴深厚起来。

## 为什么要看真迹

除了精品画作之外，辽博的书法藏品也是十分经典：东晋的《曹娥诔辞》、张旭的《草书古诗四帖》、武则天时期的摹本《万岁通天帖》、赵孟頫的《欧阳修秋声赋》……还包括辽博“和合中国”展上展出的宋徽宗《草书千字文》。

宋徽宗赵佶唯一传世的草书长卷《草书千字文》写在了一张整幅描金云龙笺上，长达11米却无接缝，是中国古代最早、最长的无接缝宣纸，仅纸张本身就是国宝级的文物。

这件《草书千字文》是宋徽宗40岁时所写，他一气呵成，运笔走势凌空自如，具有自然的、富有音乐感的气度，极尽奔放驰骋之态。宋徽宗的字可以说是“字中有画”的极致体现。

书画保存不易，因此书法家所处的年代越早，流传下来的书法作品越少。相比于刻本，真迹也就是墨迹本更加珍贵。碑刻过程中，很难体现书法运笔的一些细节，比如飞白、连带关系，而在墨迹本中，人们更容易了解书法家的书写过程、书写速度，通过这些细节去学习用墨、快慢、笔力、笔势等。

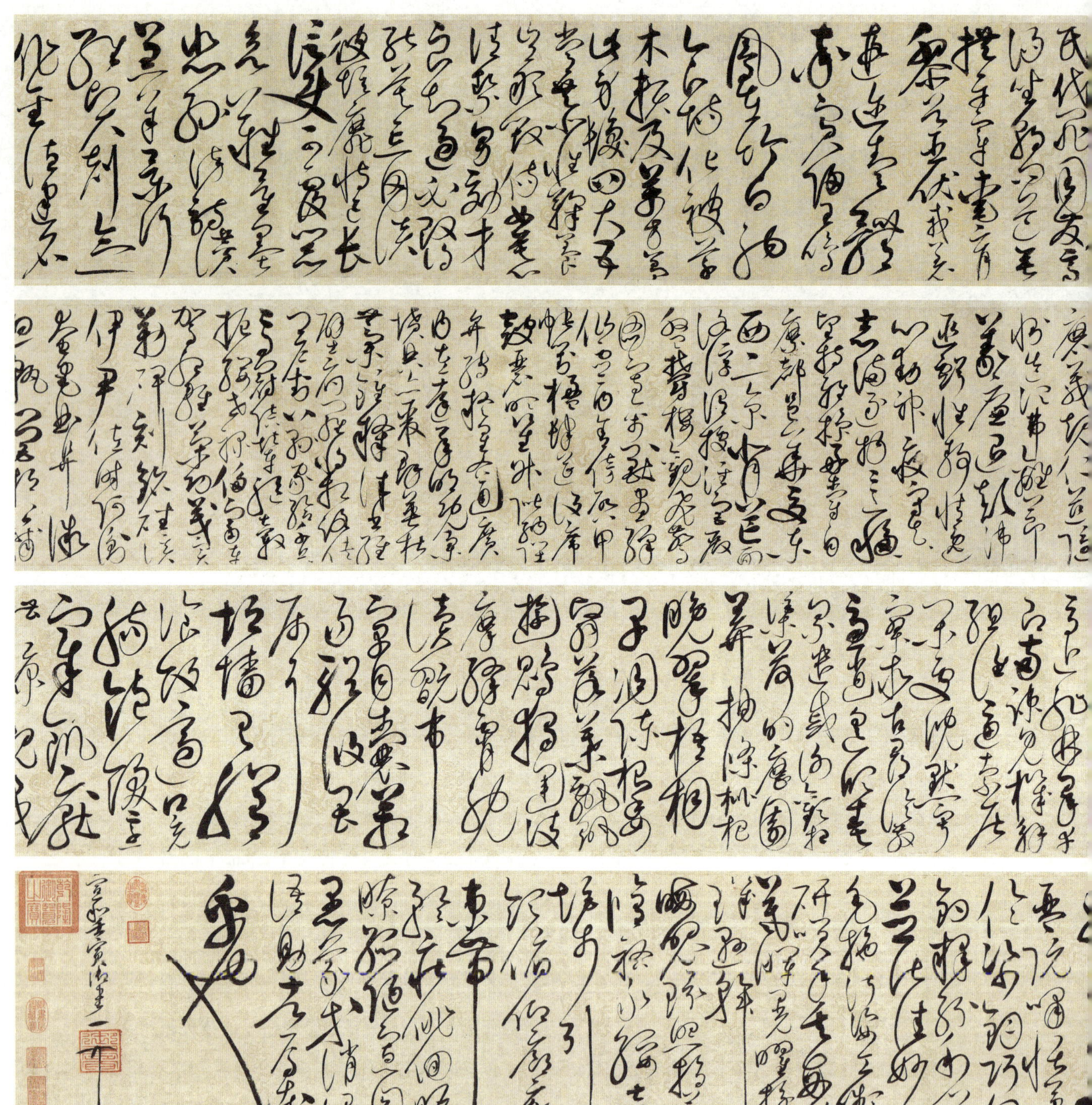

▲《草书千字文》

这是宋徽宗赵佶书写的狂草书法作品，内容为南朝大臣周兴嗣创作的《千字文》。作品在保证线条质量的基础上，写得迅疾威猛，气势浩荡，一泻千里，有“舍我其谁”之势。

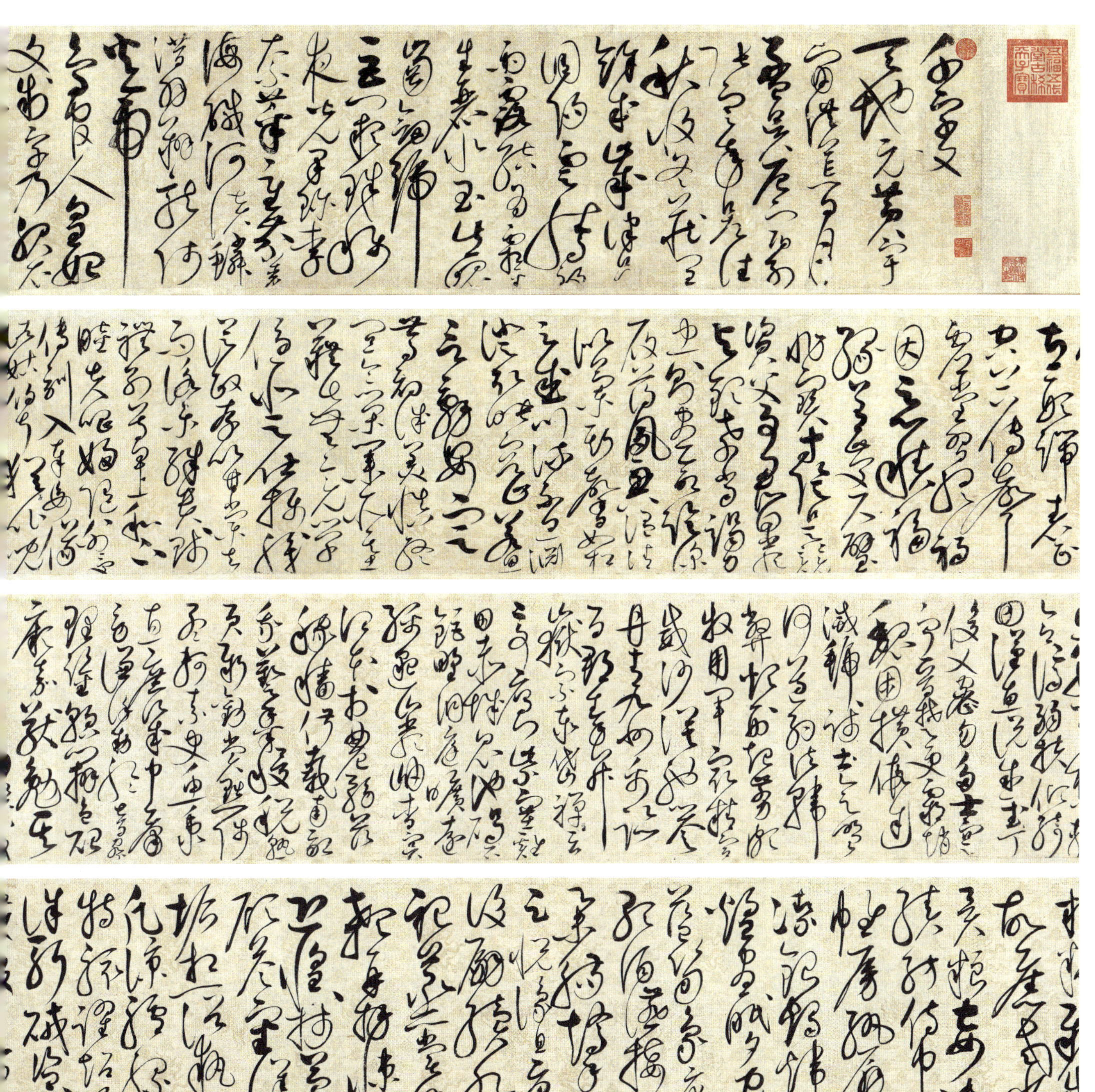

▲《簪花仕女图》

唐代周昉以画仕女图闻名，他的《簪花仕女图》描画了 6 位衣着艳丽的贵族妇女及其侍女于春夏之交赏花游园。现藏于辽宁省博物馆。

## 题字

中国绘画上除了画家的名款，还可以写其他的题字：可以写一个题目、一行自己想说的话，或一首诗、一段文字，内容要与画面有联系，书法要与画面和谐统一。

## 图鉴

TU JIAN

欣赏一幅中国绘画，一看内容，二看技法，三看艺术水准。此外，印章、落款、题字也是判断作品年代、真伪的重要因素。

▼《虢国夫人游春图》摹本

宋摹本。纵 51.8 厘米，横 148 厘米。原画为唐代画家张萱所绘。

### 落款

中国绘画中书写画家的名款叫作“落款”，一般包括作者的姓名别号、日期等信息，上面要钤盖印章。许多鉴赏家看书画，首先要看落款。

### 印章

元代开始，中国绘画的画作上开始钤盖印章，不仅有作者的，更有收藏者的，收藏者可以以此表明所有权，也可借此“留名”。

### 技法

欣赏一幅中国绘画，要由远及近，看视点、意境、色彩、笔法、墨法，其中用来构图的视点是不固定的，用来造势的意境需要用心体会。

## 中国画

我国的传统绘画形式是用毛笔蘸水、墨、彩作画于绢或纸上。工具和材料有毛笔、墨、国画颜料、宣纸、绢等，题材可分人物、山水、花鸟。中国画在内容和艺术创作上，体现了古人对自然、社会及与之相关联的政治、哲学、宗教、道德、文艺等方面的认识，是琴棋书画四艺之一。

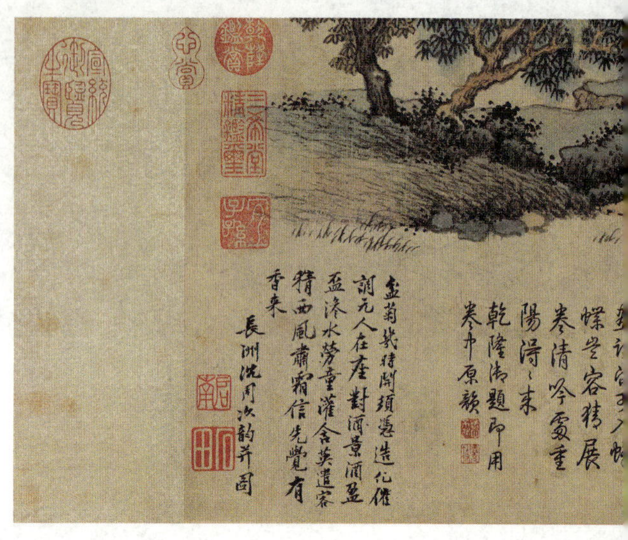

## 书法

中国书法是中国汉字特有的一种传统艺术。从广义讲，书法是指文字符号的书写法则。换言之，书法是指按照文字特点及其含义，以其书体笔法、结构和章法书写，使之成为富有美感的艺术作品。汉字书法为汉族独创的表现艺术，被誉为无言的诗、无行的舞、无图的画、无声的乐。

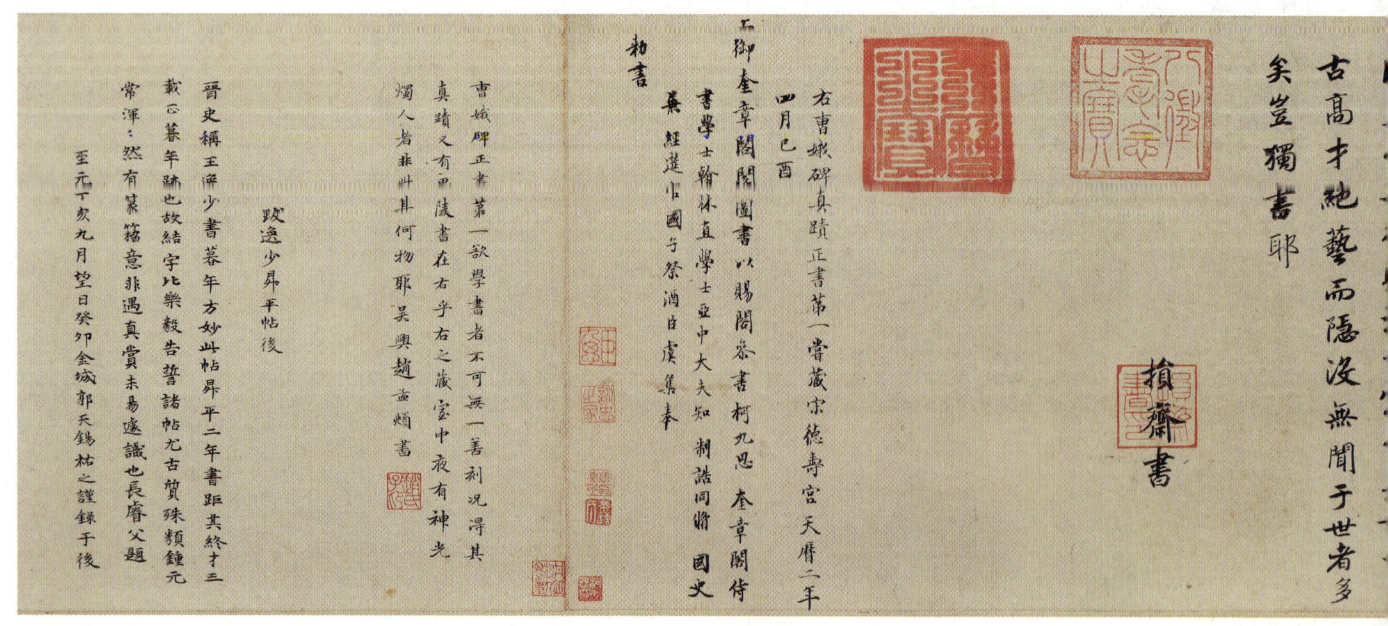

▲《盆菊图》

▼《曹娥诔辞》

# 丝绣风华：丹青入丝绣，惊艳旧时光

导读

“远看一幅画，近看万缕丝。”“画”不是真的画，而是独具匠心的缂丝作品。辽宁省博物馆的缂丝藏品，大多是这种“丝理丹青”，其中尤以缂丝大家朱克柔的作品《山茶蛱蝶图》和《牡丹图》最为珍贵。朱克柔是南宋人，生活在今天的上海松江一代，传世缂丝作品只有7件，其中2件藏于辽博。

宋人为什么要用缂丝作画？远在上海的珍贵作品为何能够来到辽宁？循着这些疑问，我们触摸前辈镌刻在时光里的丝绣情怀，随即产生无数美好的遐想。



## 这批丝绣精品缘何来到辽宁

今天的辽宁人能够近距离欣赏这些“重量级”的缂丝珍品，必须要感谢一位收藏家——朱启钤。

说到这个名字，大家可能不太熟悉。朱启钤生于1872年，曾经当过北洋政府的代理国务总理。他热心公益，创建了北京市第一座公园，梁思成和林徽因夫妇加入的那个中国营造学社也是他创办的。

朱启钤喜爱收藏，尤其喜欢收藏刺绣、缂丝这样的“丝理丹青”，被称为“中国缂丝收藏第一人”。

所谓“千金难求珍宝”，《山茶蛱蝶图》和《牡丹图》这样的珍品如何到了朱启钤的手中？根据他的后人回忆，最珍贵的那些宋元明缂丝藏品是朱启钤从恭亲王奕䜣的后

### 梭眼

缂丝的过程中，因为色彩的限制，当一根纬线从织机一头往另一头行进的时候，经常走到一半就回头了，这叫“回纬”，就会产生小窟窿，称为“梭眼”。

### 色彩

画中的山茶花是渐变的粉红色，看上去十分自然，像是画出来的一般。要想达到这样的效果，需要用十几种甚至几十种深浅不一的粉色彩线来实现。

### 通经断纬

这是缂丝的织造技法，先将画稿轮廓绘于经线上，然后依纹样色彩，一块一块地分别回纬缂织其纹。两色之间经线相通、色纬不相通，有时花纹之间遇到垂直线的边缘就会出现一条裂缝，乍一看给人一种“雕刻”的感觉，所以缂丝也叫“刻丝”。这种技法很难掌握，因此有了“一寸缂丝一寸金”的说法。

### 技法

花萼处用“长短戗”织出色彩层次。朱克柔把绘画的技法转变为缂丝的技法，她自创的“长短戗”类似于工笔画中的“晕染”，解决了画稿中色阶的过渡问题。

# 山茶蛱蝶图

**国宝档案**

南宋朱克柔作品。纵25.6厘米，横25.3厘米。古朴的蓝色上，三朵山茶花簇拥绽放，蝴蝶翩然，萦绕其间。含苞待放的蓓蕾、被虫蛀过的黄叶，一切栩栩如生、生机盎然。

▼《紫鸾鹊谱》

这是一幅北宋时书画装裱所用的缂丝。那时候，书画艺术空前繁荣，带动了装裱用缂丝的发展，其中紫鸾鹊题材盛行，但流传至今的多为残片，而这幅作品完整地保存了两组图案，十分精美。

人手中购得的。这些缂丝大多是皇帝御赐的，非常名贵，朱启钤还把它们整理成书稿发行。有日本收藏者听说后，出价百万大洋想要购买，朱启钤不为所动。

很快，这批缂丝的命运又出现了转折点。1929年，朱启钤手头有点紧，不得不将这批宝贝卖到了东北，并反复叮嘱买家："千万要好生收藏，绝对不能让它们流失到国外，特别是日本。"故事总是一波三折。九一八事变后，这批宝贝落在了伪满政府手中，被送往长春。新中国成立后，它们辗转来到了辽宁省博物馆中。

今天，宋元明清历代缂丝刺绣作品成为辽宁省博物馆的一大特色收藏，其中许多都是朱启钤曾经的收藏。其中最珍贵的宋代缂丝就有近20件，而北京故宫博物院的缂丝藏品多以清代为主，相较之下，辽博的宋元明缂丝藏品更多。

## 缂丝大家朱克柔是"他"，还是"她"

当我们的视线聚焦在缂丝精品《山茶蛱蝶图》时，一定会被左下角的留章和旁边的明代画家文彦可的题跋吸引，随之而来的，是无数个关于朱克柔的猜测：是工匠，还是艺术家？是"他"，还是"她"？

在辽宁省博物馆研究馆员朴文英看来，能够在缂丝作品上留章的人，一定不是普通的匠人，必然是一位大家。在古代，工匠的地位低下，常常"没有姓名"，只有书画作品上才能署名。而那时缂丝的匠人何其多！据了解，宋代的官府设置了专门的文思院来管理书画手工业，文思院的下面又设了42个作坊，其中就有一个“克丝作”。“克丝作”里，是否曾有过朱克柔忙碌的身影，我们不得而知。但在缂丝工艺繁盛的岁月里，能够突破一般匠人的壁垒，成为艺术创作大师的，目前来看，只有朱克柔、沈子蕃等寥寥数人。

关于朱克柔的生平，只能通过作品的题跋粗略追索：朱克柔是云间（今上海松江）人，出生于北宋与南宋之交，“女红出众”。还有资料称，朱克柔原名朱强或者朱刚，“克柔”取的是“以刚克柔”之意。

朴文英认为，不排除朱克柔是男性的可能，宋代妇女地位下降，而缂丝作为一个行当，不论是技艺的传承，还是日常经营事务，由男性负责更顺理成章。

不过，现在大多数人认为朱克柔是女性。有人将朱克柔的作品与同时代沈子蕃的作品进行对比，发现朱克柔多写花鸟，手法细腻，而沈子蕃多山水作品，爱好写意，一个像“大家闺秀”，一个像“文人骚客”，从而推测朱克柔是女性。

不论是“他”还是“她”，能够同时拥有画家、工艺家的身份属实不易。在文彦可的题跋中，有一句称赞“清新脱俗”，他称赞朱克柔的作品是“世人做梦都梦不见的美”。

## 大家闺秀的佳作为何能流传出来

和工艺繁复的缂丝不同，刺绣是我国古代女孩子从小就在做的活计。要想在刺绣技艺上获得“大家”的荣誉，难度可知。

▲《花鸟图册》

这组图册共有8开，都是花鸟，是明代顾绣大家韩希孟的代表作。韩希孟擅长绘画，精于刺绣，将画理与顾绣技艺相结合，融画、绣于一炉，相得益彰。

明代的顾绣大师韩希孟就是这样一位佼佼者。在顾绣以前，民间的绣品上并没有落款的风气，韩希孟就开创了这样的先河，这说明韩希孟没有把刺绣当作家庭杂艺，而是以针代笔进行的艺术创作。这个推测，我们还能从她的章款中看出端倪。她的章款包括虎头、韩氏女红、武陵和绣史等，其中“绣史”的“史”，意思是“女史”。汉唐时期，女史是对宫中执掌文书的女官的称谓，可见韩希孟自视甚高，

认为自己是个“绣中才女”。

韩希孟是一个大家闺秀，擅长书画，她的丈夫顾寿潜师从大画家董其昌，同样能诗善画，夫妻二人志趣相投。在韩希孟嫁入顾家之前，顾氏家族的女眷们已经打出了“精于刺绣”的好名声。她们的绣品精美典雅、技法独到，她们愿意在日常交往中“晒一晒”刺绣杰作，并把刺绣作品作为礼物送给亲朋好友。那时的顾家有个园林名为“露香园”，人们就把他家的刺绣叫作“露香园顾绣”。韩希孟的加入，更将顾绣技艺推向了巅峰。

按照常理，顾绣应是长在庭院里的兰草，那么她的作品怎么会流传出来呢？

这是顾家的悲哀，却是百姓的幸事。顾氏家族渐渐没落，因生计所迫，顾家后人将家藏的绣品换了米粮，其中就有韩希孟的许多佳作。如今，她的代表作《花鸟图册》就静静地躺在辽宁省博物馆中，向人们讲述着旧日的光景。

而到了顾绣的另一位标志性人物顾兰玉这一代，则将顾绣推向民间。顾兰玉 24 岁丧夫，迫于生计，开始设立刺绣作坊，广收门徒，传授顾绣技法。一时之间，十里八乡的许多女子都以顾绣为营生，形成了相当的规模，更造就了“百里之地无寒女”的富庶气象。

◀《仇英水阁鸣琴图》
这幅作品以明代著名文人画家仇英的作品为粉本，通过缂丝技艺，表现庭院、人物、远山、近水，堪称明代织画结合的经典之作。

## 缂丝

缂丝源于古埃及和西亚地区的缂毛工艺，是以本色生丝为经，各色彩丝为纬，用“通经断纬”的织法，纯手工织成的高级丝织物。缂丝出现于唐代，当时以实用性窄幅带饰为主。宋代把缂丝技艺和书画艺术巧妙结合，将实用性缂丝发展为艺术性缂丝，使外来的古老工艺升华为“最中国”的艺术。

## 刺绣

刺绣是中国传统的手工技艺，出现于西周，汉代上流社会普遍用于服装和用品的装饰。唐代佛教兴盛，流行刺绣佛像，开创了从实用性刺绣走向艺术性刺绣的道路。宋代以书画为代表的各艺术门类百花齐放，模仿绘画的艺术性刺绣迎来了黄金时代。明清时期各地逐渐形成了具有地域、民族特色的刺绣艺术流派，题材各溯渊源，技法别具特色。

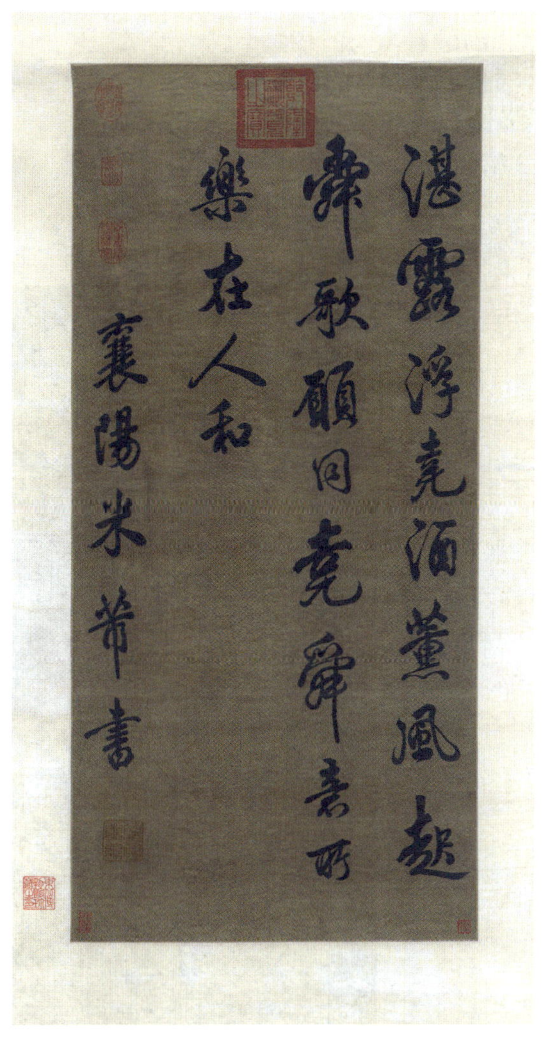


◀《米芾行书》

用缂丝工艺展现书法作品，往往会因为书法作品多竖笔增加制作难度。这幅作品摹缂了著名书法家米芾行书的唐代诗人白居易《杂曲歌辞·太平乐》诗句，丝线均匀，织造缜密，是缂丝书法作品中的佳作。

# 碑志密语：辽墓碑志重现消失的契丹文字

**导读**

一方磐石，经历一次次电光石火的击打，镌刻下穿越千年的文字。

碑志是指镌题文字的刻石，也称“碑刻”，是中国古代文化的重要载体，蕴含社会历史、书法、雕刻、人物传记、丧葬礼俗等信息。先秦时已出现刻石纪事，两汉时树碑立传的风气盛行，魏晋则开启了墓志之端，北魏以后，方形墓志渐成定制。

辽宁省博物馆收藏的碑志文物上自汉代，下迄明清，尤以辽代汉文、契丹文墓志最具特色。辽圣宗、辽兴宗、辽道宗及其皇后哀册共15石，堪称国宝。契丹建辽，立国210年间南征北战，在中国少数民族史上留下了浓墨重彩的一笔，然而，金灭辽后，契丹民族去向不明，契丹文字的破译成为考古界的一个难题。

## 何谓“墓”“志”“铭”

《礼记·檀弓上》记载：“古也，墓而不坟。”是说最早人死后直接埋葬，不做任何标志。周朝以后才开始“始筑坟墓，或种上树，以为墓的标志”，之后一段时间用木头制作墓碑，到汉代才有用石头做的墓碑，直到魏晋时期，墓碑都立于墓外的地面上。

东汉末期至魏晋时期，战乱频繁，曹操主张薄葬，除朝廷特许，概不得立碑。于是原本立于地上的墓碑转入地下，逐渐演变为墓志形式。

刻于碑上的铭文也经历不同时代的变化，汉时碑文文体散韵结合，前序后铭，序用散文以叙事，铭用韵语以称颂。至唐宋时墓志文将原本偏于叙事的文体，与议论、抒情融合在一起，以表达对逝者的无限崇敬和颂扬之情感。韩愈为柳宗元所作《柳子厚墓志铭》最为有名，全面记述了柳宗元的生平事迹和两人之间的深

# 耶律仁先碑志和碑盖

图鉴
TU
JIAN

辽代石刻碑志在厘清辽代历史脉络、增补《辽史》缺失资料方面发挥了巨大作用。

## 书法角度

汉字碑文所用字体为唐代楷书，碑文字体拙茂峻逸，有较高的艺术价值。志盖顶，阴刻楷书带有行楷韵味，规矩中带有潇洒，庄重中蕴含不羁。

## 契丹文字

契丹文字是辽代为记录契丹语而创制的文字，按创制时间先后分为契丹大字和契丹小字两种。

### 契丹大字

契丹大字是参照汉字制成的，沿用了汉字的横平、竖直、拐直弯的书写特点，并借用了一些笔画简单的汉字字形，如“仁”“来”“田”等。

### 契丹小字

契丹小字的形成年代略晚于契丹大字，由辽太祖弟弟耶律迭剌创制，是一种拼音文字。

## 国宝档案

出土于辽宁朝阳北票小塔子乡，耶律仁先墓志刻于辽咸雍八年（1072），李光书丹，有契丹小字和汉字志文两种文字。现藏于辽宁省博物馆。

## 纹饰

四角阴刻牡丹花枝，四坡线刻十二生肖，契丹民族喜欢牡丹、芍药、菊花等花卉，在辽代墓志文刻中多有出现。

大尚越墓
遼父宗誌
國于王銘

▲《契丹人出行图》（局部）

出土于辽宁阜新关山萧和墓中，图中绘有契丹侍从 14 人、驼车 1 辆及马匹若干。画面人物分成四组，每组之间相隔一段距离。这些青年人皆是髡发，稚嫩无须，戴耳环，穿着圆领紧袖长袍、短靴，牵引骆驼车前行。

厚情谊，是一篇情文并茂的优秀传记文学。

## 怎样看辽代碑志

能够厘清辽代历史脉络，增补《辽史》缺失的资料，破解契丹民族诸多疑惑，辽代石刻碑志发挥巨大作用。

辽宁境内保存的辽代碑志文物品类丰富，辽代帝后哀册、契丹贵族和汉人贵族墓志、石棺、石函、碑志、画像石、石刻等均有涉及。这些碑志在时间跨度上保持了连贯性，从辽代早期一直到辽末都有碑志出土，这些都是研究辽代政治、军事、经济制度和文化宝贵的文字及实物资料。

一块记述完整的碑志，包含墓主人的姓

名、性别、生卒年月、家世流源、官职身份、婚姻家庭等信息。碑志和碑盖的大小及制式的复杂程度可以用来识别墓主人身份。辽代帝后哀册碑志所选石材为致密的青石，碑志尺寸更大，志盖上书写字数更多。

辽代墓志的书体分为篆书和楷书两种。辽圣宗的汉文哀册即以篆书镌盖，字体极其工整、遒丽。楷书体镌刻书体则洒落天然、奔放飘逸，是辽代书法佳品，必然是出自名家之手。

## 契丹密语如何破解

契丹建辽后，先后创制了契丹大字和契丹小字两种文字，用以记录契丹语，两种契丹文字都是拼音文字。契丹大字是辽太祖耶律阿保机所创，模仿汉字的痕迹很重，是通过改造汉字的字形和增减笔画的方式而创制的。契丹小字是耶律阿保机的弟弟耶律迭剌所创，契丹小字有 300 多个表音字符，被称为“原字”，契丹小字的“原字”数量虽少，却能把契丹语全部贯通。契丹小字产生后，与契丹大字、汉字并行使用，成为辽代官方文字。

辽亡金兴，契丹文字渐绝于世，成了不为人们所识的死文字。直到 1922 年，内蒙古巴林右旗出土了契丹小字辽兴宗和仁懿皇后哀册，失传 800 多年的契丹文字才重见天日。

在中国古代已经消失的少数民族文字中，西夏文字有《蕃汉合时掌中珠》《音同》《文海》之类的字典性工具书传世，女真文字有《女真译语》传世。但契丹文字除《郎君行记》之外，

▲ 辽道宗皇帝契丹文哀册

出土于内蒙古巴林右旗永福陵，册盖刻篆契丹小字原字 6 行，每行 6 字，共计原字 36 个，册石刻楷书及行书契丹小字哀册文 37 行，每行字数不等，共计 1330 余字。

没有一篇是与汉字对译的，也就是说，没有对照的“字典”可查，因此解读起来非常艰难。

《郎君行记》是金太宗天会十二年（1134）刻于武则天无字碑上的《大金皇弟都统经略郎君行记》的简称，经过数十年的研究，最后解读出 400 多条契丹小字语词。

## 辽代碑志破解哪些谜题

破译辽代碑志，能知晓辽代名人逸事，了

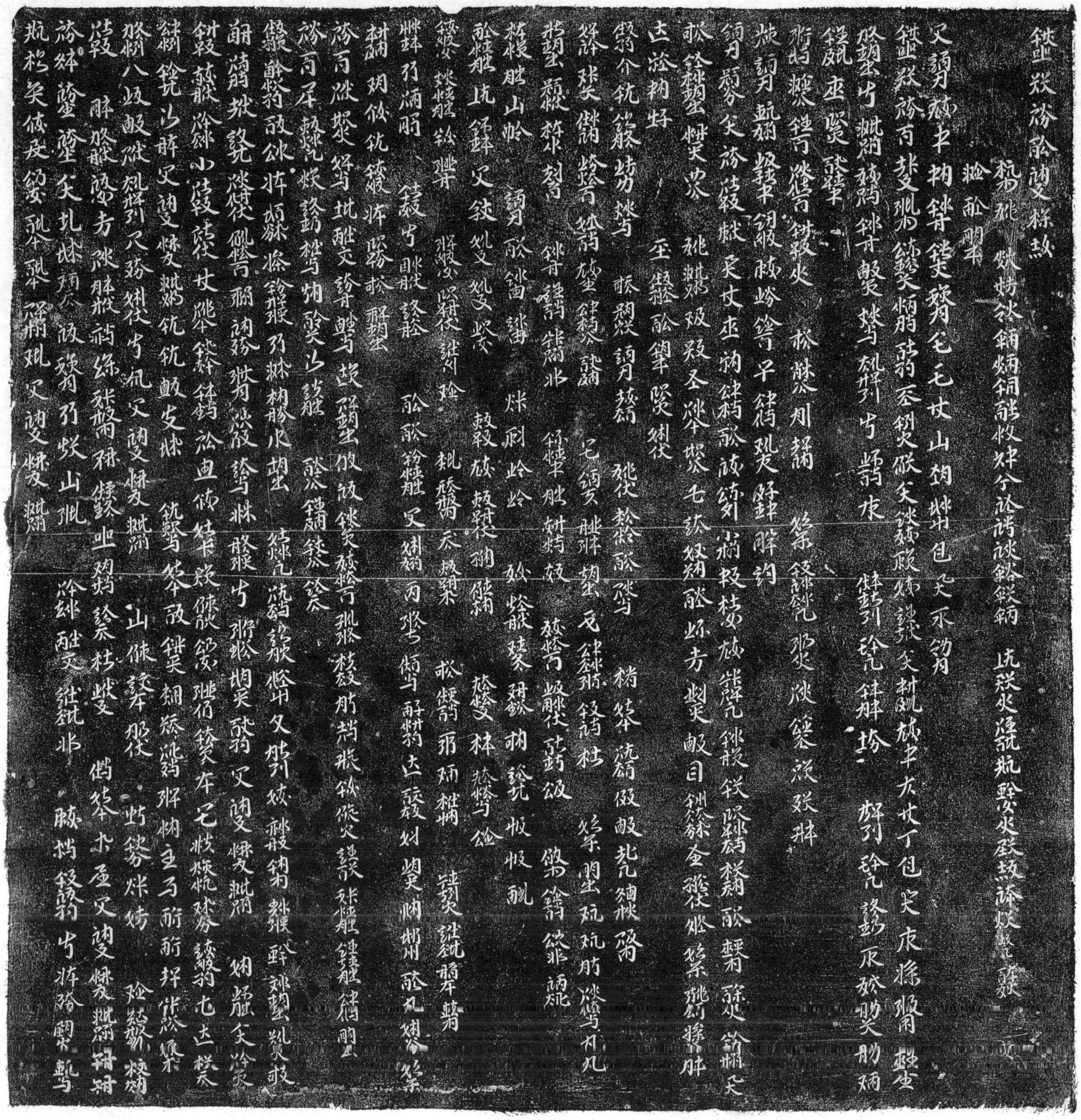

▲ 辽道宗宣懿皇后哀册

出土于内蒙古巴林右旗永福陵，为汉白玉材质，呈方形，体大而厚重；册盖边长均约 130 厘米、厚约 30 厘米。册盖书刻汉文、契丹文，极其工整、遒丽，堪称辽代书法佳作。道宗及其宣懿皇后汉文、契丹文哀册共 4 合 8 石。

解契丹民族的风俗习惯。

耶律奴墓志中“积善之家，必有余福”等契丹小字的记载，辽兴宗哀册中“皇天无亲，惟德是辅”，辽道宗哀册中“善行福积”都是中原文化经典的简缩。篆刻契丹文字的墓志所引用的典故出自汉文古籍，说明契丹人长期学习汉文经典，全面接受了中原传统的儒家学说。

耶律仁先是一个充满传奇色彩的人物，辽宁北票出土的其墓盖顶上用契丹文和汉字刻有“大辽国尚父于越宋王墓志铭”字样，关于耶律仁先的猜测很多，最传奇的认为他是金庸武侠江湖中萧峰之原型。耶律仁先的墓志契丹志文71行，5100余个契丹小字，是传世契丹小字资料中字数最多的一件。耶律仁先曾在辽兴宗时出使宋朝，促成宋朝每年向辽朝增输岁币银10万两和绢10万匹。

解读他的契丹小字墓志，对《辽史》中关于他的多处记载进行了增补。未来，如能彻底破译其契丹字墓志，或许就能知道他到底是不是金庸笔下那个义薄云天的“南院大王”了。

### 碑志

石不朽，磐石之志永存。“碑志”一词，《汉语大词典》《辞海》皆释作碑记，指刻在碑上的纪念文字。广义的碑志文，在形式上，通常由散文或骈文部分的“序”或“志”，与韵语颂赞部分的“铭”共同组成。传之久远的碑志文，在中国古代蔚为大观。在内容与用途上，主要可分为记述某次重大历史事件或某人功业的纪功碑文，记载建筑兴建缘由和经过的宫室庙宇碑文，记述死者生平，兼诉悼念、称颂之情或发议论的志墓碑文。

# 绿漾辽瓷：还原契丹民族的游牧生活

导读

辽代瓷器，承于唐，交于宋，其风格渗透了契丹族人民对草原和土地的热爱。

辽（907—1125）由契丹族所建立，今天辽宁的全境曾是它的领地。契丹族是中国历史上一个古老而强悍的民族，历史上著名的“澶渊之盟”就是宋辽之间妥协的结果。

大宋送来的“岁币”带来了两国的相安无事，但同时也牵绊了辽的脚步，眯住了宋的双眼。百余年后，一场金辽大战之后，契丹彻底消失在茫茫的草原深处，而宋也只能偏安一隅，苟且偷生。

好在辽瓷还在，鸡冠壶上的那抹绿色还在，契丹人的粗犷豪放、骑风猎韵民族风就在辽瓷之上流传。

## 为何总有绿色沁辽瓷

鸡冠壶，是辽瓷中最具代表性的作品，其形似鸡冠，因此得名。追究起来却与鸡冠无关，鸡冠壶的造型是模仿契丹人经常使用的皮囊壶烧制而成的，保留了契丹游牧民族的生活习惯。它的造型从敦厚浑圆到苗条清瘦，体现了它与中原文明交汇融合的特点。

鸡冠壶釉色出挑大胆，同样具有强烈的游牧民族风格。辽瓷单色釉的器物中釉色或是白中泛青、白中泛黄，或是草原一般碧绿，或是漆黑如墨，素装淡雅而又不失朴拙大气，极具特色。辽瓷中绿色的器物非常突出，这与契丹人草原民族的生活习性相关，只一个绿色在辽瓷上就有非常多的展示，釉色的深浅不一，在色调上表现得丰富多彩，有的绿得深沉，有的绿得纯正，有的绿得晶莹。

在契丹人的眼中，精心烧制的器物上呈现的盎然绿色，是生养他们的千里草原。

鸡冠壶上的皮条纹是独属于契丹民族的特色纹饰。辽瓷鸡冠壶的纹饰源于契丹族生活的环境，多是与他们生活息息相关的内容，而目前仅见于鸡冠壶的纹饰有皮条纹、皮褶纹、皮扣纹、针脚纹、穿带鼻、皮绳纹及丝结纹等。这些纹饰装饰于鸡冠壶上，有着强烈的契丹民族风格，是契丹人对放牧游猎生活的回忆与珍视，千年之后仍然可以体会这种温情。

## 都是鸡冠壶，有啥不一样

外行看热闹，内行看门道。鸡冠壶成为辽代瓷器的代表，那么处于辽代不同时期的鸡冠壶有什么区别呢？

一看孔和梁。有的鸡冠壶上部有穿孔，分为单孔或双孔，有的鸡冠壶上部是一个提梁，通过这些差别可以区分鸡冠壶所处的时期。辽宁省博物馆研究员张桂莲说，穿孔式的鸡冠壶

# 绿釉贴盘龙菊流云纹双孔鸡冠壶

国宝档案

造型特点突出，体现着浓郁的契丹民族风格。

### 孔型

这是双孔式鸡冠壶，可在空隙间穿绳携带。此外还有单孔、提梁和捏梁式。辽代中期的鸡冠壶以捏梁式为主，提梁呈锁形或编花图案，晚期以捏梁式为主，上有皮条、皮扣、绳环等饰物。

鸡冠壶后部塑有一小猴，寓意“马上封侯”。

### 形制

瓶身酷似两片皮页，下加圆底烧制而成。辽代鸡冠壶身形分为矮身、扁身和圆身。

### 颜色

辽代鸡冠壶绿色系颇具特色，分为油绿、嫩绿、黄绿等绿色。与其在辽阔草原的生活经历有关，不同的绿色代表着一年四季草的颜色变化。

### 陶瓷纹饰

契丹族喜爱的牡丹花、芍药花、菊花在陶瓷纹饰上频繁出现。

图鉴

TU JIAN

鸡冠壶，是辽瓷中最具代表性的作品，其形似鸡冠，因此得名。

▲ 辽白瓷提梁鸡冠壶

白色釉，器体矮扁敦厚，造型很像骑马用的马镫，该壶呈早期样式，用于执握的提梁呈半弧形。辽代提梁式鸡冠壶系列中的最早样式源于唐代中原地区，主要特征是管状口，器腹两侧贴塑的弧形条状纹饰是由皮囊器的皮条痕迹演化而来。

出现在辽代早期，单孔出现时间早于双孔，这与当时契丹族生活习惯的演变息息相关。穿孔式鸡冠壶通过绳索穿孔而过，方便固定在马背上，壶身则多为扁圆状，壶身的曲线与马躯体的线条弧度十分吻合，更适合契丹人的马上生活。到了辽代中晚期，契丹人“逐草而居，居无常所”的生活方式发生改变，为满足定居生活需求，提梁式鸡冠壶应运而生，更适合人们用手执握，适合居室使用。辽代早期的提梁式鸡冠壶，壶身上有管口或横曲提梁，到了中期横梁的弧度变大，而至晚期壶的横梁上则留有指捏的痕迹。

二看器型。鸡冠壶的身形从最初的敦厚浑圆到中后期的苗条清瘦，体现了与中原文明交汇融合的特点。辽代早期的鸡冠壶一般采用小直线、弧线、曲线等线素，造型丰满圆润，壶体上部偏扁，下部丰圆。中期的鸡冠壶运用的则是短直线、折线和弧线等线素，整个壶身近似长方形，这个时期的辽瓷技艺纯熟，造型挺拔劲健，有阳刚之美。

## 辽瓷如何映射契丹人的生活

艺术来源于生活，我们如何通过辽代瓷器这个独特的艺术品去窥视 1000 多年前契丹民族的生活特点呢？

鸡冠壶、凤首瓶、鸡腿瓶……这些带着浓郁生活气息而被命名的辽代瓷器，诠释了契丹族把“艺术源于生活”这句话发挥到了极致。

通过辽三彩的装饰纹样，我们发现牡丹纹样最为常见，足以见得契丹人多么喜爱牡丹，并且当时辽宁境内已经种植牡丹。有诗云：“契丹家住云沙中，耆车如水马如龙。春来草色一万里，芍药牡丹相间红。”在辽三彩的器物上，牡丹花纹布局严谨，纹路清晰，跃然于器物之上，表达着契丹人对牡丹花的喜爱，而在其他辽代文物以及壁画里，牡丹纹也十分常见。

在鸡冠壶顶部堆塑一只或两只猴子也是契丹人游牧生活场景的一种体现。法库秋皮沟辽

▼白瓷铁彩鸡形倒流壶

通体施白釉，白中闪黄，釉层透明光亮，周身有细小开片，鸡身装饰点状和条状铁锈斑。昂首伸颈、双目圆睁，张嘴作啼鸣之状。首尾有一环梁相接。

▼ 三彩釉鸳鸯形水壶

这是一件具有代表性的仿生物器型，壶身施传统黄、绿、白三色彩釉，壶体为浮水鸳鸯形制，鸳鸯背负敞口莲花形壶口，莲花叶枝连成弧形把柄；鸳鸯昂首鼓目，嘴部中空，羽翼层叠密布、纹理清晰。

墓出土的一件鸡冠壶，其上部有两个方形耳，两耳之间呈马鞍形，在耳边分别堆塑一只小猴，猴子两前肢扶耳作骑跨状，十分生动。这是因为猴子骑马的形象在北方草原非常流行，尤其是汉唐以来，受到中原汉族文化的影响，猴子因为“猴避马瘟”“马上封侯”的意象，而受到契丹人的青睐。

鸡腿瓶长得又高又壮，它是辽代一种储藏饮品的器物，器身加有旋纹圈。从它的形制来看，方便契丹人骑马时插入马背上的褡子里。而不同时期，鸡腿瓶的形状也发生了细微变化。辽代早期鸡腿瓶形状似鸡腿状，胎体轻薄，腹部上下直径相差不大；辽代中期鸡腿瓶胎体厚重，肩部出现刻画铭文，器身变长，比例越发不协调，缺乏稳重感；辽代晚期鸡腿瓶多施黄、褐釉，出现了器身刻铭现象。

器以载物，器以载道。

辽瓷之美在色彩，在形制，在牧情古朴，在和而不同。

◀ 黄釉捏梁鸡冠壶
橘黄色釉，釉面光洁温润，采用蘸釉技法，釉仅至壶身下半部，壶底无釉。鸡冠状环梁上有手工捏压花纹，长弧腹。

文物小课堂
WENWU
XIAOKETANG

## 瓷器

瓷器脱胎于陶器，是古代先民在烧制白陶和印纹硬陶的经验中逐步探索出的。它的发明，源于人们的基本生活需要，人们通过和泥、造型、焙烧，制成坚硬的器皿，用于吃饭、喝水、储存食物等日常用途。

烧造瓷器，至少需要三个先决条件，在同一时空中发生反应：一是瓷土或高岭土的应用，二是窑炉烧成温度达到1200℃，三是釉的发明。

其实，至晚到战国时期，中国人已经掌握了这三个先决条件，然而直至四五百年之后的东汉后期，才成功地烧造出了今天意义上的瓷器。

# 博物馆奇妙游

文物，如同散落于人间的时光碎片，我们通过它们看见不因岁月流逝而消退的历史文化的星芒；博物馆，则像不断撷取精华、凝聚星芒的时光之河，无关迟暮、不问翻覆，让我们得以欣赏璀璨星河，思接千载、视通万里。

作为文化的“存储卡”和历史的“解码器”，博物馆承担着收集、研究、展陈文物的重任，是众多文物的栖息之地。

2023 年 1 月，《辽宁日报》大型全媒体报道“国宝在辽宁”开启两个多月的辽宁博物馆之旅，带领读者体验时空的邂逅：在辽宁省博物馆凝望海内书画孤品，在沈阳故宫博物院感受满族人家的烟火气，在北票市博物馆倾听龙鸟啼鸣、花开花落，在牛河梁遗址博物馆邂逅红山女神，在辽阳博物馆描摹汉魏墓壁画……

这是一次博物馆的奇妙游。如同拥有神奇口袋的“机器猫”，博物馆携同它们的馆藏宝贝，仿佛一架穿梭时空的“时光机”，带着我们一眼千万年，看人来人往，星辰轮转。

这是穿越时间的对话。我们与古人站在时间之河的两岸，面对同一件文物，产生同样的惊艳之感，同时又因时代不同而有着不尽相同的解读。一件件文物于地下被唤醒，几百岁、几千岁甚至几万岁，它们身上那些可能解开古老文明的密码，撩拨着我们的思绪，让我们能够望见从古至今的生命之河，千万年仿佛刹那间，眼见沧海桑田，花开花落。

这是来自同一片土地的心心相印。文物生长的这片土地，也以同样的温度和热情养育了我们，曾经吹过它们的晚风，同样拂过我们的脸庞。侧耳倾听，那来自远古的、深沉的记忆，那些历尽艰难欻然奏响的文明先声，伴着今天的风声在我们的耳畔回响，文脉在兹，传承不绝。

这是可以放纵无穷想象的奇妙缘分。每个博物馆里，都有并非当地出土的“外来”文物，它们激起了我们更大的好奇心，也让我们听到了更多荡气回肠的故事。它们何以来到辽宁，是艰难岁月里的一路辗转，还是和平年代里的文化交融互鉴？不管怎样，它们出现在了这里，被我们看到，被一代又一代参观者赋予了新的生命气息。

汇聚于博物馆中的国宝，见证着辽宁厚重的历史文化积淀，凝万古之志，汇千载之思，聚磅礴之力，启迪我们“从哪儿来、到哪儿去”，赋予我们自信，给予我们前行的底气，激励我们走向更加光彩夺目的未来。

我们的神游和清思从这里漾开，共赴这场文化的盛宴。

# 和合之美：辽宁省博物馆

场馆介绍

辽宁省博物馆是一座综合性博物馆，其前身为东北博物馆，是新中国建立的第一座博物馆。博物馆建筑面积4万多平方米，共有22个展厅，文物品类涵盖书画、雕刻、陶瓷、丝绣、铜器、货币、漆器、古生物、甲骨、碑志等20个门类，馆藏品总量近12万件（套），其中尤以晋唐宋元书画精品、宋元明清缂丝刺绣、红山文化玉器、商周时期窖藏青铜器、辽代陶瓷、历代碑志、明清版画等最具特色和影响。

辽宁省历史悠久，文化源远流长。辽宁省博物馆有28万年前的营口地区金牛山人繁衍生息的留痕，也有标志着中华民族文明起源地之一的红山文化的展示。青铜时代的方国文明，奠定了华夏民族统一的基础。秦汉以来，匈奴、鲜卑、契丹、女真等民族在与汉文化的碰撞交汇中创造了灿烂的文明。鲜卑慕容氏及汉族冯氏融合的三燕文化，以契丹族、女真族为主体的辽金文化……民族融合、文化交流通过一件件器物得以展现。

本土文物与外来文物的融合在这里也得到体现。历史的因缘际会，让辽宁拥有来自全国各地的众多珍贵文物。王羲之、欧阳询、宋徽宗的墨宝，顾恺之、张择端的名画，朱克柔的缂丝等，这些蜚声中外的国宝级文物不远千里来与辽宁“相会”，其中很多都是孤本文物，能在辽宁省博物馆看到，实属可贵。透过文物之美解读“和合之美”，其所蕴含的辽宁地域文化中的“和合”精神、文明价值得以全面展现。

镇馆之宝
ZHENGUAN ZHIBAO

**元青花缠枝牡丹纹盖罐** 青花瓷器创烧于唐代，其精彩篇章则从元代开始。这件盖罐通高约50厘米，器形硕大，罐体方唇直口，束颈丰肩，收腹平底，器表满绘寓意吉祥的青花图案。如此大型的器物经过多道工序而完全没有变形，造型、胎釉、钴料、纹饰、工艺等无不体现出元代瓷器烧造的最高水平，极为难得。

**夏景山口待渡图** 《夏景山口待渡图》是五代南唐时期画家董源创作的绢本淡设色画作，为中国山水画鼻祖之一。图中山势重叠，缓平绵长，

▲ 元青花缠枝牡丹纹盖罐

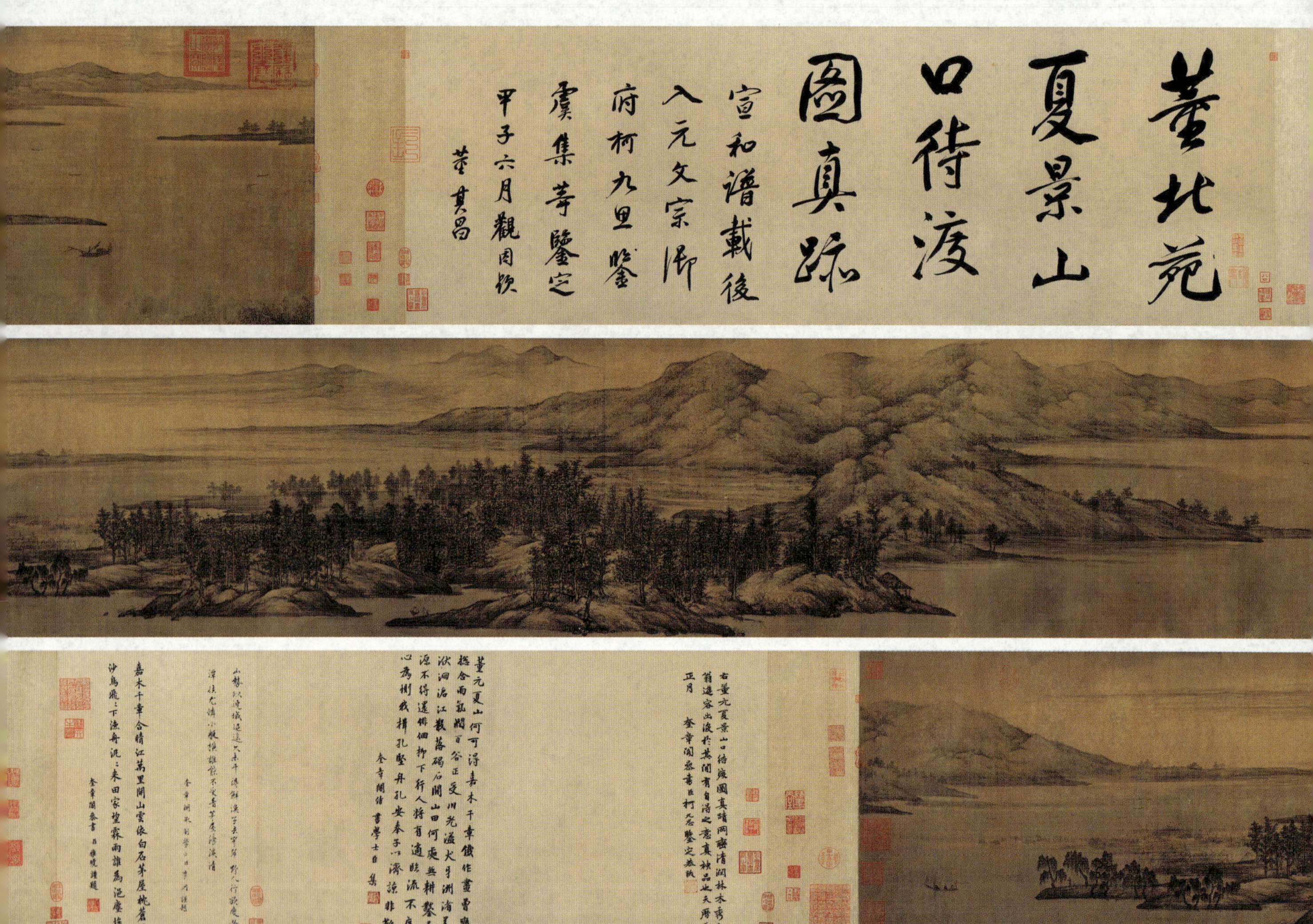


▲《夏景山口待渡图》

植被丰茂，水汽若蒸，似江南夏日景色。董源自称“江南人”，以山水画最为著名，开创南派山水，其画风对元明山水画产生重大影响，存世作品有《夏景山口待渡图》《潇湘图》《夏山图》《溪岸图》等。

**宋徽宗《草书千字文》** 《草书千字文》是宋徽宗传世的狂草作品，难得一见的宋代草书长卷，也是赵佶 40 岁时的精心之作，笔势奔放流畅，变幻莫测，一气呵成，是继张旭、怀素之后的杰作。这卷笔翰飞舞的墨迹，书于全长 3 丈余的整幅描金云龙笺之上。纸上地纹的精工图案，是由宫中画师工笔描绘而成，与宋徽宗的墨宝可谓相得益彰，共同成就了这篇空前绝后的旷世杰作，被誉为“天下一人，绝世墨宝”。

**海内书画孤品** 辽宁省博物馆是中国收藏晋唐宋元书画数量最多、品质最精的博物馆之一，总数达200余件（组），其中很多是海内孤品。欧阳询的《仲尼梦奠帖》、张旭的《草书古诗四帖》、宋徽宗的《草书千字文》、周昉的《簪花仕女图》，宋摹唐张萱的《虢国夫人游春图》……谁能拒绝如此盛情的文化邀请呢？

**辽河文明之旅** 28万年前，营口地区的金牛山人就已经会通风取火。而红山文化玉器则向我们展现了5000多年前中华文明的曙光。商周至秦汉及以后各时期的遗存在辽宁省博物馆的展陈中均有涉及。这里就是一部辽河流域文明起源及发展、演变的历史纪录片，一段奇妙的辽河文明之旅在这里等着你。

**家门口看“大展”** 辽宁省博物馆不仅有馆藏文物的常设展厅，还经常联合国内外各馆（院）一起办展，辽宁人在家门口就可以看各类大展。近年来，辽宁省博物馆策划了数场现象级文化大展，如“又见大唐”书画文物展、“又见红山”精品文物展、“和合中国”特展等，均因引发了持续关注而“出圈”。

▼《仲尼梦奠帖》

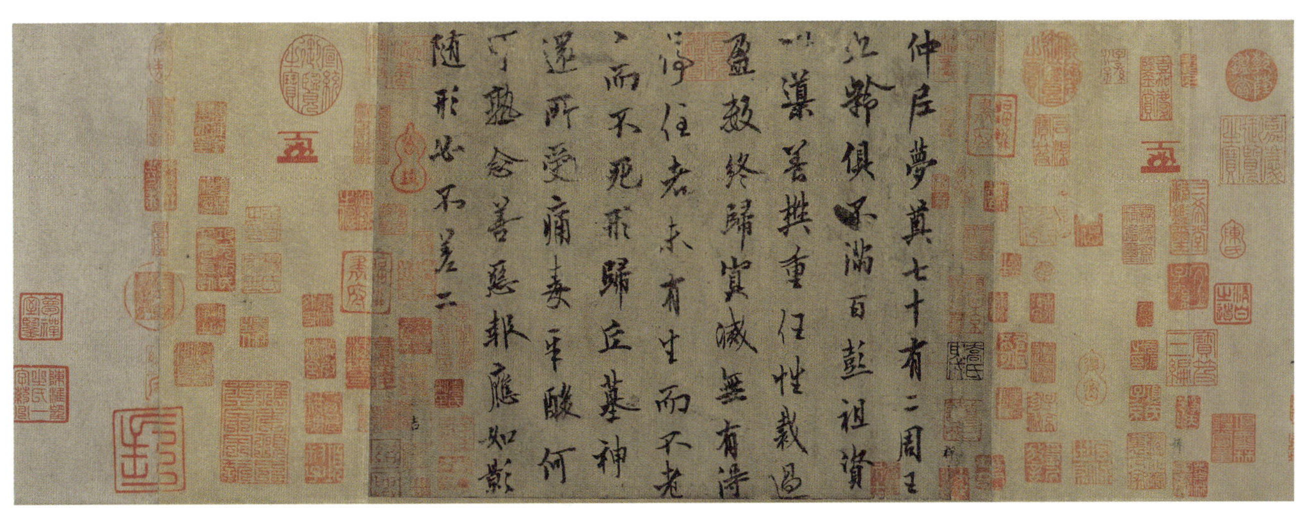

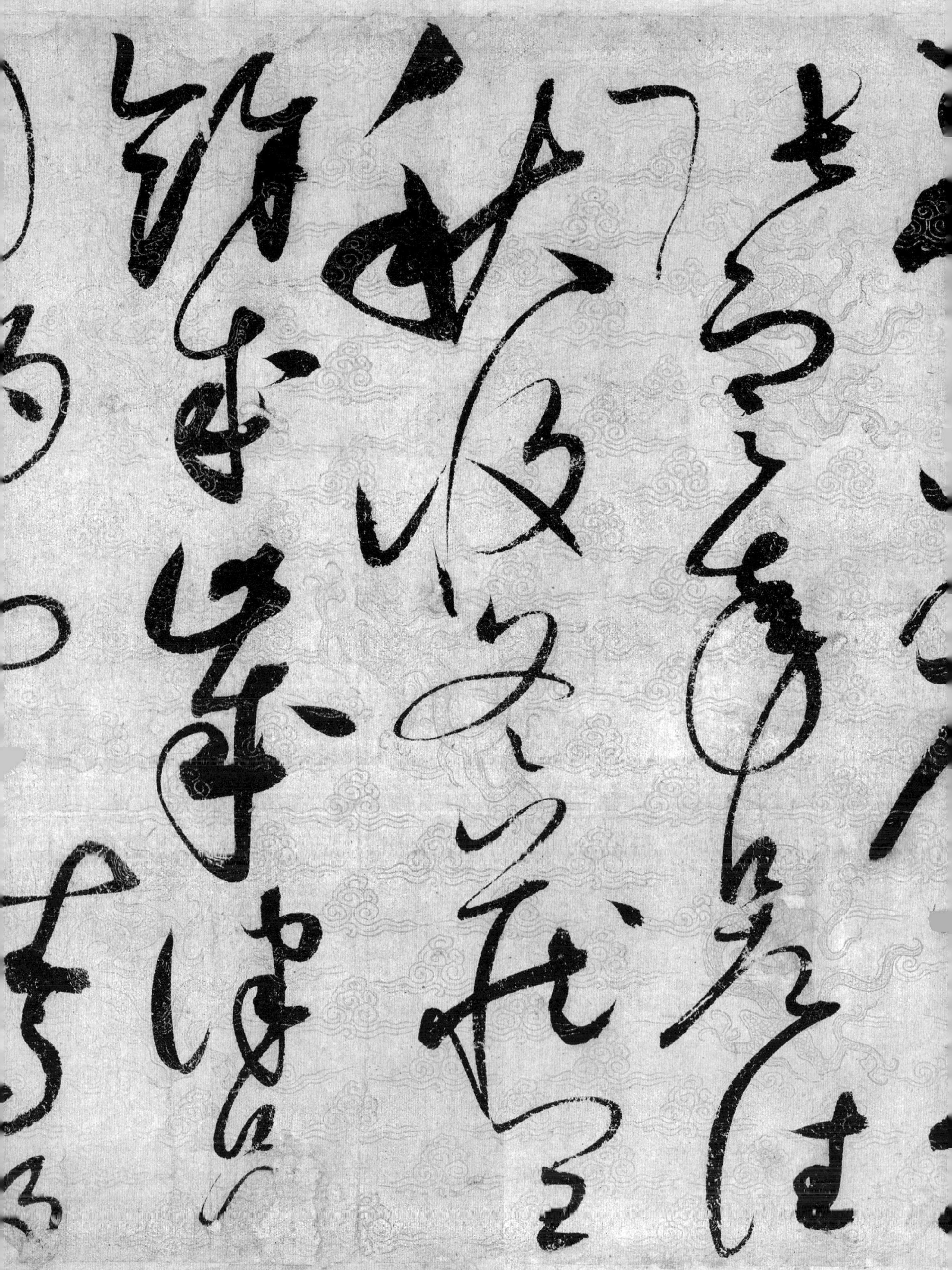

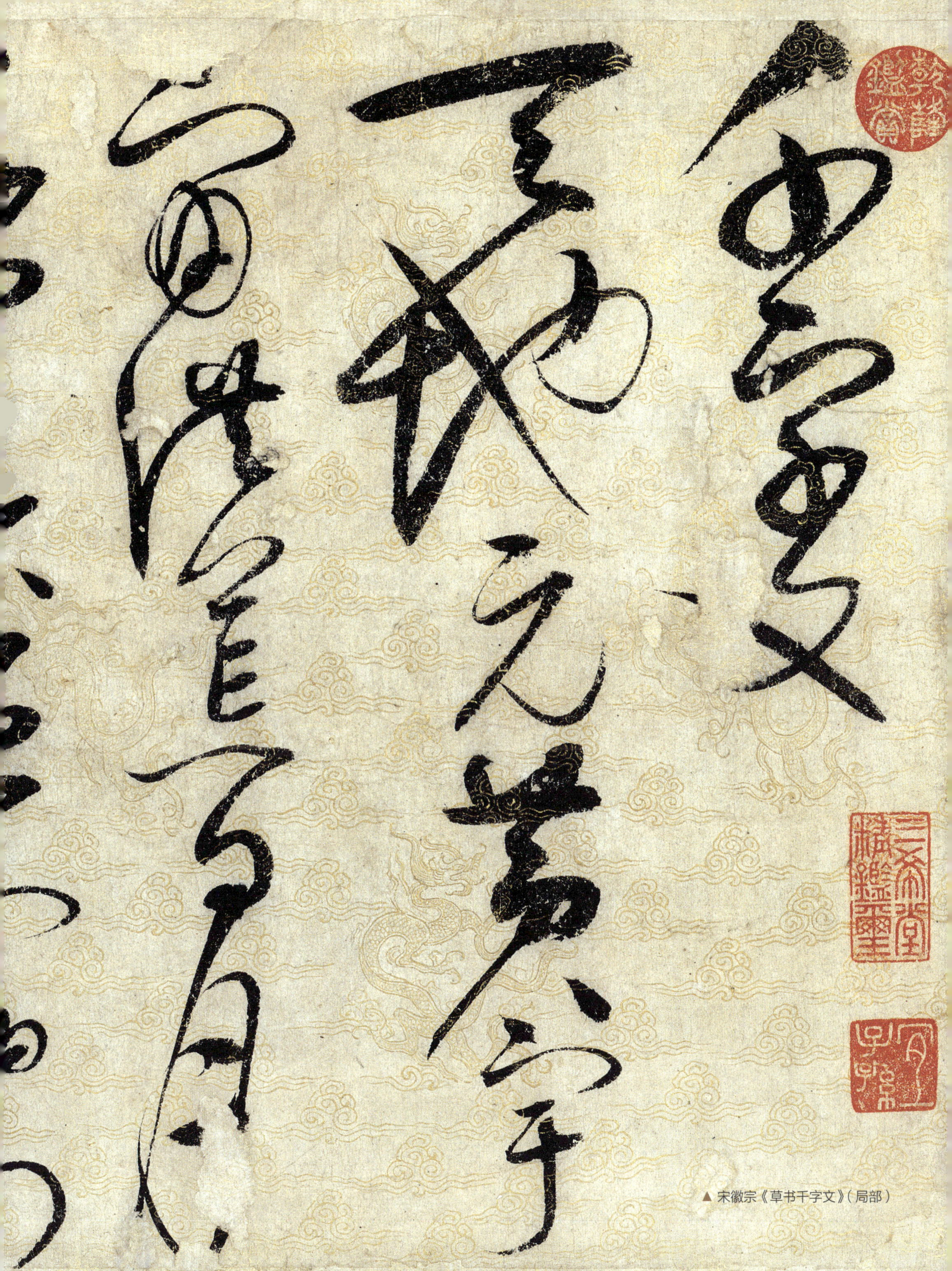

▲ 宋徽宗《草书千字文》（局部）

▲《草书古诗四帖》

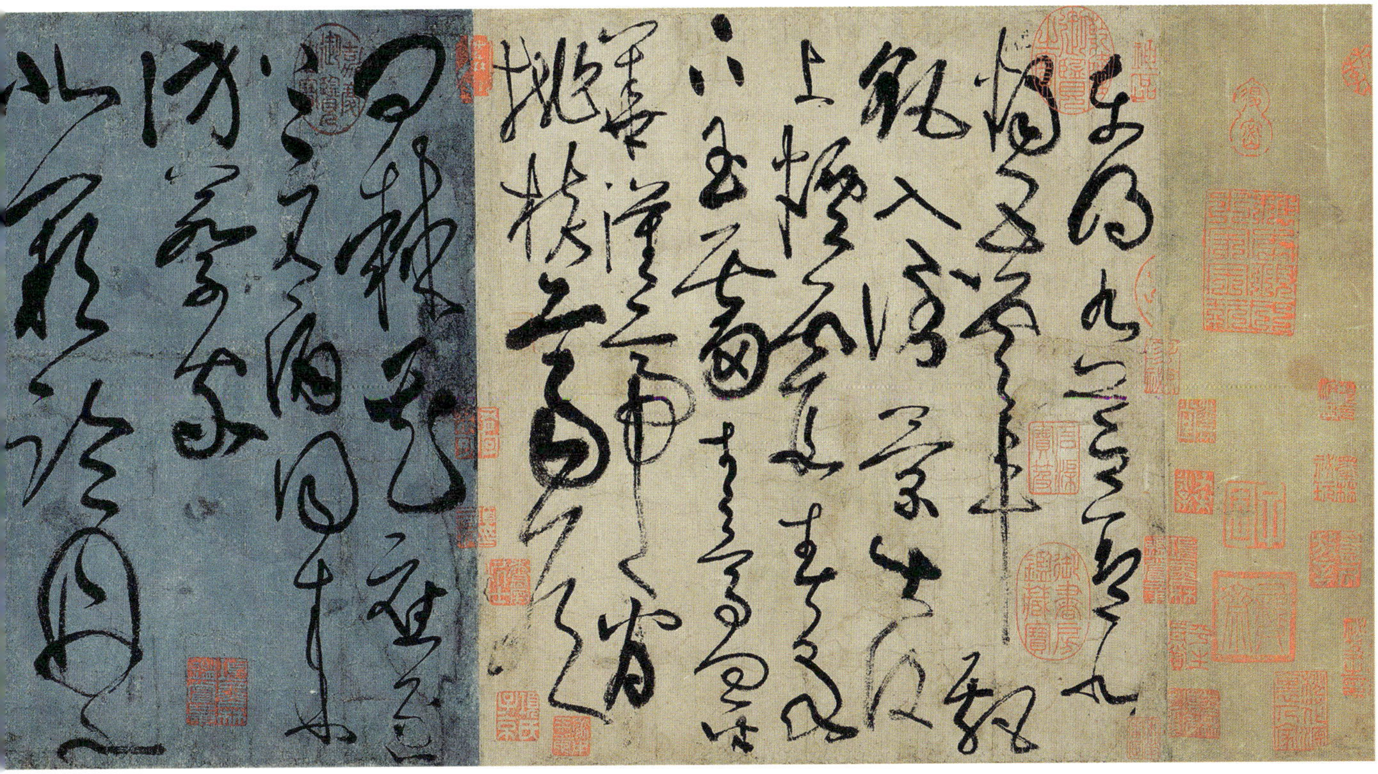

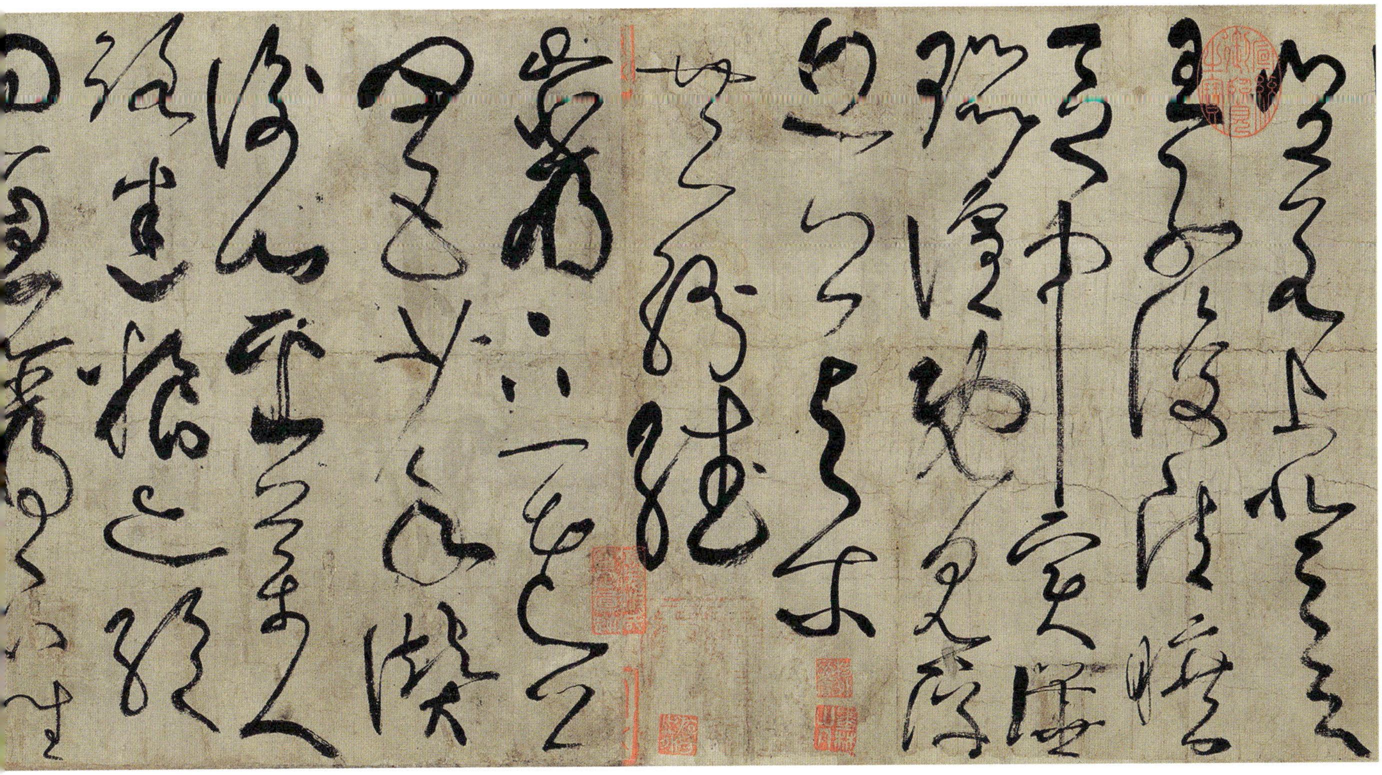

# 孤山窑影：
# 鞍山市博物馆

## 场馆介绍

美丽的千山脚下，一座外观看起来古色古香的博物馆矗立在这里，这就是鞍山市博物馆。

博物馆藏品种类涵盖了陶瓷器、铜器、书画、木器家具、玉器、漆器、金银器、古钱币、碑拓古籍、文房四宝等11个类别，总量达1万余件（套）。这里有来自小孤山古人类遗迹制作精良的骨针和骨渔叉，还有来自缸窑岭琉璃影下的皇家气派。

鞍山，地处辽宁中南部的辽东半岛腹地，不仅是辽河流域的重要文化区，也是冶金工业的摇篮。早在数万年前，以海城仙人洞为代表的先民，就已经繁衍生息在这片富饶的土地上。在漫长的历史岁月中，先民留下了深深的足迹，保存了为数众多的文物宝藏。

走进鞍山市博物馆，可以看到旧石器时代远古人类的足迹，他们选取动物的肢骨片，打磨制造成骨针、骨渔叉等工具，改善生活状况。新石器时代岫岩北沟遗址、青铜时代海城析木石棚、战国时期沙河遗址、辽金时期西鞍山冶矿遗址、明代鞍山驿堡、清代海城黄瓦窑等出土的文物，均独具特色，串联起鞍山历史文化发展脉络。

作为钢都，鞍山市的博物馆中怎能少了钢铁相关元素？冶铁陈列厅展示的正是冶铁技术的发明在鞍山出现的轨迹。据文献记载，鞍山地区在汉代开始土法冶铁，辽金进入极盛时期。博物馆中陈列了鞍山地区出土的大量汉代铁器，而在西鞍山古矿洞可以看到辽代冶铁遗迹，你可以怀着好奇心去一探究竟。

镇馆之宝
ZHENGUAN ZHIBAO

**骨针** 骨针为人类最早期的缝纫工具。在海城小孤山仙人洞出土的三件骨针为目前所发现的骨针中年代较早并有代表性的。这些骨针均用动物肢骨片和象牙，采用磨、剔、钻相结合的方法制成。针孔内壁直径1.6至2.1毫米，针柄最宽4毫米左右，通体磨光，制作精细，工艺水平高超。据专家考证，小孤山发现的骨针时代略早于北京周口店山顶洞遗址所发现的骨针。

**辽代画像石“大舜耕田”** 1972年在鞍山汪家峪村辽代画像石墓中出

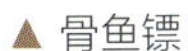

▲骨鱼镖

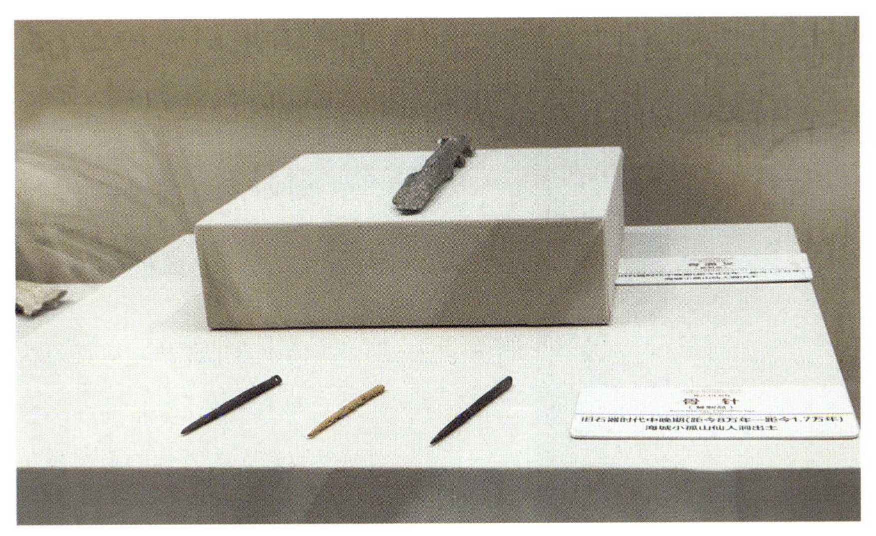

▲骨针

土了辽代画像石“大舜耕田”。这块画像石讲述的是中原“二十四孝”孝子故事之一，“虞舜大孝，竭力于田。象鸟相助，孝感动天”。这座辽代画像石墓多由雕刻画像故事的砂岩石板和石柱构成，画像石内容以几何图形、花卉纹饰和人物故事为主。中原地区孝悌文化故事出现在契丹民族墓葬画中，反映了辽代鞍山地区多民族融合的社会生活状况。

**紫檀边框黄杨木浮雕挂屏** 此挂屏体形硕大，边框为紫檀嵌银丝祥云及彩色珐琅装饰的“轮、螺、伞、盖、花、罐、鱼、肠”八宝图案。框上

◀辽代画像石“大舜耕田”

▲ 紫檀边框黄杨木浮雕挂屏

方有蝙蝠云纹铜双挂环，挂屏心为一块整板的黄杨木高浮雕“万寿图”，雌雄双鹿立于常青树下，远山近石，花草灵芝，栩栩如生。

打卡理由
DAKA
LIYOU

**追寻小孤山人的足迹**　小孤山人生活距今2万年至4万年。在海城小孤山村遗址出土了上万件的石制品和骨角制品，其中骨渔叉、骨尖状器、骨针和钻孔装饰品等物品的发现极为罕见，骨渔叉两侧双排倒钩在我国旧石器时代考古中是首次发现。从小孤山人制器的精良程度上看，他们已经推开了新石器时代的大门。

**琉璃瓦上的文字记忆**　鞍山市博物馆中收藏了很多残碎的琉璃构件，它们来自海城附近的缸窑岭村。这些琉璃构件中有许多是带有文字标识的清代黄瓦窑琉璃产品，如“昭陵角楼”“清宁宫”“大清门”等，这些文字的出现无可争议地证明了沈阳故宫、关外“三陵”所使用的琉璃建材均来自这里。

**远道而来的宫廷家具**　来自北京故宫博物院的明清宫廷家具、漆器是鞍山市博物馆展品的又一个亮点。明式黄花梨翘头案、乾隆工黑漆描金宝匣、清帝王大婚用朱漆戗金龙凤双喜帽盒……这些远道而来的宫廷家具极为珍贵，工艺上难度大、用料精、费时费力，极具鉴赏价值。

# 盛京往事：沈阳故宫博物院

## 场馆介绍

沈阳故宫博物院毗邻沈阳最繁华的商业街区中街，是国家一级博物馆。

沈阳故宫始建于1625年，占地面积6万多平方米，有古建筑114座、500多间，保存完好。2004年，沈阳故宫被列入世界文化遗产名录。

沈阳故宫的建筑风格融合了满、蒙、藏、汉等多民族特色，其建筑群本身就是一座著名的古代宫廷艺术博物馆，馆藏文物10万余件，藏品中包含十分丰富的宫廷艺术品。

沈阳故宫博物院是在近400岁的沈阳故宫的基础上成立的，从昔日的皇家宫殿，变身为国家一级博物馆，如今又成为一座吸引人们频频打卡的国潮风尚体验馆。

沈阳故宫是国内保存最完整的两大古代宫殿建筑群之一，面积虽然只有北京故宫的1/12，但它收藏着丰富珍贵的文物，同时具备文化艺术博物馆、建筑博物馆以及历史博物馆等特色，是一座博大精深的历史文化宝库。

如果给沈阳故宫的“宝贝”列张清单，那么这张清单一定会很长很长。努尔哈赤的御用宝剑、皇太极的御用腰刀、乾隆御笔“紫气东来”、郎世宁画作《设色竹荫西狑图轴》、康熙“南巡”图卷、雍正青花红龙大盘、乾隆嵌珐琅缠枝花卉钵……这些藏品成为了解清朝宫廷文化的一把钥匙。

▲《设色竹荫西狑图轴》

从时间上看，沈阳故宫的修建时间比北京故宫晚了整整219年。延迟的这219年，也是跌宕起伏、波澜壮阔的219年。皇太极、孝庄皇后、多尔衮等清宫剧中经常出现的历史人物，他们的故事就发生在这里。

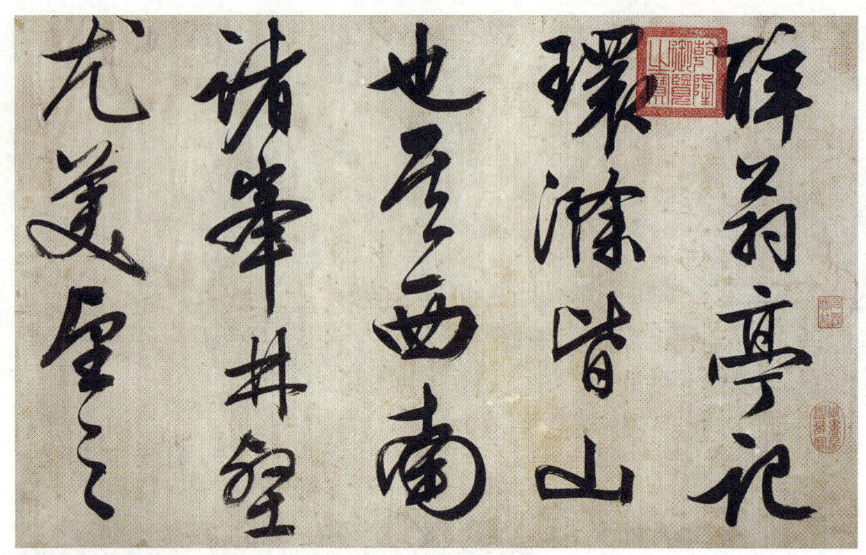

▲ 文徵明《醉翁亭记行书卷》(局部)

**文徵明《醉翁亭记行书卷》** 这是文徵明67岁时写的一卷行书，他的书法吸收了黄庭坚长撇大捺的精髓。浏览这幅作品，可以看出文徵明在卷首的笔法还有些拘谨，刻意收着情绪，而越往后写得越流畅自如、越飘逸，临到篇尾的时候还能看得出他落笔的速度越来越快，整幅作品把他内在的情绪抒发得淋漓尽致。



**清紫檀边嵌瓷八仙祝寿圆挂屏** 这对挂屏是挂在后妃寝宫的器物，均为正圆形。挂屏以紫檀木制素面边框，屏心嵌圆形瓷板，板上以粉彩烧制山水人物画，均为八仙祝寿内容。纹饰表达手执法器的八位仙人与其他众仙聚集在云端仙境之中，与天边迎接的骑鹤寿星相聚的场景。画面色彩鲜艳，宛如人间仙境，一派祥和之气，是清宫瓷板挂屏的代表作品。

▲ 清紫檀边嵌瓷八仙祝寿圆挂屏

**乾隆透明珐琅嵌玛瑙葫芦瓶** 这是一对葫芦瓶，它们将乾隆时期器物繁、杂、冗的特点展现无遗，达到了乾隆时期皇家器物制作登峰造极之境，仅这件葫芦瓶的原料就包括玉石、玛瑙、铜胎透明珐琅。葫芦器所施透明珐琅华

▲ 乾隆透明珐琅嵌玛瑙葫芦瓶

润晶莹，光亮如新，是清中期难得的透明珐琅器物。

**独一无二的宫高殿低**　近 4 米的高台上，一套典型的北方“四合院”里居住着皇太极的一后四妃，也就是她们的寝宫。与北京故宫“殿高宫低”的建筑风格截然相反，沈阳故宫是“宫高殿低”。把寝宫盖在高处与满族人在山区生活的习惯有关，住在高处，视野好、看得远，可以瞭望防敌。

**康、雍、乾三朝瓷器对比看**　沈阳故宫博物院珍藏的明清皇家艺术品数不胜数，清宫廷瓷器也很有特色，康、雍、乾三朝的瓷器有着截然不同的特征。康熙时期瓷器古朴典雅，看起来很敦实。雍正时期瓷器的胎都很薄，所做器物恰到好处。乾隆时期的瓷器都很华丽，宝石、玛瑙等装饰频频出现在这一时期的器物上。

**吉祥如意处处有**　古人所用的物件讲求吉祥寓意，宫廷用品更是如此。福字、寿字、龙凤、蝙蝠、八仙、葫芦等元素在沈阳故宫博物院的展陈中随处可见。八仙祝寿被视作福寿、正气和美好的化身；葫芦多籽，寓意多子多福；设计者还在这些吉祥图案纹饰中加上一些吉语文字，如福、寿、喜等，以表达愿望和祝福。

# 沈水溯源：沈阳市博物馆

## 场馆介绍

2021 年 12 月 21 日，沈阳市博物馆正式开馆。

沈阳市博物馆展馆建筑面积约 2.2 万平方米，共有文物 2535 余件（套），系统展现了沈阳 11 万年的人类活动史，7200 年的人类文化史及 2300 年的建城史，汇聚了沈阳市文物考古研究所 70 余年的考古成果，是一座全面反映沈阳地域历史文化的地方综合性博物馆。

沈阳市博物馆中庭模仿“沈阳故宫大政殿内藻井”设计的穹顶洒下微微蓝光，它会随着时辰的变化洒下光晕，投射到地面的天干地支文字上。序厅正面的冰屏也颇具特色，它有着北方特有的冰花图案，融合了能代表沈阳重要历史节点的内容，形成了独特的冰屏历史壁画艺术。

沈阳市博物馆共设有三层展示区域，每层都设有不同主题的展厅，展厅内展陈的文物代表着沈阳的传奇故事。一层的清文化主题展“宫苑佳器　焕彩凝祥——沈阳故宫藏清宫珐琅器展”“大器精工——沈阳故宫藏清代宫廷家具展”，着重展示盛京宫廷宝藏的华美富丽。二层的“沈阳历史陈列”展将沈阳源远流长的历史串联成一幅巨型画卷。三层设有 2 个展厅，分别是“璀璨·融合——辽河流域博物馆馆藏精品荟萃展”“人间烟火抚凡心——沈阳博物馆藏明清民窑青花瓷展”，所陈列的文物会让参观者流连忘返。

陈列馆里的每一件文物、每一幅照片、每一段文字、每一个复原场景都是对沈阳这座城市发展的历史和渊源的解读。

## 镇馆之宝
ZHENGUAN ZHIBAO

**黄金面具**　佩戴金属面具是辽代契丹人特有的丧葬习俗。2017 年，在沈阳康平县沙金台张家窑林场的沙地里，这件珍贵的黄金面具在考古队员的挖掘中重见天日。经检测，这件金属面具的含金量为 85%，这样的含金量，在辽代可视为“纯金”，由于没有墓志，黄金面具的主人身份至今仍是未解之谜。

**白釉黑彩梅瓶**　梅瓶因口小只能插梅而得名，最早出现在唐代，宋辽时期较为流行，主要用作储酒和陈设观赏。沈阳市博物馆的这件镇馆之宝

▶ 黄金面具

▲ 白釉黑彩梅瓶

▲ 辽代白釉褐彩梅瓶

图案为白底黑彩，瓶身绘有5只动物，形成狗追鹿和狗追羊的场景，构成一幅狩猎的场景。过去专家普遍认为釉下黑彩的瓷器装饰风格是金元时期才出现的，这件辽墓中白釉黑彩梅瓶将釉下黑彩瓷器出现的年代提前至辽代，改写了中国陶瓷的历史。

**辽代白釉褐彩梅瓶** 这件梅瓶通体为白釉底，施以红褐色彩，瓶身中上部绘有5朵盛开的牡丹，花朵将梅瓶五等分，每朵牡丹花周围有枝叶和花骨朵纹饰缠绕，5组图案纹饰基本相同。梅瓶颈部下方有一周连续的波浪、卷曲线条及圆点构成的组合纹饰。自古以来牡丹就被赋予“富贵吉祥”的美好寓意，出土于辽代墓葬的这件梅瓶也体现了契丹人对牡丹的喜爱。

打卡理由

DAKA LIYOU

**看文明足迹** 从史前11万年前的旧石器时代开始，沈阳地区就有人类文明的足迹。从7000多年前的新乐人、手持青铜短剑的郑家洼子人，到公元前300年纳入燕国版图，再经秦、汉两代开启城郭相望的盛世画卷……历史陈列馆的每一件展品都是对沈阳文明史的精彩解读。

**看时光之钟** 如果说博物馆里存的都是“老物件”，那么人工智能、5G通信等高科技手段的注入为博物馆带来了新鲜感。每个走进沈阳市博物馆的人都会被唯美的穹顶和独特的冰屏历史壁画吸引。采用层叠的深加工工艺形成高9米的冰屏，以传统日晷为设计灵感的“阳光历史时钟”等，绝对惊艳。

**沉浸式观展** 为了让参观者有常来常新的感受，沈阳市博物馆不断创新，推出多种互动式的活动，调动参观者的积极性。三层的家庭教育厅是专为少年儿童打造的体验空间，以“沙盒探宝”“穿越千年”等为主题，让孩子们通过“学前思”“学中游”“学后醒”的过程了解沈阳历史文脉。

# 礼出红山：牛河梁遗址博物馆

**场馆介绍**

牛河梁遗址博物馆位于全国重点文物保护单位牛河梁遗址东北角，是一座以红山文化为主题的遗址博物馆，也是牛河梁国家考古遗址公园的重要组成部分。博物馆于2011年3月动工建设，展览面积近3500平方米。

博物馆基本展陈由“文明曙光”“红山古国”“人文始祖”“祈福圣坛”“古国王陵”“玉礼开端”“魅力红山”和临时展厅8个部分组成，是了解红山文化和中华文明起源的重要窗口。

位于凌源市与建平县交界处的牛河梁村是个美丽的小山村，因牤牛河源出山梁东麓而得名。冬天，强劲的北风掠过山岗，那呜呜声响彻山谷，如同来自远古的吟唱。放眼望去，牛河梁遗址坐落在延绵起伏数十公里的多道山梁上，在万亩松林中，祭坛、女神庙和积石冢群有规律地分布着，形成一个规模宏大的远古祭祀中心。

这里就是出土红山女神像、玉猪龙的地方。在此建立的牛河梁国家考古遗址公园，是辽宁省仅有的一座国家级考古遗址公园，占地面积约8平方公里，仅占整个遗址的一小部分。包括4个展馆：第一地点（女神庙）保护展示馆、第二地点（积石冢、祭坛）保护展示馆、牛河梁遗址博物馆综合馆、牛河梁红山文化展示中心。在这里，参观者既可以全面地参观文物遗址，又可以看到红山先民生活的生动展示。

站在女神庙遗址向南眺望，一座似猪首又似熊首的山峦静静地回望着，我们仿佛蹚过岁月的长河，看到了远古祭祀的身影，看到了层层风沙的掩埋，看到了今人的发掘与震撼。

**女神庙** 女神庙分为主体建筑和附属建筑两部分。主体建筑在北，结构比较复杂，多室相连，平面略呈“亚”字形。附属建筑在南，为一单室，大约与主体建筑在一条中轴线上。它的建筑结构是半地穴式，由土木筑成，因有火烧痕迹，所以推断是失火导致的坍塌。墙面上绘有赭红间黄白色交错的三角纹几何图案及赭红色勾连纹图形，被视为迄今所知的国内最早的壁画。

▲ 女神庙

▲ 祭坛

**祭坛** 三层起坛，天圆地方。远远看去，牛河梁遗址的祭坛三层以立石为界桩，右外岛内，渐有高起，形成了三层同心圆坛体。外圈直径 22 米，中圈直径 15.6 米，内圈直径 11 米，这 3 个数是等比数列，其等比为根号 2。自古就有“圆出于方”的说法，通过这座祭坛，我们仿佛寻到了上古数学的踪迹。

**积石冢** 红山先民用石块堆积成冢进行墓葬，学术名称为“积石冢”。积石冢全部位于山岗的顶部，冢群内部设有中心大墓、大墓、中小型墓、附属墓等，它们的大小、等级、陪葬品数量、墓的位置都有区别，反映出当时社会的等级差别。

打卡理由
DAKA LIYOU

**红山女神的风采** 要说红山文化中最重要的文物发现，红山女神像一定排得上号。红山女神像与真人一般大小，她高颧骨、低鼻梁、薄嘴唇，面涂红彩，眼窝浅浅。特别值得一提的是，她的眼珠是用绿色的圆形玉片

▲ 红山文化的祭坛和积石冢遗址

装饰而成。专家们把其身体的各个部位拼接起来，最后发现，红山女神是一位丰腴的少妇。

**“坛庙冢”的格局** 牛河梁遗址中，最令人惊奇的就是“坛庙冢”三位一体的建筑格局，专家认为，“坛庙冢”的组合成为后世我国历代都城“天坛、太庙、帝陵”组合的“祖型”。它们的布局明显有一条南北中轴线，而且女神庙在北、祭坛在南，这种“北庙南坛”的祭祀理念在红山文化时期就已现雏形，并传承了5000多年。

**远古文明的猜想** 玉器堪称红山文化的一道亮丽光环。牛河梁遗址出土的这些玉器既有写实的，又有抽象的；既有动物形的玉饰，也有上下贯通的马蹄状玉箍，还有神秘的勾云形玉佩。关于红山先民为什么只随葬玉器，专家认为这些玉器承载着红山人“通神”的重任，只有处于社会顶层的巫者才有资格随葬玉器。

# 塞外遗珍：建平县博物馆

场馆介绍

建平县博物馆位于朝阳市建平县中兴街14号，红山脚下。博物馆建立于1984年，现馆楼重建于2007年。馆楼总占地面积4500平方米，总建筑面积6100平方米，展厅面积4000平方米。

博物馆内珍藏了各个历史时期的文物6800余件（套），其中国家级珍贵文物170余件（套）。馆内设有5个固定展厅、1个临时展厅，展出文物1900余件，详实地记录了建平县的历史变迁。

建平县一直被称为灵秀之地，这里有燕国长城、汉代长城墩台，还有辽代惠州古城和金代古塔……当然，更值得骄傲的是，早在5500年前，这里就孕育了可与古埃及金字塔相媲美的红山文化遗址。

建平县博物馆是辽宁各县中成立博物馆比较早的。虽然博物馆面积不大，但内容十分丰富。这里有玉质温润的红山文化玉发箍，有汉代“仓粮窑记”款灰陶罐，有纷繁复杂又不失端庄高贵的辽代琥珀璎珞组饰件，有造型大气的辽代三彩划花鸡冠壶，馆藏文物中国家级珍贵文物就有170余件（套）之多。

除了让建平县声名远播的红山文化遗存，建平县的辽文化遗存也是一大看点。辽代时期，建平县隶属于辽中京大定府（今内蒙古宁城），处于辽文化的中心地带，因此遗存了大量展示辽代繁盛物质文明的奇珍异宝，辽文化的魅力在这里被展示得淋漓尽致。而且由于建平县地处农耕文化向游牧文化的过渡带，因此很多这里展出的辽代文物都开始有了民族融合的基因。也许在这里，你会发现一个你没听说过的辽国！

镇馆之宝
ZHENGUAN ZHIBAO

**春秋牛首三角纹柄弧背铜刀** 《曲礼·金工》注：“削书刀也。”东周和秦汉时用来除去书写在木牍或竹简上的错字。这把铜刀就是削书刀，1974年6月出土于建平县太平庄镇，形制十分完整，外表呈黑色，牛首铸塑，形象逼真生动。因此刀形制极为少见，成为研究北方少数民族地区青铜文化以及工艺的重要资料。

**辽三彩八棱驯犬纹陶供盒** 三彩釉陶器于辽代中期出现，流行于晚唐，

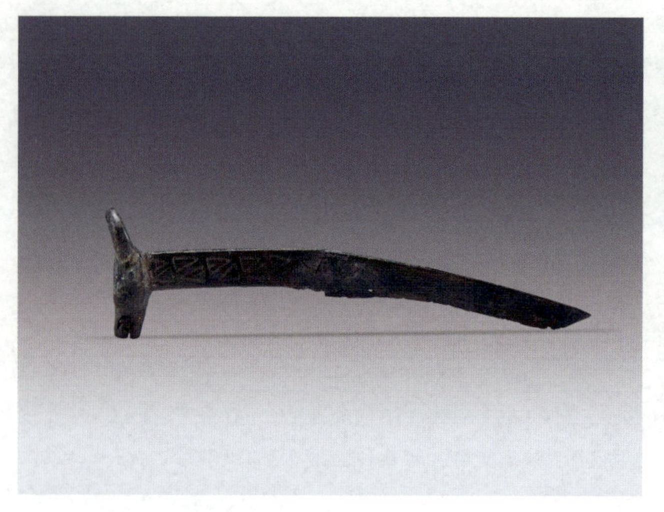

▲ 春秋牛首三角纹柄弧背铜刀

▲ 辽三彩八棱驯犬纹陶供盒

有别于唐三彩和宋三彩，这种自成体系的三彩瓷器被称为“辽三彩”。辽三彩通常采用高温素烧、低温釉烧的二次烧成工艺，胎釉之间施白色陶衣，釉以黄、绿、白为主，施釉时用不同色调的釉料按胎面图案设计巧妙搭配，形成了明艳鲜亮的装饰效果。这款辽三彩八棱驯犬纹陶供盒八棱八面，每面凸雕人物驯犬图案。整体造型美观大方，值得一提的是它的浮雕图案显示出了浓重的草原民族生活气息，在众多的辽代陶瓷器物中可谓独树一帜。

**辽白釉仿藤条梁瓜棱形注壶** 辽白瓷深受定窑白瓷烧造技术的影响，在造型和装饰上均显现出定窑工艺的痕迹，素有“北定”或“土定”之称。这款棱形注壶通体白瓷质，绳梁前部雕三片花叶，桃形内口下凹，口外三道凹弦纹，弧腰瓜棱，下腹外展，圈足平底，通体施白釉，体现了典型的游牧民族文化特征。

打卡理由
DAKA LIYOU

**宋徽宗制造“大晟编钟”** 这口由村民在水塘里刨出的编钟是由宋徽宗赵佶制造的“宝贝”——大晟编钟，当时总共造了 24 口。北宋灭亡后，金兵将这些编钟带走，目前全国共发现大晟黄钟 17 口，辽宁地区就有 2 口。建平县博物馆馆藏的这口编钟钟面刻有“黄钟中声”，据猜测是当时成套编钟之中的定律之钟。

**辽代鸡冠壶一次看个够** 在建平县博物馆馆藏的大量辽代瓷器中，鸡

▲ 辽白釉仿藤条梁瓜棱形注壶

冠壶可谓一大亮点。建平县博物馆的鸡冠壶数量超过40件，而且种类十分齐全，包括单孔鸡冠壶、双孔鸡冠壶、提梁式鸡冠壶等，釉色不仅有白釉、绿釉、黄釉，还有一款辽三彩划花鸡冠壶，这款鸡冠壶也是建平县博物馆的镇馆之宝之一。

**金代铜镜当中的“宝镜”** 建平县博物馆馆藏大量的金代铜镜中有一款绝对值得一看，那就是金代鸟兽铭文铜镜，其做工精细到镜中的狮子浮雕都能分出“雌雄”。金代禁铜，每做一件金属器都要国家验证，市场才能发行，但这面铜镜，镜面厚而重，镜面的直径也是辽宁地区发现的铜镜中最长的，绝对是货真价实的“宝镜”。

# 花鸟起源：北票市博物馆

## 场馆介绍

北票地处辽西，历史悠久，古称“川州”，文化底蕴深厚。

北票市博物馆发建立于1994年10月27日，新馆于2012年10月20日正式开放。

博物馆展览面积3300平方米，现有馆藏文物3665件，其中一级文物9件、二级文物106件、三级文物360件。目前设有展厅6个，分别为北票历史文物馆、尹湛纳希纪念馆、古生物化石科普馆、北票翼龙化石馆、北票市党建馆、北票“百年记忆”展馆。

地球上的第一朵花在哪里绽放？地球上的第一只鸟在哪里起飞？走进辽宁北票市博物馆，这里的古老化石会为我们揭开谜底。

北票市博物馆是古生物化石的宝库，在古生物化石专题展和翼龙化石专题展中，不仅可以看到中华龙鸟化石、辽宁古果化石，还有形形色色古老的植物、动物化石，尤其是来自各地的翼龙化石，令人大开眼界。在白垩纪、晚期侏罗纪以及中生代晚期，北半球地区气候湿润，辽西地区的生物物种空前繁荣，可以说是地球物种的天堂。北票“盛产”国宝，“十六国第一名相”冯素弗的墓葬、辽代重臣耶律仁先的家族墓都在北票，在这里出土了金步摇冠、鎏金铜包片木芯马镫、耶律仁先墓志等众多珍贵文物，其中一件鸭形玻璃注，作为国宝中的国宝，曾在2010年上海世博会上展出。

北票还承载着独特的文化记忆，这里的龙鸟啼鸣，这里的飞花逐梦，这里的金戈铁马，这里的人杰地灵，都向世人展示出一个历史悠久的北票，它那灿烂的文化引人瞩目。

镇馆之宝

ZHENGUAN ZHIBAO

**中华龙鸟化石** 它的头高高昂起，它的牙齿十分锐利，它的后肢粗壮有力，皮肤上有细丝状的衍生物……在这块中华龙鸟化石上，可以看到许多中华龙鸟的细节。专家说，这只中华龙鸟生活在距今1.4亿年前，它皮肤上的衍生物是羽毛的前身，还不具备飞翔功能，主要是起保护皮肤和保持体温的作用。

**辽宁古果化石** 说是古果化石，第一眼望去，就是一株植物，只有细细地观察，才能找到这株植物上的果实。它的外形像一个豆荚，看着虽然丑陋，却被世界古植物专家认为是“世界上最古老的被子植物”，没有它就没有我们今天的鲜花，没有今天的农业。最为厉害的是，哺乳动物就是因为有了被子植物的兴起才走向繁盛，从而进化到最高阶段。

**辽白瓷雌雄凤首瓶** 凤首瓶是辽代颇具契丹民族特色的器物，因其形似敛翼直立的凤鸟而得名。这对凤首瓶构思巧妙，造型美观，制作精良，雌雄成对，尽显匠心之美，填补了国内关于辽代凤首瓶研究领域的一项空白，堪称辽瓷极品。

▲ 中华龙鸟化石

▲ 辽宁古果化石

▲ 辽白瓷雌雄凤首瓶

**冯素弗墓的宝藏** 北燕名相冯素弗的墓葬位于朝阳北票，这里出土的文物有陶器、玉器、玻璃器、金器等500余件，算得上是鲜卑贵族生活的大百科全书。这些宝藏中，有世界已知最早的双马镫实物铜鎏金包片木芯马镫，有来自罗马帝国的鸭形玻璃注，还有造型独特的金步摇冠，精美程度，令人惊叹。

**蒙古族的"曹雪芹"** 尹湛纳希1837年出生在显赫的蒙古族世袭贵族家庭。他一生中用蒙古文创作了《青史演义》《一层楼》《泣红亭》《红云泪》4部长篇小说，开创了蒙古族书面文学创作的先河。由于尹湛纳希的作品深受《红楼梦》的影响，所以有的学者把尹湛纳希称为蒙古族的"曹雪芹"。

**翼龙化石专题展** 翼龙，一种已经灭绝的爬行类物种，它并不是恐龙，而像是一种"有翅膀的蜥蜴"。这类可以飞行的脊椎动物生活在6500万年到2.1亿年前。北票市博物馆拥有世界上唯一一个以翼龙为专题的展览，集中展示了来自全世界最为丰富和保存完美的各类型翼龙化石精品。

▲ 冯素弗墓出土的玻璃碗

# 远古猜想：大石桥市金牛山博物馆

**场馆介绍**

金牛山博物馆，坐落于营口大石桥市永安镇西田村，依托金牛山古人类遗址而创建。这里的金牛山猿人洞穴遗址，是东北地区发现最早的旧石器时代遗址，是国家级文物保护单位。

2006年11月，金牛山博物馆正式成立，占地面积600平方米，馆内展览以金牛山遗址出土的人类化石、石制品为主。金牛山遗址出土的各类化石对研究古人类发展，人类的起源、分布等具有重要的科研价值。

在辽东半岛的中部沿海平原上，有一座拔地而起的孤立山丘，名叫金牛山。说是山，它的海拔不过69.3米，面积只有约0.3平方公里。这么一座小山，在考古界却是“大山”一般的存在，仿佛蕴藏着气象万千，引人遐思。

“山不在高，有仙则名。”金牛山能够被世人尽知，是因为曾经居住于此的金牛山人。1984年9月，考古专家在金牛山东南的一个大型溶洞里有了重大发现：一具比较完整的人骨化石！要知道，我国发现的古人类遗址很多，但发现人骨化石的遗址不多，发现人类完整头骨化石的遗址更少。而在金牛山遗址发现的人体骨骼化石竟有56件之多，还属于同一个成年女性，基本能够拼凑起一副人体骨骼。

金牛山人的出现引发了无限猜想：金牛山人长什么样？他们如何荒野求生？那个时代的辽东半岛是个什么模样？金牛山人后来去了哪里？答案就在金牛山脚下的大石桥市金牛山博物馆中。

镇馆之宝
ZHENGUAN
ZHIBAO

**金牛山人头骨化石** 金牛山遗址出土的人骨化石包括头骨、尺骨、髋骨、腕骨、指骨、趾骨等共56件。经过研究，专家发现这些人类骨骼化石均属于同一个人，是一名20岁左右的女性。这一发现尤为重要，考古学家认为这位金牛山人脑容量

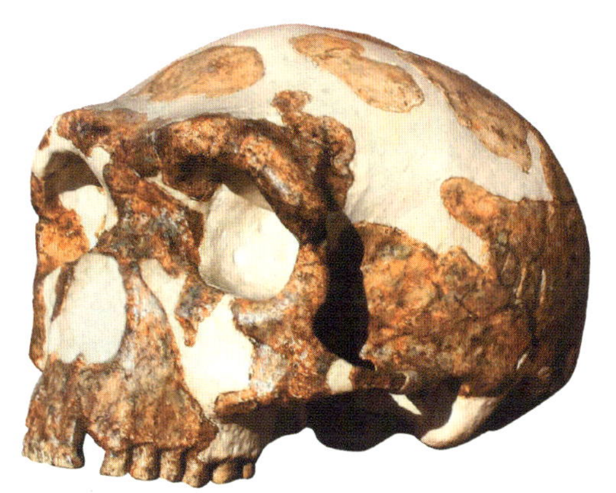

▲ 金牛山人头骨化石

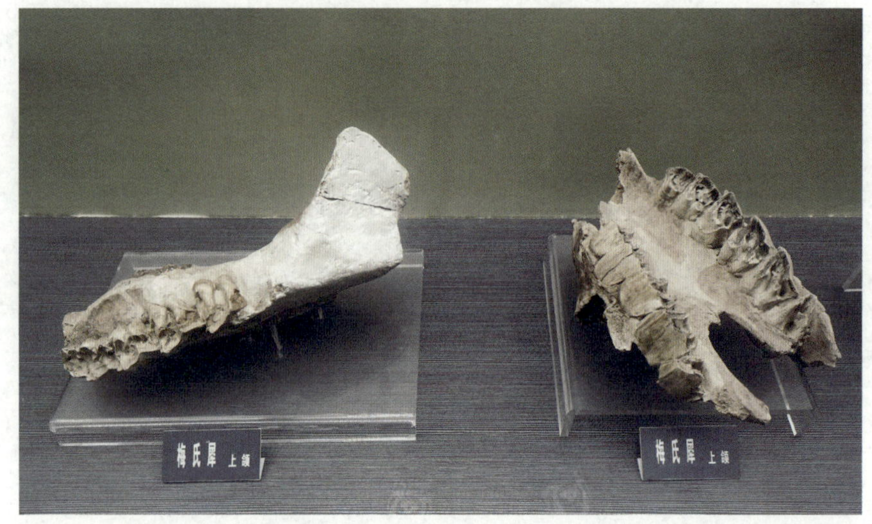

◀ 梅氏犀化石

◀ 肿骨大角鹿化石

较大、颅盖增高、颅宽位置上移、骨壁较薄……这些都是古人类进化的特征。

**梅氏犀化石** 梅氏犀是一种史前巨兽，它们身体高大，体长近 4 米，高有两三米，是史前生活于温暖湿润气候环境的食草动物。它们拥有两只角，一只在额头，一只在鼻子上。梅氏犀虽然体形较大，但善于奔走，有着一定的迁徙能力。专家推断，随着冰河期到来，梅氏犀无法适应寒冷的气候，因此灭绝。

**肿骨大角鹿化石** 肿骨大角鹿拥有最长可达 4 米的硕大鹿角，是化石物种中的“明星”。它们的下颌骨十分特殊，普遍存在肿厚现象。这件肿骨大角鹿化石的牙齿较大，齿冠不高，珐琅质层明显粗糙，我们可以想象，它生活在茂密的森林边缘，需要大量进食，它的大下巴可能是为了咀嚼偏硬或者富含纤维的食物。

打卡理由
DAKA LIYOU

**挑战“非洲起源说”** 人类学界曾有个流行的观点：认为所有现代人都是 20 万年前生活在非洲的一位古人类的后代，也就是“夏娃学说”。不过，金牛山人的发现对这些观点提出了有力的挑战：金牛山人生活在距今 26 万年前，比“夏娃”早几万年！人类的起源到底在哪里？随着考古的不断发现，总有一天会有一个令人满意的答案。

**跟“北京人”比头脑** 金牛山人的发现填补了我国晚期直立人到早期智人过渡的空白。专家经过对比发现，金牛山人与“北京人”有许多相似之处，却比其进步。“北京人”的脑容量是 1043 毫升，金牛山人的脑容量达到 1390 毫升；“北京人”的头骨骨壁平均厚度 8.1 毫米，金牛山人为 4.5 毫米，这都是进化的结果。

**远古丛林的想象** 金牛山人所生活的时期气候湿润，很适宜人类生存。在湖滨的草地上，河狸、肿骨鹿、斑鹿等动物都是金牛山人的狩猎对象；在茂密的森林中，凶猛的剑齿虎、棕熊等野兽则随时威胁着他们的生命。生活在如此恶劣的环境中，可以想见金牛山人一定是够强大、够聪明、够团结。

# 襄平时光：辽阳博物馆

## 场馆介绍

辽阳博物馆最初设于民国老建筑彭公馆内，1985 年正式对外开放。2009 年辽阳博物馆新馆建成，新馆占地 1.8 万平方米，陈列面积 3667 平方米。彭公馆仍作为辽阳博物馆的一部分，改建为辽阳民俗博物馆。

辽阳博物馆馆藏十分丰富，文物超过 6000 余件，以辽阳历史发展为主线，以汉文化、辽金文化和明清文化为重点，真实再现了辽阳曲折而辉煌的历史进程。

在辽阳古城东四道街，有一处三进一厅四合院古建筑群，它就是彭公馆。这座始建于 1921 年的老建筑曾是当时东北三省官银号总办彭贤的宅邸，今天成了辽阳博物馆的一部分。

辽阳是一座拥有 2000 多年历史的文化名城，从燕昭王在辽东郡设置襄平城，辽阳就开启了建城史。辽金时期，辽阳成为当时五京之一，而到了清初（后金）更是一跃成为都城。有人曾说一部辽阳史堪称半部东北史，这也让人们对辽阳博物馆有了更多期待。

走进辽阳博物馆，你可以看到 2000 多年前战国时期的青玉涡纹玉璧，看到 200 年前的王尔烈七十寿屏。最值得一提的是，你可以徜徉在珍贵的汉魏墓室壁画前，近距离感受《车马出行图》里墓主人贯行一列、气势逼人的出行车队，《宴饮观舞图》里伎人舞袖翩飞的曼妙身姿……站在这些描绘于石灰岩石板上的彩绘前，思绪也会随着画上这些千年前古人的喜乐人生而飘远。

如今关外的苍茫凛冽都化成二月暖暖的风，游走在彭公馆幽长的回廊里，你也许会更真切地感受到什么是弹指一挥两千年。

**王尔烈七十寿屏** 辽东才子王尔烈七十寿辰时，他的同僚好友每人作字画一幅，装裱成一座寿屏作为祝寿之礼。寿屏共9扇，共有字画126幅，寿字91幅。在这些字画中，有一幅楷书“寿”字无署名，有传说是嘉庆皇帝所书，其余每幅均署名盖印，其中包括刘墉的楷书“寿”字和纪昀的《水墨仙鹤图》。值得一提的是，纪昀传世的真迹很少，绘画更是从未发现，这幅《水墨仙鹤图》被称为传世孤本。

**《车马出行图》** 作为辽阳汉魏壁画馆内最值得细品的三幅壁画之一，出土于北园1号墓的《车马出行图》当数精品中的精品。壁画描绘的是墓主人在7辆副车和24个骑从护卫下乘车出行的场景。画面构图大气，用笔奔放，场面壮观。壁画中所绘车辆骑从也为研究汉代车舆制度提供了珍贵的资料。

▲《车马出行图》

**辽白釉雕牡丹纹提梁注壶** 辽阳博物馆的这款辽白釉雕牡丹纹提梁注壶在1972年出土于辽阳市南林子6号墓，是辽代盛酒水器，壶体近似椭圆形，剔雕缠枝牡丹花及飞蝶，壶顶口上贴塑飞鸟。整只壶为白瓷胎，胎质细腻坚硬，通体施白釉，堪称辽瓷中的精品。

**看汉魏壁画** 辽阳汉魏壁画墓群是东汉末年和汉魏之际的石室壁画墓。古墓内的壁画色彩鲜艳、精美辉煌，内容以表现墓主人经历和生活为主。辽阳汉魏壁画墓比敦煌壁画早300年，是古典现实主义的杰出作品。1961年，辽阳壁画墓群与北京故宫、长城一起被列为全国首批重点文物保护单位。

**看历代石碑** 辽阳碑廊、碑亭、碑石墓志陈列是辽阳博物馆专题展览之一。碑廊共展出石碑50块，最早的碑刻为金代。其中“端庄固伦公主敕建碑”是碑林中最高的一块碑。固伦公主是清朝公主中册封的最高等级，一般只有皇后所生的女儿才能册封为固伦公主，端庄固伦公主是清太祖努尔哈赤长女东果格格。

**看民国老宅** 彭公馆为仿清四合院建筑群，共占地2万余平方米，构筑风格为古代硬山式，廊檐曲折相接，朱漆门窗，雕梁画栋，花墙、月亮门、垂花门、角门都是两两对称，互相贯通，充分体现了中华传统民族建筑风格，是目前辽宁境内保存最完好、规模最大的古典民宅建筑之一。

▲ 辽白釉雕牡丹纹提梁注壶

# 汉代古韵：大连汉墓博物馆

场馆介绍

大连汉墓博物馆位于大连市甘井子区营城子街道营沙路，始建于2009年，2010年10月开馆。

博物馆建筑面积4600平方米，展览面积1700平方米，内设遗址展示、文物陈列、临时展览等功能区。馆内现有藏品3156件（套），其中三级以上文物96件（套）。基本陈列以大连汉墓为主体，通过遗址复原和墓中出土文物的展示，揭示两汉时期大连地区政治、经济、文化发展的特征。

背靠青山，面朝大海，大连汉墓博物馆地理位置极佳。绵延十余里的汉墓群是营城子地区的一大特色，墓葬原址即是博物馆展陈一部分。

来大连汉墓博物馆参观，可以看到具有海滨特色的贝墓原型，可以感受大连地区汉代时期丧葬习俗，可以追溯汉代时期大连百姓安居生活的样貌。在距今1.7万年前，已经有人类在大连地区繁衍生息，至两汉时期，大连地区政治、经济发展迅速，海运通道的开辟推动了与中原地区的文化融合。

营城子地区的汉墓多为砖砌结构，呈“山”字形，建有主室、套室、前室和侧室。汉代的厚葬文化在一处展览中还原的墓葬场景里得以呈现：砌筑墓室的青砖很讲究，砖的一端饰有环形纹、羽纹、方格纹等图案，有的砖还被涂上红色、黄色或白色等颜色，这样砌出来的墓室看起来富丽堂皇、绚丽多彩。而墓室采用的交错叠压的建筑工艺，使得汉墓又特别坚固持久，以至于跨越千年仍不塌不漏，可见古人智慧的高深和技艺的精湛。

博物馆中有两块方形的出土于西汉墓葬的贝壳墓框架，时间跨越近2000年仍能清晰地看到贝壳的纹路。“靠山吃山，靠海吃海”，大连先民将这一理念融入了墓葬文化之中。

镇馆之宝
ZHENGUAN ZHIBAO

**金质龙纹带扣** 所谓“带扣”就是古人腰带上的锁扣，相当于现在的“皮带头”。这件仅有9.5厘米长的黄金饰品上雕有10条龙，一条大龙盘踞正中间，一副逍遥自在的样子，9条小龙环绕两侧，这是目前已经发现的汉代龙纹金带扣中龙纹最多的一件，是一件难得的汉代金器精品。

**铜承旋** 这是一件汉代贵族宴饮时的重要器皿，“承旋”即“案”，其

▲ 金质龙纹带扣

◀ 铜承旋

上常置一尊，为东北地区首次发现。此铜承旋呈圆案状，盘较浅，下有三足，为人面熊身，作蹲坐顶案状，盘面手工錾刻的《仙人神兽瑞禽图》，图案繁缛，线条精细，雕刻精美，显示了墓主人的高贵地位和身份。

**升仙壁画** 《墓主人升天图》又称“升仙壁画”，堪称营城子汉墓艺术品中的精品壁画，由两部分构成，上部以墓主人为主体勾画出“升天”的虚幻场景，墓主人头戴三山冠，身着长袍，腰佩长剑，拱手于胸前，长袍及底处有云气围绕。在他身后有一侍者，手托长盘。墓主人的前方是一位人格化的神，正与墓主人交谈。画面下部有三个人物，面向左侧，分别为伏拜、跪拜、立拜三种姿态。

打卡理由
DAKA LIYOU

**零距离体验汉墓原貌** 大连汉墓博物馆是在汉墓遗址基础上加盖而建，走进博物馆，就如同走进了一座地下宫殿、一个恢宏的考古现场。大连考古队的工作人员共在这里发现墓葬200多座，出土文物3200多件。经考证，这些墓葬属于西汉和东汉，延续时间长达300年左右。

**破解千古历史谜团** 专家推测，大量汉墓的发现，说明汉代时大连就是一座繁华的城市，人口已经比较稠密，经济也很繁荣了。但是在营城子地区为什么只有汉墓而没有其他朝代的墓，为什么只有墓而没有城的遗址，

▲ 升仙壁画

营城子之“城”到底在哪里，专家走遍了附近村落，但城市遗址之谜至今仍未解开。

**2000 年前的古人吃什么**　2006 年，营城子汉墓出土了一件陶制四合院随葬品，这是汉代当地民风的直观体现。院子里有正楼，有粮仓，门口有狗，院内养猪，甚至连猪槽、水沟都完整保存，可以确定当时的动物性食物与现在没什么差别。而粮食作物差别更小，考古发掘证明我们所常吃的粮食在 2000 年前的大连地区都已普及。

# 龙城岁月：朝阳博物馆

场馆介绍

朝阳博物馆于 1973 年 12 月创建，其前身为朝阳地区展览馆文物工作组。

朝阳博物馆新馆建筑面积 1.36 万平方米，共设三层展厅。该馆是历史上第一座以展示红山文化、三燕文化、大唐文化和辽文化为主题的综合性大型博物馆。

博物馆以商周青铜器、十六国前燕铜鎏金马具和金饰品、大唐瓷俑彩绘陶俑和三彩器、辽契丹民族陶瓷器及清宫旧藏书法绘画藏品为特色。

三燕是指东晋十六国时期，在北方建立的前燕、后燕、北燕三个地方政权，前后近百年之久。前燕慕容皝在柳城之北修筑龙城，并定都于此，龙城遂成为朝阳城建城之始。对于朝阳来说，历史实在是一道厚重的背景墙，这里有红山文化、化石文化、三燕文化，而走进朝阳博物馆，那一件件文物一定会让你轻松穿越时光隧道，想象龙城的辉煌。

朝阳博物馆文物藏品数量众多，种类丰富，主要包括商周青铜礼器，三燕时期的马具，大唐时期的“唐三彩”、釉陶俑及陶彩绘俑，辽代契丹民族文物和金、元、明、清瓷器及珍贵书画等各类文物，而且这些文物绝大部分出土于朝阳境内。

走进博物馆，很多人会被序厅里那个三燕龙城城门造型震撼到。从“三燕春秋”到“凌河记忆”，在朝阳博物馆走一圈，你会时刻感受到“龙出辽河，礼出红山”的豪迈，“龙城朝阳，三燕故都”的兴衰，那些形形色色的文物不仅重拾了朝阳人的历史记忆，凝聚了朝阳先民的创造智慧，更体现了东北地区古代民族的融合，同时也印证了中华民族 5000 多年的灿烂文明。

站在这块凝聚着厚重历史的土地上回首千年时光，那种独特的感觉的确会让人沉迷。

镇馆之宝
ZHENGUAN ZHIBAO

**红山文化玉猪龙** 玉猪龙是最具代表性的红山文化器物，朝阳博物馆馆藏的玉猪龙又叫玉兽玦，是由岫岩玉制成的，通体抛光，浑厚圆滑，造型肥首大耳，吻部平齐，身体首尾相连，呈团状卷曲，背部有对钻圆孔，似可作饰物系绳佩挂，面部以阴刻线表现眼圈、皱纹。

**十六国前燕带木芯鎏金铜透雕鞍桥包片、翼形片** 鞍桥就是马鞍，朝

▲ 红山文化玉猪龙

▲ 十六国前燕带木芯鎏金铜透雕鞍桥包片、翼形片

阳博物馆的这组鞍桥包片及翼形片是三燕时期具有鲜卑民族特色的一组马具文物。二者均为镂空雕刻，图案精美，鞍桥及翼形片表面鎏金，是研究我国统一的多民族国家形成过程中民族交往史的珍贵实物资料。

**十六国金步摇** 朝阳博物馆这款金步摇为十六国三燕时期鲜卑民族上层贵族头戴的装饰物。这款金步摇整体呈灌木状，由近矩形的镂空牌座和花树状枝干及心形缀叶组成，主人戴上它走动时，金枝颤动，叶片起舞，

▲ 十六国金步摇

华美精巧。这种金质制品起源于中亚，所以它也是古代丝绸之路东传的实物例证。

打卡理由
DAKA LIYOU

**红山文物** 在朝阳博物馆有很多代表红山文化的文物，证明这里早在5500年前就存在一个具有国家雏形的原始文明社会，也为中华文明多元起源找到了实物证据。其中，大名鼎鼎的红山文化玉器代表玉猪龙就是朝阳博物馆镇馆之宝之一。想看萌萌的玉猪龙，来这里就对啦！

**三燕遗存** 在金庸笔下的《天龙八部》中，慕容复始终想要光复大燕，那个大燕都城就在朝阳。在朝阳博物馆，我们可以看到前燕的瓦当、北燕的马镫，还有各种精美绝伦的金步摇。透过这些饱经沧桑的文物，你会了解到《天龙八部》里慕容复念念不忘光复的那个燕国到底曾有过怎样的辉煌。

**丝路风采** “西有敦煌，东有朝阳。”朝阳是丝绸之路上东部地区经济与文化的中心，各地的文化在此融汇碰撞；这里也曾是喧嚣一时、人潮汹涌的辽西古廊道，熙熙攘攘的客商在这里不停穿梭。历史留痕，如今在这里，你可以看见来自古罗马的鸭形玻璃注、金币、波斯萨珊王朝的银币等大量珍贵的舶来品。

# 石火光阴：本溪市博物馆

**场馆介绍**

本溪市博物馆建于 1980 年，占地面积 1.59 公顷，建筑面积 8000 平方米，是一座集收藏、展示、科研、保护于一体的地方综合性博物馆。

本溪市博物馆馆藏文物近万件，90% 以上为本溪地区出土文物，主要包括石器、陶器、骨器、铜器、铁器、银器、瓷器、书画等，其中国家一级文物 4 件。馆内以场景复原、幻影成像、投影等现代化声光电技术，充分展示了本溪古代辉煌的历史。

本溪市博物馆位于太子河畔，它的外形神似两个并立的巨大方鼎，古朴而典雅。上午 9 点钟开馆，冬日里的阳光为它增添了一抹暖色，第一批游客伴着曦光而至。

“‘山魂水魄’——文物中的本溪历史展”是博物馆展陈中的“重头戏”：这里有 50 万年前的庙后山人，他们以洞穴为家，燃火烤肉是他们生活的日常，他们是目前东北地区发现的最早的人类，被称作“东北第一人”；这里有青铜时代的貊人，他们男耕女织，能渔猎，会饲养家畜，虽然不及中原的夏商文化，但他们以营造洞穴墓地和石棺墓为特征，在东北地区独树一帜；这里早在战国时期就被纳入了中原势力辖区，燕昭王时期在此开设辽东郡，秦灭燕后，这里被纳入秦朝的版图，汉武帝时期在此增设玄菟、乐浪、临屯、真番四郡，进一步扩大和强化了郡县统治；这里还有神秘的山城、精美的墓室壁画，有金代的精美铜镜，能看到明代的边墙城堡遗址，能听到清河城之战的炮声轰鸣，以及煤铁之城的渊源往事……

从庙后山人的篝火，到绵延千年的煤铁炉火，水送山迎，转眼已过 50 万年。

镇馆之宝
ZHENGUAN ZHIBAO

**青铜短剑**　这组青铜短剑出土于本溪满族自治县刘家哨石棺墓，总体由剑身和剑鞘两部分组成，剑鞘中皮质部分已经朽烂不存，剑镖与剑钩却保存了下来，是目前我国发现的东北系短剑中最完整的青铜短剑，第一次完整展示了战国时期青铜短剑的佩剑样式。

**金黑釉剔花小口瓶**　这件金黑釉剔花小口瓶是金代瓷器中的珍品。它以黑釉为主，在器物上绘制纹饰，并把纹饰以外的部分剔去，露出胎色，以光亮黑釉和黄白胎色互相衬托，独具特色。剔花工艺是我国瓷器的传统装饰技法之一，流行于宋代北方各大窑系，盛行于金元时期。

**乾隆窑变锥把瓶** 窑变釉，顾名思义是指瓷器在烧造过程中出现了意想不到的釉色效果。这件瓷瓶的腹部和肩部因为窑变形成了一条蓝色纹带，状若游龙。因为窑变釉的形成出于偶然，所以留下了“窑变无双”的俗语，独一无二，让人回味无穷。

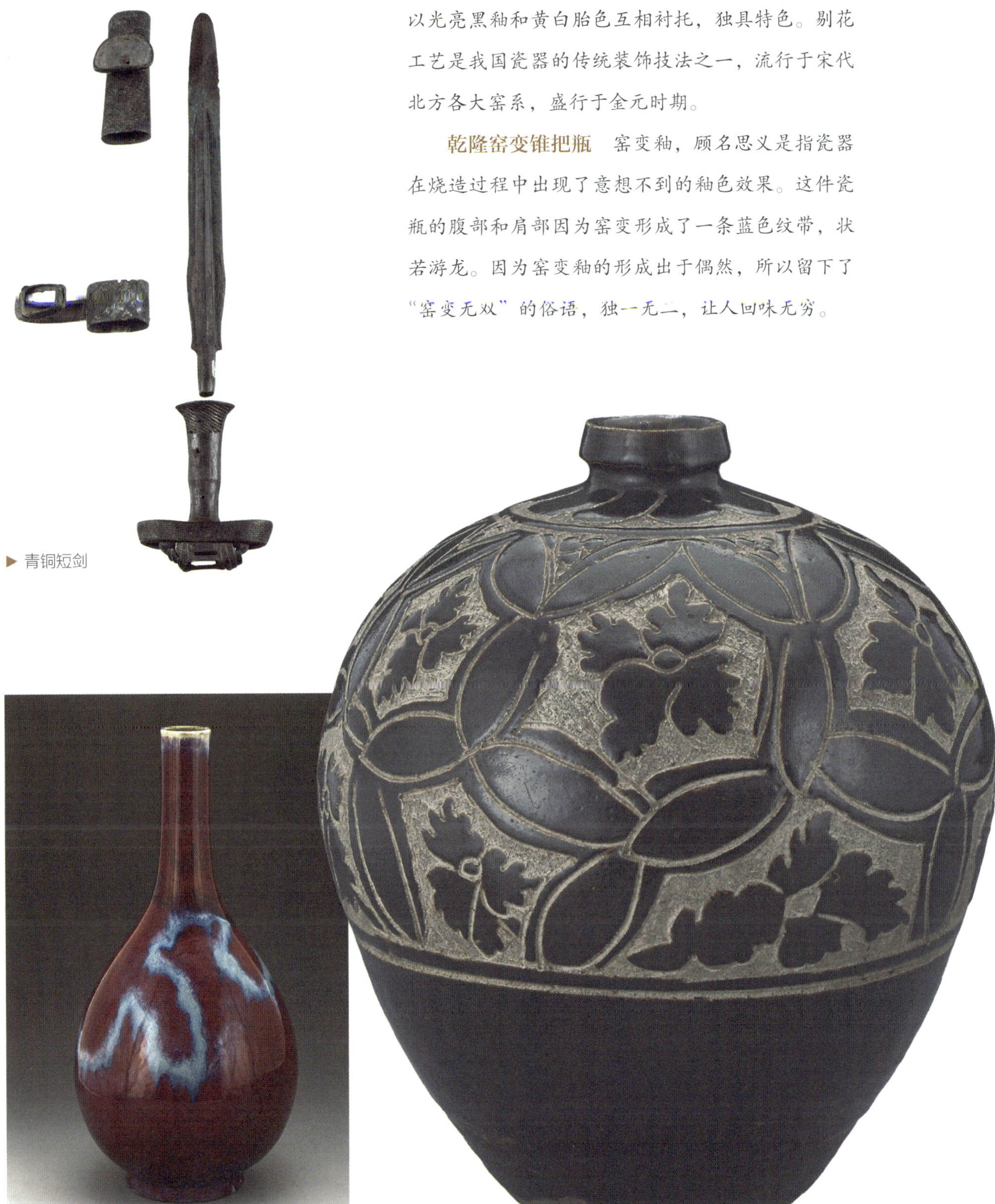

▶ 青铜短剑

▲ 乾隆窑变锥把瓶

▲ 金黑釉剔花小口瓶

**寻踪“东北第一人”** 在本溪满族自治县小市镇山城子村的庙后山发现了50万年前一群古人类活跃于此的踪迹。他们大约和著名的北京猿人同期，庙后山被中国考古界称作“东北第一人”出现的地方。那么“东北第一人”究竟在这片土地上过着怎样的生活呢？他们到底来自哪里，是过客还是原住民呢？

**想象貊人的生活** 貊人，是古代的一个民族，大约在辽东及周边地区生活了千年。《孟子》中关于貊人有这样的记载：貊人生活的地方是一片莽荒之地，五谷很难生长，只能长出黍子，他们的聚居地没有城郭、宫殿，没有祭祀的礼节。貊人生活之地真的是一片荒芜吗？貊人的世界到底是什么样的呢？

**煤与铁的沧桑往事** 本溪市，以盛产煤铁著称于世，被誉为“煤铁之城”。本溪煤铁开采的历史有多久？我们可以在本溪市博物馆中一探究竟。《辽史·耶律羽之传》记载，在辽太宗统治时期，“梁水之地……地衍土沃，有木铁盐鱼之利”，其中梁水指的就是太子河。由此可见，本溪地区的冶铁史超过千年。

# 斑驳百年：旅顺博物馆

## 场馆介绍

旅顺博物馆创建于1917年，是国内最早建立的博物馆之一，由于旅顺地理位置的特殊性和历史背景的复杂性，旅顺博物馆曾八易其名。

旅顺博物馆馆藏文物40万余件，其中珍贵的6万余件。藏品中“国宝级”文物有218件，分为20个类别，涵盖青铜器、陶瓷器、玉器、书画、印章、钱币、甲骨、石刻、竹木牙雕、文献档案、外国文物、大连地区考古出土的文物等。

旅顺博物馆，虽然只是以大连的一个区来命名，但不仅有当地出土的文物，而且还有很多来自丝绸之路沿线的文物，甚至有很多国外精品文物的收藏。今天我们相约在旅顺博物馆，一起揭秘展品背后的故事，品味其中的细节。

旅顺博物馆的历史画卷从你看到它的第一眼就开始徐徐展开，博物馆主体建筑本身就是一件珍贵的文物，外观融合了希腊、罗马、文艺复兴等风格，内部的建筑风格也保留着100年前的原貌，既高大气派又典雅别致。来自几千年前的古老文物与近现代西方的建筑交相辉映。可以说，博物馆的一块砖、一片瓦都是百年沧桑的见证。

藏品是一个博物馆的“心脏”，吸引着不同年龄、不同职业的观众前来参观，徜徉于博物馆各展厅，其中珍品无数，让参观者大饱眼福。内底铸有铭文的青铜器吕方鼎，西汉时期的马蹄金，元代刘秉谦《竹石图》，新疆出土的南北朝至唐代的9具木乃伊和丝织品、绢画、陶俑、货币等文物，以及古印度犍陀罗石刻和日本绘画等外国文物……构成了不同地域、不同文物特征的藏品体系。

在百年的建筑中，与文物来一场跨越千年的时空对话，绝美！

镇馆之宝
ZHENGUAN ZHIBAO

**西周吕方鼎** 这是一件古朴、厚重的青铜器，亦是一件周穆王时期遗存的国宝。在旅顺博物馆二楼青铜器展厅中它被标为“吕鼎”，它的器形是少见的长方形，鼎内壁铸有43字铭文。通过这43

▼ 西周吕方鼎

个字的铭文，考古专家得以揭秘这件重器的前世今生。同时，它也是目前已知青铜器中同时具备王年、月、月相、干支日四要素的两件标准器之一。

**田猎龟甲**　田猎龟甲又名“岩间德也大龟甲”，由若干碎片拼接而成，仍有部分残缺。上面刻有甲骨整字258个，字数在现存龟甲中位居第二。“帝辛（商纣王）巡（安抚镇压）卜甲”。据考古专家破译，上面记载了商代晚期诸侯叛乱，纣王向甲骨问卜的情况。

**清《红楼梦》画册**　由清代晚期河北丰润画家孙温和孙允谟以当时流行的程甲本《红楼梦》小说为蓝本，精心绘制而成。这套连环画形式的鸿篇巨制，卷帙浩繁，富丽精雅，涵盖了全书120回的故事情节，堪称《红楼梦》题材绘画中的一朵奇葩，反映了清代晚期《红楼梦》题材美术创作的高超成就。

▲ 田猎龟甲

打卡理由

DAKA LIYOU

**一个旅顺口　半部近代史**　一个旅顺口，半部中国近代史。旅顺口区就是一座露天博物馆，这里曾是清政府北洋水师驻地，修建了中国历史上第一座大型近代化船坞。这里曾是中日甲午战争和日俄战争的主战场，先后被俄、日两国殖民统治近半个世纪，旅顺口的近代史正是中国整个近代史的一个缩影。

**博物馆本身即文物**　旅顺博物馆是一座典型的近代折中主义风格的建筑，希腊式建筑样式的门廊、古罗马建筑中常见的三角形山花、具有日式风情的樱花图案……无论从哪个方向看，各立面的装饰都极其繁缛华美。

▲ 清《红楼梦》画册

毫不夸张地说，旅顺博物馆馆舍本身就是一件精美的艺术品。

**辽东半岛文明遗存**　馆藏大连地方文物自旧石器时代至明清时期，形成一个完整序列，反映了辽东半岛文明的独特气质。青铜曲刃短剑遗存，见证了春秋战国时期的大连历史；馆藏“千秋万岁”瓦当、五铢铜钱、临秽丞印封泥等出土文物，是解开大连地区最早县治——沓氏县位置谜团的重要线索。

# 辽墓金塔：铁岭市博物馆

## 场馆介绍

铁岭市博物馆始建于1986年，2001年新馆建成开放。博物馆建筑面积7000平方米，馆内现有文物藏品近5000件（套），以地方出土文物为主。

博物馆重要展品有猛犸象牙臼齿、“昌图人”头盖骨化石、新石器时代玉石斧、商周青铜钺、战国秦汉时期马蹄金、辽代酱釉鸡冠壶、金代冯开父母合葬墓志铭、明代李成梁的故居“看花楼”遗址文物、清代魏燮均书法等。

铁岭市博物馆位于辽宁省铁岭市银州区文化街，蓝色瓦顶衬着白色楼体在路边格外显眼，为铁岭在历史上留下的灿烂痕迹做了最直观的见证。

在博物馆楼前有一座造型奇特的石雕，它是由双孔石刀、青铜钺和鸡冠壶三件文物自下而上组合叠压而成，这座雕塑就喻示了辽北地区在石器时代、青铜时代和辽金时代三个时期曾有的文化繁荣。

走在铁岭市博物馆幽深的展厅里，每一件展品都凝聚着一段或长或短的故事。在这里你可以欣赏到珍贵的商周青铜钺、国家一级文物风字绿釉陶砚，观摩辽代晚期北府宰相萧义墓志以及金代官员冯开父母合葬墓志铭，一睹金代“凡城双塔”的风采，也可在名将李成梁塑像前追忆英雄昔日的荣光。

无论是镌刻在墓志铭上的辽代皇亲国戚的悲欢离合，还是书写在“凡城双塔”上的金代小西山道院的昔年过往，那些历史的风霜吹过天遥地远，吹过离恨重重，最终凝注成一段段文字，深刻于辽墓金塔之上，为你讲述昔年过往。

镇馆之宝

ZHENGUAN ZHIBAO

**青铜钺** 出土于法库县丁家房镇弯柳街村的铜钺通高19.8厘米。钺面顶部印有席纹，钺背廓缘两侧各有一绑系钺柄用的长方形小穿，钺面中部有两个圆孔，孔缘突起，当是为镶嵌玉石所用。整个铜钺取兽面狰狞形象，两孔为目，弧刃为口，是商周之际古代部族礼仪或殡葬用器。

**凡城双塔** 博物馆展出的两个八角石柱子叫石经幢，刻于金代大定年间。经幢是古代寺庙前，僧侣们用来刻写经文和纪念大师的构筑物。明弘

▲ 凡城双塔

▲ 青铜钺

▲ 风字绿釉陶砚

治三年（1490）秋，守备凡河城的一个姓郑的指挥官在城外无意间发现远处有这么两个石塔，便把它们拉回了凡河城，并将两个石经幢起名为“凡城双塔”。

**风字绿釉陶砚** 这方陶砚圆座体，束腰，砚体柱形身上有桃形穿孔，圆形观盘上有一风字形砚池，池内有研磨印痕。这款砚台的特殊之处在于它并不是普通的砚台而是暖砚。其砚身可置炭火以为防寒。风字砚是当时宋砚的主流风格，反映了契丹文人同宋代文人一样追求素雅简练的时尚特点。

打卡理由

DAKA LIYOU

**走近“辽东战神”** 李成梁是铁岭卫（今辽宁铁岭）人，曾前后两次任辽东总兵，被称为“辽东战神”。李成梁的故居就在铁岭古城东门外，即今铁岭市柴河街久远胡同以西，故宅名为“看花楼”，后来毁于战火。铁岭市博物馆里可以看到很多在看花楼遗址出土的青花瓷碗、陶瓦钉、陶球和铁栓等。

**洛阳铲考古之旅**　团山遗址作为铁岭东部比较典型的青铜时期文化遗址之一，一直备受瞩目。其面积之大、遗物之丰，在同时期遗址中都是少见的。博物馆专门设置了一处团山遗址互动场景，恢复了团山遗址野外考古调查现场实景。你可以在现场获得一把洛阳铲，实实在在地过一把考古瘾。

**神奇东北话大测试**　在博物馆三楼，辽北民俗展绝对是亮眼的一处。在这里你能看到嘎拉哈、钉马掌、皮靰鞡，等等，当然还有大家熟知的东北二人转文物展示。而最让大家感兴趣的是展览中一项名为“东北话大测试”的项目，据说土生土长的东北人在这里也是相当不容易及格的，感兴趣的绝对可以去试试！

# 后记

# 让国宝说话，向世界讲好辽宁故事

31 块大气的版面细述国宝背后的故事，30 期精彩的短视频让国宝“活”起来，两大主题特刊解开辽宁国宝鉴赏密码……辽宁报刊传媒集团（辽宁日报社）推出的大型全媒体策划“国宝在辽宁”于 2023 年 1 月 3 日推出以来，受到各界好评。专业化制作、通俗化解读、集团化作战、多形态产品、全平台传播，用 30 件国宝向世界讲述辽宁故事，让世界了解辽宁的历史文化。

## 全媒体：全景式展现、全平台联动，让文物“活”起来

“国宝在辽宁”大型融媒体报道自推出以来，通过海内外全媒体传播平台覆盖全球超过 60 个国家和地区，总展现量达到 1.5 亿次以上，有效提升了辽宁的知名度和文化影响力。其中，国内（不含港澳台）全媒体传播平台总展现量就超过 1 亿次，海外社交平台全媒体传播总展现量超过 5000 万次，吸引了海量网民赏国宝、品辽宁，取得了很好的宣传效果。

“国宝在辽宁”打破常规，以全媒体呈现、全景式展现、全平台联动的形式，用短视频、图文、探馆寻宝、云展览、慢直播、全球评比、颁奖典礼等线上与线下、报道与活动融合的方式，全景式展现 30 件文物蕴含的辽宁历史、人文底蕴。以“一次采集、多次生成、多元发布”为目标，打破

部门界限，组织精兵强将成立了特别项目组，以跨部门融合、“多兵种”协作、多形式展现、多平台刊播、线上线下互动的大兵团作战模式来立体化推介辽宁的优秀文物、灿烂文化。

用辽宁文物讲好辽宁故事，关键是让读者和观众能看懂、喜欢看、追着看。为了保证内容的专业性与权威性，报道组聘请郭大顺、王绵厚、冯永谦等 30 多名权威专家组成顾问团，对报道内容进行审核。记者、编辑站在受众的角度，用通俗易懂、鲜活有趣的语言，重点讲述文物蕴含的历史故事，完整展现了辽宁浩荡千年的壮丽岁月。

## 平面媒体：匠心设计、增强服务功能，引领读者走进文物世界

在文字报道中，一件件原本安静陈列在博物馆里的文物变得跃动起来。围绕一件文物，我们既讲述它的直观尺寸，又陈述它的前世今生。在记者的笔下，这 30 件文物不仅是辽宁历史的参与者、见证者，同时也是讲述者。

记者沿着时间轴线拓展报道范围，以物说话，用物叙史，向外界展示了一个充满历史厚度的辽宁。

“国宝在辽宁”策划在服务性上也做了创新，让“策划”不仅好看，还有用。除了对 30 件文物进行解读，《辽宁日报》还推出了两个特刊“国宝密码”“博物馆奇妙游”以及“国宝在辽宁”主题年历。“国宝密码”对辽宁文物的重点品类进行重新梳理，介绍辽宁特色文物的魅力和鉴赏方法，读者称之为“鉴赏辽宁国宝的说明书”。“博物馆奇妙游”特刊，突出“寻宝”主题，可以视为辽宁各大博物馆的导览手册。

“国宝在辽宁”版式设计同样精彩，以辽河为原图，对其进行艺术加工后做成底图，再分解成 31 个小图，每一个小图就是一块版面，31 个版面按顺序放在一起又合成一个完整的辽河图案。而单独的每一块版面又不相同，这正像辽宁历史，既独立又融合。这种设计新颖大胆，是形式与内容的高度统一，突出了辽河文明的厚重、辽宁文化的特色。

## 短视频：数字化技术赋能影像表达，沉浸式欣赏文物之美

作为“国宝在辽宁”大型全媒体策划的重要组成部分，30 集系列短视频成功“出圈”。截至 2023 年 4 月 20 日，全网展现量逾亿次，传播覆盖全球 60 多个国家和地区。该系列短视频以 30 件辽宁国宝级文物为“主角”，在坚守优秀传统文化内核的基础上，大胆探索视听呈现革新，充分运用新媒体技术创新表达，将国宝的极致“颜值”和厚重“价值”淋漓展现。可视化传播、年轻态表达、“技术 +”赋能，正是“国宝在辽宁”系列短视频成功的密码。

主创团队由一群年轻的新媒体采编人员组成。他们的镜头语言更具青春视角，他们的表达方式更有“网感”，他们为每期短片创意制作的动画特效如点睛之笔，格外惊艳。值得一提的是，主创团队充分运用新技术、新手段，将实景拍摄与特效制作有机结合，采用电影级的灯光和摄影设备，灵活运用微距摄影、延时拍摄的手法，通过工业级的 3D 扫描技术，将历史的转化成当下的、静态的转化成动态的、传统的转化成流行的，让观众 360 度欣赏文物之美、沉浸式感受中华文化。

## 国际传播：立体式传播、矩阵式推送，向世界宣传辽宁历史文化

“国宝在辽宁”策划在海外传播取得新突破。

“国宝在辽宁”双语短视频以省政府新闻办、辽宁国际传播中心的海外社交平台官方账号进行全球传播。同时，积极与中央级涉外媒体和海外媒体建立互动机制，聚拢国际传播资源形成强大传播合力，联动中央级媒体的海外社媒及新媒体平台进行集中发力的国际传播，仅新华社海外社交媒体账号平均单集播放量就近 50 万次，总播放量超千万次。

辽宁国际传播中心联合省内多所高校留学生管理学院，引导各国留学生关注辽宁国际传播中心海外平台官方账号，并转发、评论“国宝在辽宁”系列短视频内容，目前已有近百名留学生积极响应，并根据本国受众关心

的话题进行二次推介、传播，在其亲友的“朋友圈”引起热烈反响。此外，“国宝在辽宁”系列短视频还成功走进巴西利亚大学孔子学院、俄罗斯伊尔库茨克国立大学孔子学院和蒙古国国立医科大学的课堂，成为当地学生了解中国传统文化和悠久历史的生动“教材”。

## 专家说：这是讲述辽宁故事的一个好切入点

全媒体策划“国宝在辽宁”推出后，陆续得到省内文博专家的反馈信息。他们认为，“国宝在辽宁”是讲好辽宁故事的一个很好的切入点。他们夸赞记者们采写扎实、版面编排新颖、视频制作精彩的同时，更是难以抑制对辽宁厚重历史文化的感慨。

你们的视频和文字报道刷新了以往媒体对文物报道的模式，每期稿件都紧扣一个历史时期辽宁在全国有影响力、有地位的国宝，展开循序渐进、抽丝剥茧的探索与揭秘，进行系统、全面和深入的解读。另外，《辽宁日报》记者不囿于30件文物以往的认知和阐释，对这些文物展开了深入的挖掘，提出了很多新颖、独到的观点，令人眼前一亮。

——著名考古学家、辽宁省文物保护专家组组长　郭大顺

“国宝在辽宁”向读者讲述了辽宁有国宝、辽宁有历史、辽宁有文化以及辽宁在中国统一多民族国家形成过程中的地位和作用。来自周边的农耕文明、海洋文明、草原文明与东北地区的渔猎文明相互融合，形成了十分丰富又有地域特色的文化。深入发掘、研究、阐释、利用这些优秀文化瑰宝，增强历史自觉、坚定文化自信，铸牢中华民族共同体意识，为东北老工业基地全面振兴作出应有的贡献。

——辽宁省文物考古研究院党委书记、副院长　李新全

“国宝在辽宁”系列报道之所以引起轰动效果，首先，是它的画风轻松自然流畅，内涵严谨准确认真，让本来晦涩难懂的专业内容得到最浅显易懂的解读，读者容易接受；其次，在介绍国宝文物的同时，记者们不忘阐

述其背后的文化和文明内涵，束之高阁的文物一下子和5000年的文明联系起来，既宣传了文物，也普及了文化；再次，对文物解读形式有创新，运用动画等新颖的多媒体手段解读枯燥的文物知识，充分激发受众的好奇心和求知欲，让文物内涵随着视频的传播不胫而走，取得了空前的传播效果。

——辽宁省博物馆副馆长　董宝厚

“国宝在辽宁”系列报道精选了辽宁省各博物馆珍藏的文物精品，由多位专家生动讲述和讲解，一一解开国宝留存的“密码”。这些国宝的时间跨度长，历史之悠久，内涵之丰富，趣味之浓厚，令读者连连盛赞。与此同时，版面上还辅以相关知识进行延伸，将在文物发现、整理、阐释工作中的悬念故事更加生动地进行了展现。读者阅读一篇篇报道，就像从专家手中获取了打开历史大门的钥匙，从中了解了这些文物所承载的历史，对千百年来的中华传统文化有了更深的了解和认识，从而也更加热爱辽宁这块沃土。

——沈阳故宫博物院副院长　李　理

博物馆是人类记忆的保存者，是一个国家的“灵魂客厅”，一件件文物将过去、现在和未来联结在一起，给我们以力量、凝聚力以及对永恒的启示。如今这些文物化成了文字、图片和视频，用更通俗易懂的方式走进大众的视线，直击人们的心灵，给人以深思。一个国家有了属于自己的记忆，才会变得厚重，这也是我们中国受到瞩目与尊重的原因之一，更是我们坚定文化自信的源泉。很感谢“国宝在辽宁”带给我们的灵感和动力，也希望通过我们的共同努力，能有更多的人走进博物馆。

——辽阳博物馆馆长　庞　巍

珍藏在博物馆里的每一件文物都是历史的见证者，它们有生命和温度，有自己的故事，能让人们和历史有更直接的交流，但很多人并没有走进博物馆，“国宝在辽宁”很好地解决了这个问题，尤其是对于那些由于种种原因而无法展出的国宝文物，也能让人们在这些文字、图片和视频里“一睹芳容”。这个策划，我们博物馆里所有人都很欣喜，这是一个启发，帮助我们在将来能更好地为公众提供优质服务，让“中国故事”走进更多人心里。

——铁岭市博物馆馆长　张　剑

## 学者说：30件国宝活化了辽宁灿烂的历史

“国宝在辽宁”全媒体大型主题策划报道同时也收获了文化学者的点赞好评。他们表示，这30件国宝串联起了一部辽宁文化简史。

“国宝在辽宁”立意鲜明、表达新颖、传播方式丰富，把辽宁地区各个历史时期具有代表性的文物从不同视角进行了解读与传播。这既是全媒体环境下的一次大胆尝试，也是对辽宁文物的深度挖掘与传播，特别好。

——辽宁省文化和旅游厅党组成员、副厅长　许红英

“国宝在辽宁”通过科技助力、数字创意，让文物“活”起来，不仅激活了文物的内在价值，还让文物“动”起来、博物馆展陈走出去、国风国潮红起来，这正是“凝聚民族之魂，增强国人的骨气和底气”的根本之义。

——辽宁省文化艺术研究院院长　梁海燕

“国宝在辽宁”视野宏阔、形式新颖、资料翔实、挖掘深入，是讲好辽宁故事、传播辽宁声音、展示辽宁形象的典范之作。相信通过这组报道，能够让更多的海内外朋友了解到辽宁的悠久历史、厚重文化，感受到辽宁文化的魅力，认识到辽宁文化的价值。这次报道以全媒体形式呈现，多个媒体平台联动，覆盖了更多的受众，体现了参与性和互动性，也是一个重要的亮点。

——辽宁社会科学院历史研究所副所长、研究员　王惠宇

“国宝在辽宁”讲述蕴含在文物中的辽宁历史，是一种传承中华文化力量的创新方法。作为中华优秀传统文化的一部分，辽海文化具有这种强大魅力。《辽宁日报》传承中华文化力量的成功实践提醒我们，要系统梳理传统文化资源，让收藏在博物馆里的文物、陈列在广阔大地上的遗产、书写在古籍里的文字都“活”起来，成为创新传承中华文化的鲜活资源。

——东北大学副校长、文化学者　孙　雷

国宝是最珍贵文物的代称，它们所蕴藏的故事不仅活化了辽宁大地连绵不断、跌宕起伏、辉煌灿烂的历史场景，更体现了中华民族追求和谐统一、勤劳智慧、自强不息的伟大精神和文化。宣介“国宝在辽宁”的目的，就是要唤醒人们的共同历史记忆与历史情感，珍视并保护这些中华民族乃至人类的共同遗产。报道采用全媒体手段与公众互动，受众面广，效果很好。

——辽宁大学考古文博学院教授、博士生导师　华玉冰

“国宝在辽宁”的话题，有悠远的历史可讲述，有精彩的文明可呈现，是向世界展示辽宁的绝佳载体。用文物说文化，每期一个国宝文物，专家娓娓道来其前世今生，内容既专业，又具故事性，引人入胜。纸媒的版式设计也很精妙，展开的版面如同从远古走来的辽河，蜿蜒千里，生机盎然。这次主题策划还特别突出了全媒体，纸媒运用图文创作优势，再突出短视频呈现方式，以“图文＋短视频”做全媒体的传播，这是纸媒在新媒体时代谋求更大发展空间的大势，希望今后能够更好地利用互联网平台和新媒体技术，继续发挥好主流媒体国际传播的责任与担当，向世界展示可信、可爱、可敬的中国辽宁形象。

——渤海大学新闻与传播学院院长　安　平

这30件国宝里有相当一部分是我们辽宁地区独有的，像红山文化的玉器、后金满文“天命”货币等，都非常有特点、有针对性，非常鲜明地体现出辽宁历史文化的传承，我周围的一些朋友也在看，他们对此也给予很高的评价。希望今后还能看到这样的展示地方历史文化的精品。

——沈阳文史研究馆原副馆长　姜力华

报道把分门别类的文物捋成一条线，集中展现辽宁悠久的历史文化，这种形式很有条理，而且能看出在中国历史的演进过程中，辽宁在各个朝代都占有一定的位置，使人们对辽宁的历史文化有了更加清楚的了解和全方位的认识，这一点非常有特色。

——辽宁省委党校教授　王建学

“国宝在辽宁”策划深度挖掘辽宁文化遗产素材，运用3D动画、影像

等手段，兼具知识性和趣味性，对外讲述辽宁文物故事，让文物动起来、活起来，让海外受众尤其年轻受众以辽宁代表性文物为媒介了解中国文化，助力提升中国文化软实力的国际传播效能。

——中国外文局煦方国际传媒常务副总经理　王新玲

“国宝在辽宁”系列视频把学术问题通俗易懂地解读给老百姓，非常惊艳。这无疑是文物普及方面的又一次全新探索。文物正越来越好地融入时代需求，满足人民对美好生活的向往。

——辽宁大学历史学院教授　张星德

## 网友说：“我迷上了辽宁历史文化”

“国宝在辽宁”策划推出后，每一篇稿件，每一个视频在读者中都产生了广泛影响，很多读者利用微信进行推送、转发。不少读者给《辽宁日报》记者、编辑发来信息，说出了自己的真实感受。

稿件刊登后，博物馆收集了多份报纸存档，并将电子版转发至工作群，受到馆内工作人员一致好评。未来希望借助权威媒体力量，多角度宣传博物馆文化。

——旅顺博物馆副研究馆员　刘立丽

“国宝在辽宁”系列特刊声势浩大，覆盖面广，内容多彩，形式多样，翔实精彩的文字和制作精良的视频让我在欣赏“国宝”的同时，渐渐开始深入了解辽宁的历史文化，从而迷上研究辽宁的历史文化。

——金牛山博物馆工作人员　李逸萱

《辽宁日报》版面设计太美了！每一块版面都符合中国传统审美标准，重点突出，色彩搭配和谐，我给你一个“年度最美版面”。

——大连读者　徐　虹

我的父亲是考古工作者。作为一名地地道道的朝阳人，在《辽宁日报》上能够看到如此专业而有深度的家乡文化解读，兴奋而幸福。文化辽宁，自信朝阳。还请编辑老师给我邮寄每期的报样，一方面用于自己和朋友学习，另一方面作为史料永远保存。

——朝阳读者　盖世颖

作为土生土长的辽宁人，看到“国宝在辽宁”策划让我无比震撼——原来我的家乡这么厉害，也让我为家乡感到骄傲和自豪。

——上海读者　喻　虹

从小我就非常热爱中华历史文化，因为老家在沈阳，所以非常关注辽宁媒体。“国宝在辽宁”介绍了家乡珍贵的国宝和生动有趣的历史故事，能够帮助年轻人快速普及历史知识、提升文化素养。

——南京学生　宋金秋

文物是中华文明的亲历者、见证者、幸存者，每一件文物承载的是一段厚重的历史。“国宝在辽宁”报道鲜活、生动、有趣，全媒体联动，真正让收藏在博物馆里的文物活了起来，我迷上了辽宁历史文化。

——无锡某公司职员　叶花蕾

“国宝在辽宁”非常震撼！其中关于红山文化的内容让我非常感兴趣，我希望以后能到那里的博物馆参观。

——沈阳师范大学马达加斯加留学生　白书晴

“国宝在辽宁”讲的是很有吸引力的故事，包罗万象，有战争与和平，有文化与梦想，还有中国的文化符号，有机会我要去辽宁看看。

——海外网友　Beneyam Alemu

## 记者说：走进其中才能领略波澜壮阔

王尔烈百寿屏是国内文博界久负盛名的国宝，记者与其初次相识源自一场偶遇：2017年，记者到辽阳采访，突遇暴雨，于是折身进入辽阳博物馆避雨。

在博物馆正厅有一架古色古香的屏风，记者不禁驻足拍照。旁边一位老者笑道："这是王尔烈百寿屏复制品，真品在楼上呢。"

这位老者便是辽宁省老一辈文物保护专家邹宝库。他如数家珍地讲述文物收藏与研究的故事，让记者大开眼界。此后，记者经常联系他，在他的指点下鉴赏文徵明书法、汉魏墓壁画、曹雪芹先祖留下的碑刻……

2023年初，王尔烈百寿屏入选"国宝在辽宁"文物阵列，记者自然想起邹先生。然而，拨打熟悉的号码时，电话里却传来空号音，记者心中陡升不祥之感。

在记者印象中，邹先生虽然年逾九旬，但他鹤发童颜，声音洪亮，身体硬朗。细打听之下，得知邹先生已于2022年春驾鹤西去。

再研究王尔烈百寿屏，记者心里总觉得少点儿什么。辗转难眠之际，记者起身翻看邹先生留给记者的研究成果，脑海里立即浮现他对王尔烈百寿屏大加赞赏的神情。邹先生此前对这件文物做了长期研究，已经将参与制作寿屏的126位清代人物做了非常准确的鉴别，并且指出了其中4位重要人物，分别是刘墉、纪昀、程传元和疑似颙琰，这些材料足以证明这件国宝的价值。

但是其他人物呢？从事文物研究的人都知道，人名并不仅仅是几个字，而是几十年的历史，如果载入了史册即"青史留名"，那更意味着这个人的经历值得当世乃至后世深刻记忆。

于是，记者逐一查考，发现那是一个从皇帝、清廷一品高官到进士榜留名的华丽阵容。其中有官至体仁阁大学士的曹振镛，这位清廷一品高官力主平定叛乱，稳定了边疆，还在皇帝出巡期间主持朝政3个月，留下了"宰相朝朝有，代君三月无"的俗谚。

还有张若渟，官至刑部尚书，他的父亲张廷玉更是历仕康、雍、乾三朝的重臣，一生清正严谨，而且教子有方，4个儿子个个成才，张若渟便是他的四子。

当然，查阅这些当时清廷重臣的史料越多，一个问题便越显突出：在等级森严的清王朝，是一种什么力量让这些文臣武将不计名分、位次参与到四品官的王尔烈祝寿活动中来？

记者联系到辽宁大学的穆重怀老师。在各种研究观点当中，他首次提出了嘉庆元年这个时间节点。当时乾隆虽然禅位当了太上皇，但仍然大权独揽，嘉庆此时偏居东宫，并未真正参与朝政，这一时期也是权臣和珅最为疯狂的时期。参与王尔烈的祝寿活动很可能是当时清廷那些正直的官员采取的一种政治选择，而祝寿活动仅仅是一种表象。

按照这一思路，如同找到一把金钥匙，126 人的背景变得更为清晰：刘墉、纪昀不用说，老百姓都知道他们在朝堂上与和珅斗智斗勇的故事。那位官至军机大臣、户部尚书、协办大学士的索绰络·英和，年轻时便不屑与和珅为伍，断然拒绝与之联姻。而古文字学家王念孙更是在乾隆死后第五天就上书弹劾和珅，开列其二十大罪……

王尔烈百寿屏的大量历史信息汇总之后，编辑感叹：这件国宝可以写一部书！

一部书的编辑出版还有很多具体工作要做，但这次采访活动至少给我们提个醒：历史文化宝库并不只是人们给“国宝”贴的一个漂亮的标签，只有走进“国宝”世界才可以领略到其中的波澜壮阔和绚丽多彩。